Reflexões sobre a linguagem

NOAM CHOMSKY

REFLEXÕES SOBRE A LINGUAGEM

JSN
EDITORA LTDA.

Dados Internacionais de Catalogação na Publicação (CIP)
(Câmara Brasileira do Livro, SP, Brasil)

Chomsky, Noam
  Reflexões sobre a linguagem / Noam Chomsky ;
[tradução Mario Leite Fernandes]. – 1. ed. –
São Paulo : JSN Editora, 2009.

Título original: Reflections on language.
Bibliografia.

  1. Linguagem e línguas - Estudo e ensino
2. Linguística - Estudo e ensino 3. Português -
Estudo e ensino I. Título.

09-02497   CDD-410.7

Índices para catálogo sistemático:
1. Linguística : Estudo e ensino 410.7

Copyright © 1977 by Flammarion
Published by arrangement with The New Press, New York (www.thenewpress.com)

Tradução e revisões de *Reflections on Language* © 1977 by Noam Chomsky
Título da obra em inglês: *Reflections on Language*
Direitos da tradução em língua portuguesa: JSN Editora Ltda. 2007

Tradução: Mario Leite Fernandes
Preparação e revisão: Luiz Carlos Cardoso
Capa: A2

Todos os direitos reservados.
É proibida a duplicação deste volume, no todo ou em parte,
sob quaisquer formas ou por quaisquer meios (eletrônico, mecânico,
gravação, fotocópia ou outros), sem permissão expressa da Editora.

10 9 8 7 6 5 4 3 2 1

ISBN: 978-85-85985-23-3

Sumário

Prefácio 7

Parte I. As palestras Whidden 9

1. Sobre a capacidade cognitiva 11

2. O objeto do inquérito 41

3. Alguns aspectos gerais da linguagem 79

Parte II..131

4. Problemas e mistérios do estudo da linguagem humana 133

Notas 213

Bibliografia 241

Índice de nomes 253

Prefácio

A Parte I deste livro é uma elaboração das Palestras Whidden, realizadas em janeiro de 1975 na Universidade McMaster. A Parte II é uma versão revista de minha contribuição para um volume de ensaios em homenagem a Yehoshua Bar-Hillel (Kasher, ed., a ser publicado), apresentado para publicação em junho de 1974. O último ensaio leva em consideração discussões críticas do ponto de vista geral aqui desenvolvido, que tinha sido apresentado em um trabalho anterior. Para preservar a coerência interna da discussão na Parte II, mantive material que recapitula temas desenvolvidos de forma um pouco diferente nas Palestras Whidden.

Apresentei grande parte deste material em palestras no MIT e em outros lugares e me sinto devedor a muitos alunos, colegas e amigos por valiosos comentários e críticas. O trabalho passado em revista no capítulo 3 da Parte I, em particular, incorpora sugestões e pesquisas com as quais contribuíram muitas pessoas, apenas parcialmente indicadas nas citações. Entre outros, Harry Bracken, Donald Hockney, Ray Jackendoff e Justin Leiber. Julius Moravcsik e Henry Rosemont fizeram úteis comentários sobre uma versão anterior do manuscrito. Também fui muito auxiliado pelas úteis e extensas discussões com o corpo docente da Universidade McMaster.

Noam Chomsky
Cambridge, Massachusetts
Abril de 1975

PARTE I
As Palestras Whidden
───────────────

CAPÍTULO 1

Sobre a capacidade cognitiva

Estas reflexões sobre o estudo da linguagem não serão de cunho técnico, em sua maior parte, e terão um caráter de certa forma especulativo e pessoal. Não tentarei resumir o atual estágio do conhecimento nas áreas do estudo da linguagem sobre as quais sei alguma coisa, ou discutir, em qualquer profundidade, pesquisas em andamento. Quero considerar, em vez disso, o ponto e o objetivo do empreendimento, indagar – e, pelo que espero, explicar – por que os resultados obtidos pela linguística técnica podem interessar a alguém que não esteja de início encantado pela relação entre a formulação da questão e a anáfora, pelos princípios da ordenação de regras em fonologia, a relação de entonação com escopo de negação e outras questões do gênero. Vou traçar o que me parece ser uma estrutura apropriada, na qual o estudo da linguagem poderá provar ter um interesse intelectual mais geral, e que levará em conta as possibilidades de se construir um tipo de teoria da natureza humana a partir de tal modelo.

Por que estudar a linguagem? Há muitas respostas possíveis. Ao lançar o foco sobre algumas, não quero, logicamente, ignorar outras ou questionar sua legitimidade. Pode-se, por exemplo, simplesmente ficar fascinado pelos elementos da linguagem em si e querer descobrir sua ordem e seus arranjos, sua origem na história ou no indivíduo ou a maneira como são usados no pensamento, na ciência, na arte ou no intercâmbio social normal. Uma das razões para se estudar linguagem – e para mim, pessoalmente, a que mais me motiva – é que é tentador se considerar a linguagem "o espelho da mente", valendo-me de uma expressão tradicional. Não quero dizer com isso apenas que os conceitos apresentados e as distinções desenvolvidas no uso normal da linguagem nos dão uma visão dos padrões do pensamento e do mundo do "senso comum" construídos pela mente humana. Mais intrigante, pelo menos para mim, é a possibilidade de descobrir, por meio do estudo da linguagem, os princípios abstratos que governam sua estrutura e seu uso, princípios universais por uma necessidade biológica e não por mero acidente histórico, que derivam das características mentais da espécie. Uma língua humana é um sistema de admirável complexidade. Conhecer uma língua humana seria uma conquista intelectual extraordinária para uma criatura que não tivesse sido especificamente desenhada para alcançar esse fim. Uma criança normal adquire esse conhecimento com uma exposição relativamente curta e sem treinamento específico. A partir daí, pode fazer uso sem esforço de uma intricada estrutura de regras específicas e princípios de orientação, para expor aos outros seus pensamentos e sentimentos, provocando neles novas ideias e percepções e mesmo julgamentos sutis. Para a mente consciente não especificamente desenhada para alcançar esse fim, reconstruir e compreender aquilo que a criança fez intuitivamente e com um esforço mínimo continua a ser um objetivo distante. A linguagem é um espelho da mente em um sentido profundo e significativo. É um produto da inteligência humana, criado de maneira nova em cada indivíduo, de acordo com uma operação que está muito além do alcance da vontade ou da consciência.

Estudando as propriedades das línguas naturais, sua estrutura, organização e uso, podemos ter esperança de obter uma compreensão parcial das características específicas da inteligência humana. Podemos esperar aprender algo sobre a natureza humana; algo significativo, se for verdade que a capacidade cognitiva do homem é a característica verdadeiramente distintiva e o mais notável dos traços da espécie. Além disso, não foge à racionalidade supor que o estudo dessa conquista humana especial, a capacidade de falar e compreender uma língua, pode servir como um modelo sugestivo para inquirir sobre outros domínios da competência e ação do ser humano, menos acessíveis à investigação direta.

As questões que desejo considerar são clássicas. Em áreas muito importantes, não progredimos mais que a antiguidade clássica na formulação de problemas claros sobre esse tema, ou nas respostas a questões que surgem logo após. De Platão à época atual, filósofos sérios deixaram escapar a resposta e se sentiram intrigados com relação à pergunta que Bertrand Russell, em uma de suas últimas obras, formulou da seguinte maneira: "Como seres humanos, cujos contatos com o mundo foram curtos, pessoais e limitados, conseguem mesmo assim saber tanto?" (Russell, 1948, p. 5). Como podemos ganhar sistemas tão ricos de conhecimento, levando em consideração nossa fragmentada e pobre experiência? Um cético dogmático poderia responder que não temos esse conhecimento. Seus escrúpulos são irrelevantes para a questão em debate. A mesma pergunta surge, como uma questão científica, quando indagamos como seres humanos, mesmo com uma experiência tão pessoal e limitada, conseguem tamanha convergência em ricos e altamente estruturados sistemas de crenças, sistemas que passam a reger suas ações e partilham com sua interpretação da experiência.

Na tradição clássica, várias respostas foram sugeridas. É possível argumentar, seguindo os moldes aristotelianos, que o mundo é estruturado de uma certa maneira e que a mente humana é capaz de perceber essa estrutura, saindo de particularizações para uma maior generalização e obtendo, assim, o conhecimento de fatores universais a partir da percepção de fatores particulares. Uma "base de conhecimento preexistente" é um pré-requisito para o aprendizado. Precisamos possuir uma capacidade inata para chegar a estágios avançados de conhecimento. Esses, porém, "não são nem inatos de uma forma determinada nem desenvolvidos a partir de outros estágios de conhecimento mais altos, mas têm origem na percepção pelos sentidos". Diante de ricas suposições metafísicas, é possível imaginar que uma mente, "constituída de maneira a ser capaz desse processo" de "indução", pode atingir um vasto sistema de conhecimentos[1].

Uma abordagem mais frutífera desloca a carga principal da explicação da estrutura do mundo para a estrutura da mente. O que temos condições de conhecer é determinado pelos "modos de concepção pela compreensão"[2]; aquilo que sabemos, então, ou aquilo no que chegamos a acreditar, depende de experiências específicas evocando, em alguma parte do sistema cognitivo, algo latente na mente. No período moderno, especialmente sob a influência do pensamento cartesiano, a questão de o que entendemos se tornou outra vez um ponto crucial das indagações. Para Leibniz e Cudworth, a doutrina de Platão de que não obtemos novos conhecimentos, mas recuperamos o que já era conhecido, parece ser plausível, quando essa doutrina é "expurgada do erro da preexistência"³. Cudworth argumentou longamente que a mente tem "um poder cognitivo inato" do qual surgem os princípios e concepções que constituem nosso conhecimento, quando tal poder é devidamente estimulado pelos sentidos. *"Mas as próprias coisas perceptíveis pelos sentidos* [como, por exemplo, a luz e as cores] *não são conhecidas ou compreendidas, nem pela paixão ou a ilusão do sentido, nem por algo meramente estranho e aventuroso, mas pelas ideias inteligíveis exercidas a partir da própria mente, ou seja, por algo natural e intrínseco a ela [...]"*⁴. Esse conhecimento consiste no despertar e na excitação dos "poderes ativos internos da mente", que "exercem sua própria atividade interna com relação" aos objetos apresentados pelos sentidos, vindo assim "a conhecer ou entender [...] ativamente para compreender algo por raciocínios abstratos, livres e de razão universal [...]". O olho percebe, mas a mente pode comparar, analisar, ver relações de causa e efeito, simetrias e assim por diante, oferecendo uma ideia integral do todo, com suas partes, relações e proporções. O "livro da natureza", então, é "legível apenas por um olho intelectual", sugere Cudworth, como um homem lendo um livro em uma língua da qual ele sabe que poderá aprender alguma coisa a partir dos "rabiscos de tinta". "Os objetos primários da ciência e da aplicação da inteligência", ou seja, "as essências inteligíveis das coisas", "não existem em nenhum lugar a não ser na própria mente, sendo suas próprias ideias [...], e por causa e por meio dessas ideias internas da própria mente, que são seus objetos primários, ele conhece e entende todas as coisas individuais externas, que são apenas os objetivos secundários do conhecimento".

Entre as "ideias inatas" e "noções comuns" discutidas na rica e variada obra dos racionalistas do século 17 estão, por exemplo, conceitos geométricos e coisas semelhantes, mas também "ideias *relacionais* ou categorias que entram em todas as apresentações de objetos e tornam possíveis a unidade e a interconectividade da experiência racional"⁵, incluindo "noções relativas" como "Causa, Efeito, Todo e Parte, Semelhante e Diferente, Proporção e Analogia, Igualdade e Desigualdade, Simetria e Assimetria", todas "ideias *relativas*... [que são] não impressões materiais vindas da alma, mas *a sua própria concepção ativa proveniente dela mesma quando ela nota objetos externos*". Traçando o desenvolvimento dessas ideias, chegamos ao conceito muito semelhante de Kant da "conformidade dos objetos a nosso modo de cognição". A mente oferece os meios para uma análise de dados, como a experiência, e oferece também uma esquematização geral que delimita as estruturas cognitivas desenvolvidas com base na experiência.

Voltando à indagação de Russell, podemos conhecer tantas coisas porque em um certo sentido já as conhecemos, embora os dados fornecidos pelos sentidos sejam necessários para evocar e tornar claro esse conhecimento. Ou, em uma apresentação menos paradoxal, nossos sistemas de crenças são aqueles que a mente, como estrutura biológica, é preparada para construir. Interpretamos a experiência da forma como o fazemos devido ao formato específico de nossa mente. Obtemos conhecimento quando "as ideias internas da própria mente" e as estruturas que ela cria estão de acordo com a natureza das coisas.

Certos elementos das teorias racionalistas são necessariamente discutíveis, mas as linhas gerais parecem ser suficientemente plausíveis. Trabalhos realizados nos últimos anos mostraram que uma grande parte da estrutura detalhada do sistema visual já vem pronta para uso, embora seja necessária uma experiência "engatilhadora" para pôr o sistema em funcionamento. Há indícios de que isso pode ser verdadeiro também para as estruturas auditivas responsáveis pelas análises de pelo menos alguns aspectos fonéticos distintivos (cf. Eimas et al., 1971). Conforme as técnicas de investigação se tornam melhores, defende Bower, "o mesmo ocorre com a aparente sofisticação do sistema de percepção do bebê". Esse autor relaciona indícios, sugerindo que "o sistema de percepção do bebê parece ser capaz de lidar com todos os problemas tradicionais da percepção do espaço em três dimensões" – percepção de solidez, distância, invariantes de tamanho-distância e constância de tamanho. Assim, "ao contrário da tradição berkeleiana, o mundo do bebê pareceria inerentemente tridimensional"[6] (Bower, 1972.). Há evidências de que, antes de ser capazes de pegar, os bebês já podem distinguir entre objetos que podem e não podem ser pegos, usando apenas informações visuais (Bruner e Koslowski, 1972).

Gregory observa que "a rapidez com a qual bebês chegam a associar as propriedades dos objetos e seguem adiante, para aprender como prever propriedades ocultas e eventos futuros, seria impossível se algumas das estruturas do mundo não fossem herdadas – construídas com o nascimento no sistema nervoso"[7]. Ele sugere mais: a existência de uma "gramática da visão", semelhante à gramática da linguagem humana, e possivelmente relacionada com esta última na evolução da espécie. Empregando essa "gramática da visão" – em grande parte inata –, os animais superiores são capazes de "ler, a partir de imagens na retina, mesmo características ocultas dos objetos e de prever seu estado futuro imediato", podendo dessa maneira "classificar objetos, de acordo com uma gramática interna, para ler a realidade por meio de seus olhos". A base neural desse sistema vem sendo gradualmente entendida a partir do trabalho pioneiro de Hubel e Wiesel (1962). De forma mais geral, temos todos os motivos para supor que "o comportamento do aprendizado ocorre por meio da modificação de uma organização estrutural já em funcionamento"; "a sobrevivência seria improvável se o aprendizado na natureza exigisse a demorada repetição característica da maioria dos procedimentos de condicionamento" e sabe-se bem que animais adquirem sistemas complexos de comportamento de outras maneiras (John, 1972).

Apesar da plausibilidade de muitas das principais ideias da tradição racionalista e de sua afinidade em aspectos cruciais com os pontos de vista das ciências naturais, frequentemente ela foi ignorada ou desprezada no estudo do comportamento e da cognição. Um fato curioso sobre a história intelectual dos séculos mais recentes é o de que o desenvolvimento físico e mental vem sendo abordado de maneiras muito diferentes. Ninguém levaria a sério uma proposta de que o organismo humano aprende pela experiência a ter braços ao invés de asas ou que a estrutura básica de órgãos particulares é resultado de experiências acidentais. Em vez disso, toma-se como comprovado que a estrutura física do organismo é determinada geneticamente, embora naturalmente variações em dimensões como tamanho, ritmo de desenvolvimento e assim por diante dependam, em parte, de fatores externos. Do embrião ao organismo maduro, é predeterminado um certo padrão de desenvolvimento, com certos estágios, como o início da puberdade ou o término do crescimento, sendo separados por muitos anos. As variações dentro desses padrões fixos podem ter muita importância para a vida humana, mas as questões básicas de interesse científico têm a ver com o esquema de crescimento e desenvolvimento fundamental, geneticamente determinado, característico da espécie, e isso permite o aparecimento de estruturas de complexidade maravilhosa.

As próprias características das espécies evoluíram por longos períodos e evidentemente o ambiente dá condições para a reprodução diferenciada, vindo daí a evolução das espécies. Mas essa é uma questão totalmente diferente e, aqui também, podem ser levantadas questões sobre as leis físicas governando a evolução. Com certeza sabe-se pouco para justificar afirmações que cheguem muito longe.

O desenvolvimento da personalidade, padrões de comportamento e estruturas cognitivas nos organismos superiores foram muitas vezes abordados de maneira diversa. Parte-se de forma geral do princípio de que, nesses domínios, o ambiente social é o fator determinante. As estruturas mentais que se desenvolvem com o tempo são consideradas arbitrárias e acidentais; não existe "natureza humana" além da que se desenvolve como um produto histórico específico. De acordo com esse ponto de vista, típico da especulação empiricista, certos princípios gerais do aprendizado comuns em suas partes essenciais a todos os organismos (ou a algumas de suas grandes classes) são suficientes para justificar as estruturas cognitivas atingidas pelos seres humanos – estruturas que incorporam os princípios pelos quais o comportamento humano é planejado, organizado e controlado. Deixo de lado, sem mais comentários, o ponto de vista exótico mas influente de que "estados internos" não devem ser considerados no estudo do comportamento.[8]

Mas os sistemas cognitivos humanos, quando seriamente investigados, provam ser não menos maravilhosos e complexos que as estruturas físicas desenvolvidas durante a vida do organismo. Por que, então, não devemos estudar a aquisição de uma estrutura cognitiva como a linguagem mais ou menos da mesma forma como estudamos um órgão complexo do corpo?

À primeira vista, a proposta pode parecer absurda, se não por outro motivo, pela grande variedade de línguas humanas. Mas uma consideração mais profunda afasta essas dúvidas. Mesmo conhecendo muito pouca coisa substancial dos universais linguísticos, podemos ter uma certeza razoável de que a variedade possível de línguas é bem limitada. Observações grosseiras são suficientes para estabelecer algumas conclusões qualitativas. Assim, está claro que o idioma adquirido por uma pessoa é uma construção rica e complexa, infelizmente ainda não de todo determinada pelas evidências fragmentadas das quais dispomos. É por isso que o inquérito científico sobre a natureza da língua humana é tão difícil e tão limitado quanto aos resultados. A mente consciente não é dotada de conhecimento antecipado (ou, lembrando Aristóteles, tem apenas um conhecimento antecipado insuficientemente desenvolvido). Assim, a investigação é frustrada pelas limitações das evidências disponíveis e se vê diante de teorias explanatórias possíveis em demasia, mutuamente inconsistentes, mas adequadas aos dados. Ou, numa situação infeliz, não consegue organizar uma teoria razoável. Apesar disso, os indivíduos de uma comunidade falante desenvolveram essencialmente a mesma língua. Esse fato só pode ser explicado se aceitarmos que esses indivíduos usam princípios altamente restritivos, que os orientam na construção da gramática. Além disso, como os seres humanos não são, obviamente, projetados para aprender uma língua humana e não outras, o sistema de princípios deve ser uma propriedade da espécie. Fortes restrições devem estar em operação para limitar a variedade de línguas possíveis. É natural que em nossa vida diária devamos nos preocupar apenas com diferenças entre pessoas, ignorando a falta de uniformidade de estruturas. Mas surgem exigências intelectuais diversas quando procuramos compreender qual tipo de organismo é, realmente, um ser humano.

A ideia de enxergar o desenvolvimento da linguagem como análogo ao desenvolvimento de um órgão do corpo é, assim, bastante natural e plausível. É pertinente perguntar por que acreditar empiricamente no contrário tem um apelo tão grande para o temperamento moderno. Por que se aceitou com tanta facilidade a existência de uma "teoria do aprendizado" capaz de explicar a aquisição de estruturas cognitivas por meio da experiência? Há algum conjunto de evidências, estabelecido por meio de um inquérito científico, observação ou introspecção, que nos leve a considerar os desenvolvimentos mental e físico de forma tão diferente? Com certeza, a resposta é não. A ciência não oferece motivos para "aceitar a máxima comum de não existir nada no intelecto que não passe primeiro pelos sentidos", ou para questionar a negativa desta máxima na filosofia racionalista.[9] A investigação das conquistas intelectuais humanas, mesmo as do tipo mais corriqueiro, nos dá apoio para essa tese.

A especulação empiricista e a "ciência do comportamento" desenvolvida dentro de seus termos provaram ser estéreis, talvez devido às suposições peculiares que orientaram e limitaram essa investigação. O aperto criado pela doutrina empiricista no período moderno, fora das ciências naturais, deve ser explicado em termos sociológicos ou históricos.[10] A própria posição tem pouco a recomendá-la em termos de evidências empiricistas, plausibilidade inerente ou poder explanatório. Não creio que essa doutrina vá atrair um cientista capaz de descartar mitos tradicionais e abordar os problemas de maneira nova. Em vez disso, serve como um impedimento, uma barreira insuperável ao inquérito frutífero, tanto quanto os dogmas religiosos de um período anterior estiveram no caminho das ciências naturais.

Argumenta-se às vezes que o empiricismo moderno superou as limitações da tradição passada. Mas acredito que essa crença incorre seriamente em erro. Hume, por exemplo, apresentou uma teoria substantiva sobre "as fontes e princípios secretos pelos quais a mente humana é feita atuar em suas operações". Em investigações sobre os fundamentos do conhecimento, ele sugeriu princípios específicos que constituem "uma espécie de instintos naturais". Empiricistas modernos que depreciam Hume simplesmente substituíram sua teoria por sistemas vazios, preservando a terminologia empiricista (ou, de forma mais estreita, behaviorista), mas, ao mesmo tempo, retirando a substância das ideias tradicionais. Já discuti esse assunto em outro lugar (cf. capítulo 4) e não vou continuar a discussão aqui.

Nos últimos anos, diversos desses temas, que ficaram adormecidos por muito tempo, foram revividos, parcialmente com respeito ao estudo da linguagem. Discutiu-se muito a chamada "hipótese do que é inato", a qual sustenta que uma das faculdades da mente, comum à espécie, é uma faculdade de linguagem servindo às duas funções básicas da teoria racionalista: oferece um sistema sensorial para a análise preliminar dos dados linguísticos e uma esquematização determinando, de forma bastante estreita, uma certa classe de gramáticas. Cada gramática é uma teoria de uma língua em particular, especificando propriedades formais e semânticas de uma série infinita de sentenças. Essas sentenças, cada uma das quais com sua estrutura particular, constituem a língua gerada pela gramática. As línguas geradas assim são as que podem ser "aprendidas" de maneira normal. A faculdade da linguagem, se receber os estímulos apropriados, construirá uma gramática, e a pessoa conhece a língua gerada pela gramática construída. Esse conhecimento pode então ser usado para compreender o que é ouvido e para produzir um discurso, como expressão do pensamento, dentro das restrições de princípios internalizados, de uma maneira apropriada às situações como são concebidas por outras faculdades da mente, livres de controles de estímulos[11]. Questões relacionadas com a faculdade da linguagem e seu exercício são as que, pelo menos para mim, dão um interesse intelectual mais geral ao estudo técnico das línguas.

Gostaria agora de considerar a chamada "hipótese do que é inato", a fim de identificar alguns elementos em seu interior que são ou deveriam ser controvertidos e para apresentar problemas surgidos quando procuramos resolver as controvérsias. Então, tentaremos ver o que se pode dizer da natureza e do exercício da competência linguística adquirida, ao lado de alguns assuntos com isso relacionados.

Uma observação preliminar é a de que o termo "hipótese do que é inato" é usado geralmente por críticos e não por defensores da posição à qual se refere. Eu nunca usei esse termo, por achar que pode ser enganoso. Todas as "teorias do aprendizado" que valem a pena ser consideradas incorporam uma hipótese do que é inato. Assim, a teoria de Hume propõe a existência de estruturas mentais inatas específicas e procura explicar todo o conhecimento humano com base nessas estruturas, chegando a postular conhecimentos inconscientes e inatos (cf. capítulo 4). A questão não é se o aprendizado pressupõe estruturas inatas – logicamente, ele o faz, isso nunca esteve em dúvida –, mas se essas estruturas inatas estão em domínios particulares.

O que é uma teoria do aprendizado? Existe uma teoria como *a* teoria do aprendizado esperando para ser descoberta? Vamos tentar aperfeiçoar e talvez dar alguns passos no caminho de responder a essas questões.

Consideremos em primeiro lugar como um cientista neutro – esse ideal imaginário – pode agir para investigar o problema. O primeiro passo natural seria escolher um organismo, O, e um domínio cognitivo razoavelmente bem delineado, D, e tentar construir uma teoria que poderíamos chamar de "a teoria do aprendizado para o organismo O no domínio D". Essa teoria – vamos chamá-la de TA(O,D) – pode ser vista como um sistema de princípios, um mecanismo, uma função, tendo uma certa "entrada" e uma certa "saída" (seu domínio e alcance, respectivamente). A "entrada" para o sistema TA(O,D) seria uma análise dos dados em D por O; a "saída" (que é, naturalmente, representada internamente, não aberta e à mostra) será um sistema cognitivo de alguma espécie. Essa estrutura cognitiva é um elemento do estágio cognitivo atingido por O.

Para exemplificar, vamos considerar O como os seres humanos e D como a língua. Então, TA(H,L) – a teoria do aprendizado para seres humanos no domínio língua – será o sistema de princípios pelo qual os seres humanos chegam ao conhecimento da língua ao receberem experiências linguísticas, ou seja, a partir de uma análise preliminar que eles desenvolvem para os dados da língua. Ou vamos assumir que O signifique ratos e D seja a capacidade de correr entre obstáculos. Assim, TA(R,C) é o sistema de princípios usado pelos ratos para aprender a correr entre obstáculos. A entrada para TA(R,C) é qualquer análise preliminar de dados usada por ratos para ter essa capacidade e a saída é a estrutura cognitiva relevante, qualquer uma que possa ser apropriadamente caracterizada como um componente do estágio atingido pelo rato capaz de correr entre obstáculos. Não há motivo para duvidar que a estrutura cognitiva obtida e o estágio cognitivo do qual ela é uma parte serão complexos.

Para facilitar a discussão, vamos adotar duas suposições simplificadoras. Primeiro, vamos supor que os indivíduos da espécie O sob investigação são essencialmente iguais no que diz respeito à sua capacidade de aprender sobre o domínio D – por exemplo, que os humanos não diferem quanto à capacidade de aprender uma língua. Segundo, vamos supor que o aprendizado possa ser conceituado como um processo instantâneo no sentido seguinte: suponha que TA(O,D) seja apresentado com um registro cumulativo de todos os dados disponíveis para O até um determinado momento e que TA(O,D), operando sobre esses dados, produza a estrutura cognitiva obtida nesse momento. Nenhuma dessas suposições é verdadeira; existem diferenças individuais e o aprendizado tem lugar no decorrer do tempo, às vezes um tempo longo. Voltarei à questão de até que ponto essas suposições são falsas. Mas acho que elas prestam uma primeira aproximação útil, nos ajudando a formular certos pontos e possivelmente muito mais.

Com o objetivo de prosseguir o estudo de uma determinada TA(O,D) de forma racional, vamos passar pelas seguintes etapas do inquérito:

1. Estabelecer o domínio cognitivo D.
2. Determinar como O caracteriza dados em D de forma "pré-teórica", construindo assim o que podemos chamar de "experiência de O em D" (lembre a idealização para "aprendizado instantâneo").
3. Determinar a natureza da estrutura cognitiva contida; ou seja, determinar, da melhor maneira possível, o que é aprendido por O no domínio D.
4. Determinar TA(O,D), o sistema que relaciona a experiência com o que é aprendido.

O passo 4 depende dos resultados obtidos nos passos 2 e 3.

Para evitar mal-entendidos, talvez eu precise sublinhar que a ordenação dos passos é uma espécie de reconstrução do inquérito racional. Na prática, não existe uma sequência estrita. O trabalho no nível 4, por exemplo, pode convencer-nos de que nossa delineação original de D tinha falhas, não conseguimos abstrair um domínio cognitivo coerente. Ou pode nos levar a concluir que não construímos acertadamente o caráter do que é aprendido no passo 3. Continua a ser verdadeiro, no entanto, que só podemos ter esperança de obter alguma coisa no nível do passo 4 na medida da obtenção de algum entendimento nos níveis 2 e 3 e se tivermos feito uma escolha acertada, por inteligência ou por sorte, no nível 1. Não tem sentido tentar relacionar dois sistemas – nesse caso, experiência e aquilo que é aprendido – sem uma ideia razoavelmente boa do que eles são.

Abrindo um parêntese, podemos observar que o passo 3 está ausente em muitas formulações de teorias psicológicas, o que não é para se elogiar. De fato, mesmo o conceito "o que é aprendido" não faz parte de "teorias do aprendizado" familiares. Onde ele não aparece, não é possível nem mesmo formular as questões básicas da "teoria do aprendizado".

Como o estudo do comportamento se situa nessa estrutura? Com certeza, é requisito para o estudo do comportamento uma noção da natureza do organismo que se comporta – no sentido de "prerrequisito" que acabei de explicar. Um organismo atingiu um certo estágio por meio do amadurecimento e da experiência. Tem diante de si certas condições objetivas. Faz, então, alguma coisa. Em princípio, podemos querer investigar o mecanismo M que determina o que o organismo faz (talvez de forma probabilística) diante de sua experiência anterior e das condições de estímulos presentes. Eu disse "em princípio", porque duvido haver muita coisa que possamos dizer sobre essa questão.

Sem dúvida, o que o organismo faz depende em parte de sua experiência, mas acredito não haver esperança na investigação direta da relação entre experiência e ação. Em vez disso, se estamos interessados na questão de "o que causa o comportamento" como um problema científico, devemos pelo menos analisar a relação da experiência com o comportamento em duas partes: a primeira, a TA, que relaciona a experiência com o estado cognitivo[12], e a segunda, um mecanismo, Mcc, que relaciona as condições de estímulo com o comportamento, diante do estado cognitivo EC.

Esquematizando o problema, no lugar da tarefa sem esperança de investigar M como em (I), podemos, de maneira mais racional, pesquisar a natureza da TA como em (II) e o Mcc como em (III).

(I) M: (experiência, condições de estímulo) → comportamento
(II) TA: experiência → estado cognitivo EC
(III) Mcc: condições de estímulo → comportamento (considerando EC).

Acho que podemos fazer consideráveis progressos rumo à compreensão da TA como em (II); ou seja, para compreender TA(O,D)s particulares, para várias opções de D com relação a O e as interações delas. É esse o problema que desejo considerar aqui. Duvido que possamos aprender muito, pelo menos como cientistas, sobre a segunda dessas partes, o Mcc[13]. Mas creio ser menos improvável a existência de algum progresso científico se não, pelo menos, analisarmos o problema de "aquilo que causa o comportamento" nos dois componentes TA e Mcc e seus elementos. Uma tentativa nas linhas de (I) para estudar diretamente a relação do comportamento com a experiência passada e atual estará destinada à trivialidade e à insignificância científica.

Voltando ao problema do aprendizado, vamos supor que determinamos um grupo de TA(O,D)s para várias escolhas de organismos O e domínios cognitivos D. Podemos agora voltar-nos para a questão: o que é "teoria do aprendizado"? Ou melhor: existe uma teoria do tipo da teoria do aprendizado? Essa questão pode ser apresentada de diversas maneiras. Vamos citar, como exemplo, as duas seguintes:

(1) É o caso de, seja o que for escolhido para O e para D, chegarmos sempre à mesma TA(O,D)?
(2) Existem características significativas comuns a todas as TA(O,D)s?

Antes de considerar essas questões, vamos voltar à primeira de nossas suposições simplificadoras, a que diz respeito à variabilidade na espécie O. Quero sugerir aqui que as questões interessantes da "teoria do aprendizado", as que podem levar a uma teoria capaz de esclarecer e que venha a relacionar-se com o corpo das ciências naturais de forma mais geral, são aquelas para as quais nossa primeira suposição é essencialmente correta. Ou seja, as questões interessantes, as que oferecem alguma esperança de levar a um discernimento da natureza dos organismos, serão aquelas que surgem na investigação do aprendizado em domínios nos quais existe uma estrutura não trivial uniforme para membros de O (com certos parâmetros relacionados com a rapidez do aprendizado, alcance do aprendizado, índices de esquecimento e outros fenômenos marginais do tipo para o qual pode ser esperada uma variabilidade). Essas são as questões que tratam de características significativas da espécie ou, talvez, dos organismos de maneira geral. Mais uma vez, não vejo motivo para que as estruturas cognitivas não sejam investigadas da maneira pela qual são estudados os órgãos físicos. O cientista natural vai preocupar-se primariamente com a estrutura básica, geneticamente determinada, desses órgãos e sua interação, uma estrutura comum à espécie no caso mais interessante, abstraindo-se do tamanho, variações do índice de desenvolvimento e assim por diante.

Se aceitamos esse julgamento, a TA(O,D) pode ser caracterizada para O tomado não como um indivíduo, mas como uma espécie – e daí para os indivíduos, com a exceção de algumas anormalidades de vulto. E podemos prosseguir para qualificar a questão (1), indagando se TA(D,O) é idêntica a TA(O'D'), a não ser por assuntos como rapidez, facilidade, alcance e retenção, que podem variar em todas as espécies e, em proporção menor, entre indivíduos da mesma espécie.

Vamos considerar agora a questão (1) assim qualificada. Seguramente, a resposta deve continuar a ser um firme *não*. Mesmo a consideração mais simplista será suficiente para mostrar que não existe esperança de se chegar a uma resposta afirmativa para essa questão. Vamos atribuir O aos seres humanos (H) e O' aos ratos (R); D à capacidade de falar uma língua (L) e D' à de correr entre obstáculos (C). Se mesmo uma aproximação vaga à questão (1) tivesse resposta positiva, poderíamos esperar que os seres humanos fossem tão superiores aos ratos na capacidade de aprender a correr entre obstáculos como são com relação à capacidade de aprender uma língua. Mas isso é tão claramente falso que a questão não pode nem ser considerada seriamente. Seres humanos podem ser mais ou menos comparáveis aos ratos no domínio C, mas não há comparação no domínio L. De fato, parece que "ratos brancos podem até mesmo ser melhores que estudantes universitários nessa espécie de coisa" – ou seja, aprender a correr entre obstáculos (Munn, 1971, p. 118). A distinção entre o par (TA(H,L), TA(R,L)), de um lado, e o par (IA(H,C) TA(R,C)), do outro, não pode ser atribuída a sistemas de processamento sensorial ou coisas semelhantes, como podemos ver ao "transpor" a capacidade de aprender uma língua para alguma modalidade acessível aos ratos (cf. capítulo 4, nota 14). Pelo que se sabe agora (e digo isso apesar de sugestões em contrário), acontece a mesma coisa se considerarmos outros organismos (vamos dizer, chimpanzés) no lugar dos ratos. Pondo de lado essa questão, interessante mas periférica, parece ser seguramente óbvio, de forma instantânea, que não vale a pena continuar a trabalhar em nenhuma versão da questão (1).

Vamos passar à especulação mais plausível formulada na questão (2). Atualmente, não existe resposta possível. A questão é prematura, sem qualquer esperança de solução no momento. Não temos uma concepção interessante de TA(O,D) para diversas escolhas de O e D. Existem, eu acho, alguns passos substanciais possíveis para TA(H,L), mas nada comparável em outros domínios do aprendizado humano. O que se conhece sobre outros animais, no meu entender, não sugere uma resposta interessante para (2). Animais aprendem a cuidar de seus filhotes, construir ninhos, orientar-se no espaço, encontrar seu lugar numa estrutura de dominação, identificar a espécie e assim por diante, mas não devemos esperar encontrar propriedades significativas comuns aos diversos TA(O,D)s que entram nessas conquistas. O ceticismo sobre a questão (2) parece estar na ordem do dia, diante do muito pouco que sabemos. Eu diria que, para o biólogo, o pesquisador de fisiologia comparada e o psicólogo fisiológico, um ceticismo desse tipo não pareceria muito digno de nota.

Assim, no presente, não parece haver razão para supor que existe essa teoria do aprendizado. Pelo menos, não vejo uma formulação interessante da tese de que existe uma teoria desse tipo com plausibilidade inicial ou apoio empírico significativo. Dentro da singular variação do empiricismo conhecida como "behaviorismo", o termo "teoria do aprendizado" foi usado com frequência, não como a designação de uma teoria (se isso existe) que dê conta da obtenção de estruturas cognitivas sobre a base da experiência (o (II) acima), mas como uma teoria que trata da relação da experiência com o comportamento (como em (I) acima). Como não há motivo para supor que exista uma teoria do aprendizado, certamente não há motivo para esperar que haja uma "teoria do comportamento" desse tipo.

Poderíamos considerar argumentos mais plausíveis do que os implícitos nas questões (1) e (2). Suponhamos que deixemos fixo o organismo O e deixemos D percorrer vários domínios cognitivos. Poderíamos então perguntar se existe alguma série interessante de domínios, como Di, ..., Dn, como este:

(3) TA(O,Di) = TA(O,Dj); ou TA(O,Di) é similar de modos interessantes a TA(O,Dj).

Pode haver uma maneira de delimitar domínios que levariam a uma resposta positiva para (3). Se for assim, seria possível dizer que, nessa delimitação, o organismo aprende de maneiras semelhantes ou idênticas em mais de um domínio cognitivo. Seria interessante, por exemplo, descobrir se há algum domínio cognitivo D, sem ser a linguagem, no qual TA(H,L) seja igual ou semelhante a TA(H,S). Até o momento, não foi apresentada nenhuma sugestão persuasiva, mas é concebível a existência de um domínio desse tipo. Não há nenhuma razão particular para esperar que exista um domínio assim e pode-se apenas ficar surpreso com a visão dogmática, exposta de forma comum, de que o aprendizado de uma língua prossegue pela aplicação de capacidades de aprendizado gerais. O máximo a ser dito sobre isso é que a possibilidade não está excluída, embora não haja indício nessa direção e a argumentação seja pouco plausível. Mesmo no nível da percepção sensorial, parece haver adaptações diretamente relacionadas com a linguagem, como já se notou[14]. A proposição de que o aprendizado de uma língua é simplesmente uma etapa de "capacidades generalizadas de aprendizado" faz tanto sentido, no atual estágio do conhecimento, como uma afirmação de que as estruturas neurais específicas responsáveis pela nossa organização do espaço social devem ser um caso especial da classe de sistemas também envolvidos no uso da língua. Isso só é verdadeiro, pelo que sabemos, em um nível tão geral que não nos permite a percepção do caráter ou funcionamento dos diversos sistemas.

Tomando qualquer organismo O, podemos tentar descobrir os domínios cognitivos D para os quais o organismo O tem um TA(O,D) interessante, ou seja, um TA(O,D) que não tenha meramente uma estrutura de aprendizado de tentativa e erro, generalização ao longo de dimensões recebidas fisicamente, indução (em qualquer sentido bem definido dessa noção) e assim por diante. Podemos definir a "capacidade cognitiva" de O como o sistema de domínios O para o qual há uma teoria do aprendizado TA(O,D) interessante nesse sentido[15]. Para D, dentro da capacidade cognitiva de O, é razoável supor que existe uma esquematização delimitando a classe de estruturas cognitivas que podem ser obtidas. Daí, será possível para esse D ser obtida uma estrutura cognitiva rica, complexa e altamente articulada com considerável uniformidade entre indivíduos (a não ser em assuntos de ritmo, alcance, persistência, etc.) sobre uma base de evidências dispersas e restritas.

Investigando a capacidade cognitiva dos seres humanos, poderíamos considerar, por exemplo, a capacidade de reconhecer e identificar rostos expostos em umas poucas apresentações, de determinar a estrutura da personalidade de outra pessoa em um contato rápido (podendo assim imaginar, com boas chances de êxito, como essa pessoa reagirá em diversas condições), reconhecer uma melodia sob transposição e outras modificações, lidar com os ramos da matemática construídos sobre a intuição numérica ou espacial, criar formas de arte seguindo certos princípios de estrutura e organização e assim por diante. Os seres humanos parecem ter capacidades características e notáveis nesses domínios, nos quais constroem um sistema intelectual intricado e complexo, de forma rápida e uniforme, sobre uma base de evidências corrompidas. As estruturas criadas por indivíduos especialmente talentosos, mesmo com essas restrições, são inteligíveis e atraentes, estimulantes e provocantes, mesmo para aqueles sem dons de capacidade criativa fora do comum. O inquérito, então, pode levar a TA(H,S)s não triviais, para Ds escolhidos dessa forma. Alguns inquéritos podem envolver experimentos e mesmo pesquisas históricas – por exemplo, investigações sobre o desenvolvimento de formas de composição artística ou sobre aspectos da matemática que pareciam "naturais" e se mostraram frutíferos em momentos históricos particulares, contribuindo para a "corrente principal" da evolução intelectual, em vez de desviar energias para um canal secundário improdutivo[16].

Suponhamos que, para um organismo particular O, conseguimos saber alguma coisa sobre sua capacidade cognitiva, desenvolvendo um sistema de TA(H,S)s para diversas opções de D com as capacidades descritas grosseiramente acima. Teríamos então chegado a uma teoria sobre a mente de O, em um dos sentidos do termo. Seria possível imaginar "a mente de O" adaptando uma formulação de Anthony Kenny[17], como a capacidade inata de O para construir estruturas cognitivas, ou seja, para aprender.

Afasto-me aqui da formulação de Kenny em dois aspectos que talvez mereçam ser mencionados. Ele define "mente" como sendo uma capacidade de segunda ordem para adquirir "capacidades intelectuais", como o conhecimento do inglês – sendo o inglês "em si mesmo uma capacidade ou habilidade: uma habilidade cujo exercício é falar, entender e ler em inglês". Além disso, "ter uma mente é ter a capacidade de adquirir a habilidade de operar com símbolos de forma tal que é a sua própria atividade o que os transforma em símbolos e lhes confere significado". Assim, autômatos operando com elementos formais que são símbolos para nós, mas não para eles, não têm mente. Para os fins desta discussão, generalizei aqui para além das capacidades de primeira ordem envolvendo operações com símbolos. Estou assim considerando capacidades de segunda ordem mais amplas que a "mente", no sentido muito natural de Kenny. Até aqui, não há ponto de discussão além da terminologia. Seguindo, quero considerar mente (no sentido mais estreito ou mais amplo) como uma capacidade inata para formar estruturas cognitivas, não capacidades de primeira ordem para agir. As estruturas cognitivas obtidas entram em nossas capacidades de primeira ordem para agir, mas não devem ser identificadas com elas. Assim, não creio ser muito preciso considerar o "conhecimento do inglês" uma capacidade ou habilidade, embora ele entre na capacidade ou habilidade exercida no uso da linguagem. Em princípio, pode-se ter a estrutura cognitiva que chamamos de "conhecimento do inglês" plenamente desenvolvida sem ter a capacidade de usar essa estrutura[18]; e certas capacidades para exercer "atividades intelectuais" podem ter como participantes não estruturas cognitivas, mas apenas uma rede de atitudes e hábitos, coisa muito diferente[19]. O conhecimento, a compreensão e a crença estão em um nível mais abstrato do que a capacidade.

Vem ocorrendo uma tendência na filosofia analítica moderna de empregar a noção "atitude" ou "capacidade" onde o conceito mais abstrato de "estrutura cognitiva" é, pelo que acredito, mais apropriado (cf. capítulo 4; também Chomsky, 1975a). Acho que estamos assistindo com isso a um infeliz resíduo do empiricismo. As noções "capacidade" e "família de atitudes" estão estreitamente ligadas ao comportamento e ao "uso da linguagem"; não nos levam a inquirir sobre a natureza do "fantasma na máquina", por meio do estudo das estruturas cognitivas e sua organização, como exigiriam a prática científica normal e a curiosidade intelectual. A maneira apropriada de exorcizar o fantasma da máquina é determinar a estrutura da mente e de seus produtos[20]. Não há nada essencialmente misterioso sobre o conceito de uma estrutura cognitiva abstrata, criada por uma faculdade inata da mente, representada de uma forma ainda desconhecida no cérebro e entrando no sistema de capacidades e atitudes para agir e interpretar. Ao contrário, uma formulação seguindo essas linhas, incorporando a distinção conceitual competência–desempenho (cf. Chomsky, 1965, cap. 1), parece ser um prerrequisito para a investigação séria do comportamento. As ações humanas só podem ser entendidas de acordo com a abordagem de que capacidades de primeira ordem e famílias de atitudes sobre como se comportar envolvem o uso de estruturas cognitivas expressando sistemas de conhecimento (inconsciente), crença, expectativa, avaliação, julgamento e coisas assim. Pelo menos, é o que me parece.

Voltando ao tema principal, suponhamos que agora escolhemos um problema em um domínio D que esteja fora da capacidade cognitiva de O. Ele estará então perdido sobre como proceder, O não terá uma estrutura cognitiva disponível para tratar do problema e uma TA(O,D) à disposição que lhe permita desenvolver uma estrutura desse tipo. Assim, O terá que agir por tentativa e erro, associação, indução simples e generalização, seguindo algumas dimensões disponíveis (aqui surgem questões que deixo de lado). Ao tomar O como sendo os seres humanos, não esperamos que a pessoa seja capaz de encontrar ou construir uma forma rica e com a abordagem correta para lidar com o problema, desenvolver uma estrutura cognitiva relevante na maneira intuitiva e inconsciente característica do aprendizado da língua e outros domínios nos quais os seres humanos mostram excelência.

Os humanos podem ser capazes de construir uma teoria científica consciente para haver-se com problemas no domínio em questão, mas aqui se trata de coisa diferente – ou melhor, de uma coisa parcialmente diferente, pois mesmo aqui não existem restrições cruciais. Uma ciência intelectualmente significativa, uma teoria explanatória inteligível, pode ser desenvolvida pelos seres humanos, se alguma coisa próxima à teoria verdadeira em um certo domínio acontecer de cair dentro da capacidade humana de "formar ciência". As TA(H,S)s envolvidas no inquérito científico, sejam elas quais forem, precisam ser especiais e restritivas, pois de outra forma seria impossível aos cientistas convergir em julgamentos das teorias explanatórias particulares, que vão muito além das evidências à mão, como costumeiramente eles fazem nos poucos campos nos quais há progresso realmente significativo, rejeitando, ao mesmo tempo, muitas evidências como irrelevantes ou fora do ponto, pelo menos no momento. As mesmas TA(H,S)s que nos oferecem recursos para o vasto e impressionante alcance do entendimento científico podem restringir fortemente a classe das ciências acessíveis aos humanos. Não há, com certeza, uma pressão evolutiva levando os seres humanos a ter a mente capaz de descobrir teorias explanatórias significativas em campos de inquérito específicos. Pensando nos seres humanos como organismos biológicos no mundo natural, é somente por um acidente da sorte que sua capacidade cognitiva é tão bem adaptada à verdade científica em uma área. Não deve ser surpreendente, assim, que existam tão poucas ciências e que tantos inquéritos humanos não consigam atingir profundidade intelectual. A investigação da capacidade cognitiva humana pode dar-nos uma visão da classe das ciências acessíveis aos humanos, possivelmente um pequeno subconjunto das ciências potenciais que tratam de assuntos sobre os quais esperamos (em vão) obter um pouco de visão e compreensão.

Como um exemplo disso, vamos considerar nosso malogro quase total na descoberta de uma teoria científica capaz de oferecer uma análise dos Mccs do item (III) mencionados acima – ou seja, nosso progresso muito limitado no desenvolvimento de uma teoria científica de qualquer profundidade capaz de explicar o uso normal da linguagem (ou outros aspectos do comportamento). Até mesmo os conceitos relevantes parecem estar faltando. Com certeza, nenhum princípio intelectualmente satisfatório que tenha poder explanatório foi proposto, embora as questões sejam antigas. Não se exclui que as capacidades humanas para formar ciência simplesmente não chegam a esse domínio, ou a qualquer domínio que envolva o exercício da vontade. Assim, para os seres humanos, essas questões permanecerão sempre envoltas em mistério.

Notem, de passagem, como seria enganoso falar simplesmente de "limitações" para a capacidade humana de formar ciência. Existem limites, sem dúvida, mas eles derivam da mesma fonte de nossa capacidade de construir ricos sistemas cognitivos sobre as bases de evidências limitadas, em primeiro lugar. Não fosse pelos mesmos fatores que limitam o conhecimento científico, não teríamos esse conhecimento em nenhum domínio[21].

Vamos supor que, ao investigar organismos, decidimos, de maneira perversa, restringir-nos a tarefas e problemas que estejam fora de sua capacidade cognitiva. Então, podemos esperar descobrir "leis de aprendizado" simples com alguma generalização. Vamos mais além, supondo que podemos definir "um bom experimento" como aquele que produz curvas de aprendizado suaves, incrementos e extinções regulares e assim por diante. Só vão ocorrer "bons experimentos" em domínios fora da capacidade cognitiva de O. Por exemplo, não teremos "bons experimentos" no estudo do aprendizado da linguagem humana, embora eles possam ocorrer se concentrarmos a atenção na memorização de sílabas e associações verbais sem sentido e outras tarefas para as quais os seres humanos não têm habilidades especiais.

Vamos supor agora que se desenvolva um ramo do inquérito, limitado em princípio a "bons experimentos", em alguma coisa nesse sentido. Essa disciplina pode desenvolver leis de aprendizado que não variam muito em relação aos outros domínios cognitivos do organismo em particular e tenham validade com relação a outras espécies. Ela irá, por necessidade, evitar os domínios para os quais o organismo se encontra especialmente preparado para adquirir estruturas cognitivas ricas, que entram em sua vida de maneira íntima. A disciplina praticamente não terá interesse intelectual, eu acho, já que se restringe em princípio a questões que, com certeza, nos dirão pouco sobre a natureza dos organismos. Pois só poderemos aprender algo significativo sobre essa natureza ao inquirir sobre a capacidade cognitiva do organismo, uma indagação que não permitirá o aparecimento de "bons experimentos" no estranho sentido que acabamos de apresentar, embora possa levar à descoberta (por meio de experimentos e observação) de intricadas e sem dúvida altamente específicas TA(O,D)s. Os resultados e conquistas dessa perversamente limitada e altamente suicida disciplina são, em grande parte, artificiais. Ela estará condenada em princípio à investigação de assuntos periféricos, como o ritmo e o alcance da aquisição de informações, a relação entre arranjos de elementos de reforço e força de resposta, controle do comportamento e coisas assim. A disciplina em questão pode continuar indefinidamente a juntar informações sobre esses assuntos, mas pode-se questionar qual é o ponto ou qual é o objetivo desse esforço.

Um estudo mais elaborado da capacidade cognitiva levanta outras questões. Assim, algumas conquistas intelectuais, como o aprendizado da língua, caem estritamente dentro da capacidade cognitiva determinada biologicamente. Para essas tarefas, temos um "projeto especial", tanto que estruturas cognitivas de grande complexidade e interesse se desenvolvem de forma relativamente rápida e com pouco esforço consciente, se é que existe algum. Há outras tarefas, não mais "complexas" de acordo com qualquer escala absoluta (entendendo que é possível até mesmo achar sentido nessa noção), que acabarão por ser frustrantes, porque estão além da capacidade cognitiva. Pensemos em problemas que estão no limite da capacidade cognitiva. Eles nos darão a oportunidade de enfrentar jogos intelectuais intrigantes. O xadrez, por exemplo, não está tão longe da capacidade cognitiva a ponto de ser apenas uma fonte de quebra-cabeças insolúveis. Mas, ao mesmo tempo, está suficientemente distante de nossas habilidades naturais para ser a origem de desafios e estímulos intelectuais. Nesse ponto, podemos esperar descobrir que as pequenas diferenças entre indivíduos são ampliadas de maneira a produzir enormes diferenças de aptidão.

O estudo de tarefas intelectualmente desafiadoras pode dar-nos um pouco de luz sobre a inteligência humana, nos limites da capacidade cognitiva, como a habilidade de correr 100 metros em 10 segundos pode dar-nos informações úteis sobre a fisiologia humana. Mas não teria utilidade estudar esse último fato em um estágio muito inicial da nossa compreensão da locomoção humana – vamos dizer, se soubéssemos apenas que os seres humanos andam em vez de voar. De maneira correspondente, no estágio atual de nossa compreensão das habilidades mentais, creio que, na minha opinião, o estudo de programas de jogar xadrez pode ensinar-nos algumas coisas sobre a teoria do xadrez, mas é improvável que venha a contribuir muito para o estudo da inteligência humana. É um bom processo, nos estudos de fatores importantes, nos voltarmos para efeitos de décima ordem, estudar o caráter básico de um sistema intricado antes de explorar seus limites, embora, naturalmente, nunca se possa prever qual linha de investigação oferecerá um esclarecimento súbito[22].

No caso da cognição humana, é o estudo das estruturas cognitivas básicas na capacidade cognitiva, seu desenvolvimento e uso, o que deve receber a prioridade, na minha opinião, se pretendemos chegar a uma compreensão real da mente e de seu funcionamento.

A discussão precedente não é muito precisa. Espero que seja pelo menos sugestiva de como deve caminhar um estudo racional do aprendizado. Voltarei agora a questões particulares da "teoria do aprendizado" que dizem respeito à linguagem.

Vamos tomar O como significando os seres humanos (H) e D como indicando a linguagem (L). O que é TA(H,L)? Dos dois elementos simplificadores que mencionei anteriormente, o primeiro – a invariabilidade dentro da espécie – é, pelo que sabemos, relativamente acurado. Parece oferecer uma aproximação correta dos fatos. Vamos, assim, aceitá-lo sem maiores discussões, mantendo, porém, uma visão cautelosa e cética do segundo, a de que o aprendizado é "instantâneo". Voltarei a isso no capítulo 3.

TA(H,L) é o sistema de mecanismos e princípios que funciona na aquisição do conhecimento da língua – a aquisição da estrutura cognitiva específica que chamamos de "gramática" –, dados recebidos que constituem um exemplo razoável e adequado dessa língua[23]. A gramática é um sistema de regras e princípios que determina as propriedades formais e semânticas das sentenças. A gramática é posta em uso, interagindo com outros mecanismos da mente, quando se fala e compreende a língua. Há entendimentos empiricistas e distinções conceituais embebidos nesse relato e eles podem estar errados ou desorientados, mas acho que são razoáveis, de acordo com o conhecimento atual, para que prossigamos com eles.

Para aproximar o que disse da discussão anterior, notem minha insistência em que a relação da experiência com a ação é dividida em dois sistemas: TA(H,L), que relaciona experiência com o estágio cognitivo atingido, e Mcs, que relaciona as condições correntes com a ação, diante do estágio cognitivo alcançado (cf. (III)–(III), mencionados anteriormente). Uma das estruturas cognitivas que entram no estágio cognitivo CS atingido e posto em uso por Mcs é a gramática. Mais uma vez, vejo poucas perspectivas no momento para o estudo científico de Mcs, embora o estudo de TA(H,L), na minha opinião, possa ter continuidade com proveito.

Vamos definir a "gramática universal" (GU) como o sistema de princípios, condições e regras que são elementos ou propriedades de todas as línguas humanas, não apenas por acidente, mas por necessidade – naturalmente, quero dizer por necessidade biológica, não lógica. Assim, a GU pode ser considerada a expressão da "essência da linguagem humana". A GU vai especificar o que o aprendizado da língua deve atingir, se ocorrer com sucesso. Assim, a GU deve ser uma parte significativa de TA(H,L). O que é aprendido, a estrutura cognitiva obtida, deve ter as propriedades da GU, embora também tenha outras propriedades, propriedades acidentais. Todas as línguas humanas devem estar de acordo com a GU, embora possam diferir em outras propriedades, acidentais. Se formos construir uma língua violando a GU, veremos que ela não pode ser aprendida por TA(H,L). Ou seja, não poderia ser aprendida em condições normais de acesso e exposição aos dados. Possivelmente, poderia ser aprendida pela aplicação de outras faculdades da mente; TA(H,L) não esgota as capacidades da mente humana.

Essa língua inventada poderia ser aprendida como um quebra-cabeça, ou sua gramática poderia ser descoberta por uma investigação científica no curso de gerações, com a intervenção de gênios individuais, com articulação explícita de princípios e cuidadosa experimentação. Isso seria possível se a língua estivesse dentro dos limites do componente de "formação de ciência" existente na capacidade cognitiva humana. Mas a descoberta da gramática dessa língua não seria comparável ao aprendizado das línguas, como uma investigação em física é qualitativamente diferente do aprendizado das línguas.

A GU vai especificar propriedades de sons, significados e organização estrutural. Podemos esperar que em todos esses domínios a GU venha a impor restrições que limitam estritamente a variedade de línguas. Por razões familiares, não podemos concluir do caráter altamente restritivo da GU que existe um procedimento de tradução geral ou significativo, mesmo em princípio (cf. Chomsky, 1965). E, de forma bastante óbvia, nada está implícito sobre a possibilidade de tradução de textos correntes, já que um falante ou redator naturalmente pressupõe um vasto *background* de entendimentos, crenças, atitudes e convenções não especificadas. Talvez valha a pena sublinhar esse ponto, desde que ocorreram muitas confusões sobre o assunto. Para algumas discussões sobre o tema, vejam Keyser (1975).

Podemos abstrair alguma coisa sobre a GU e a partir daí sobre TA(H,L), sempre que encontramos propriedades de uma língua que podem, de forma razoável, ser entendidas como não tendo sido aprendidas. Para tornar esta discussão mais concreta, tomemos um exemplo familiar, talvez o mais simples, sem ser inteiramente trivial. Pensemos no processo de formular perguntas. Imaginemos outra vez nosso cientista natural, observando uma criança que aprende a falar. Suponhamos que ele descobre que a criança aprendeu a formular perguntas como a citada em (A), correspondendo aos declarativos associados:

(A) o homem é alto – é o homem alto?
o livro está sobre a mesa – está o livro sobre a mesa?
e assim por diante.

Ao observar esses fatos, o cientista pode chegar às seguintes tentativas de hipótese sobre o que a criança está fazendo, partindo agora do princípio de que sentenças são analisadas em palavras:

Hipótese 1: A criança processa a sentença declarativa a partir da primeira palavra, isto é, "da esquerda para a direita", continuando até encontrar a primeira ocorrência da palavra "é" (ou outras semelhantes, "pode", "irá", etc.); então, processa essa ocorrência de "é", produzindo a pergunta correspondente (com algumas modificações simultâneas na forma, que não nos devem preocupar).

A hipótese funciona muito bem. É também extremamente simples. O cientista tem todo o direito de se sentir satisfeito e será capaz de encontrar uma grande quantidade de evidências para apoiar sua tentativa de hipótese. Naturalmente, a hipótese é falsa, como vemos nos exemplos (B) e (C):

(B) o homem que está feliz está na sala – está o homem que está feliz na sala?
(C) o homem que está feliz está na sala – está o homem que feliz está na sala?

O cientista descobrirá, com certeza, que, ao ser apresentada pela primeira vez a um exemplo como "o homem que é alto está na sala", a criança não vacilará em formular a questão (B) e não a (C) (se ela conseguir trabalhar com o exemplo). Crianças cometem muitos erros ao aprender a língua, mas nunca erros como o do exemplo (C). Se o cientista for racional, ficará muito surpreendido com essa descoberta, pois mostra que sua hipótese 1 simples é falsa e que ele precisa construir uma hipótese bem mais complexa para explicar os fatos. A hipótese correta é a seguinte, ignorando complicações irrelevantes para o caso:

Hipótese 2: A criança analisa a sentença declarativa em termos abstratos: localiza então a primeira ocorrência de "está" (etc.) que se segue à primeira expressão substantiva; processa então a ocorrência de "está", formando a pergunta correspondente.

A hipótese 1 sustenta que a criança está usando uma "regra independente da estrutura" – ou seja, uma regra que envolve apenas análises nas palavras e a propriedade do "primeiro" ("o mais à esquerda") definida na sequência das palavras. A hipótese 2 sustenta que a criança está empregando uma "regra dependente da estrutura", uma regra envolvendo análises de sentenças e expressões e a propriedade do "primeiro" definida em sequências de palavras analisadas em expressões abstratas. As expressões são "abstratas" no sentido de que nenhum dos seus limites ou suas categorias (expressão nominal, expressão verbal, etc.) precisa ser fisicamente marcado. As sentenças não aparecem com parênteses (limites de entonação que normalmente marcam as expressões) subscritos, identificando o tipo de expressão ou qualquer outra coisa assim.

Por qualquer padrão razoável, a hipótese 2 é muito mais complexa e "improvável" do que a hipótese 1. O cientista teria que ser conduzido pelas evidências, como em (B) e (C), para postular a hipótese 2 no lugar da hipótese 1, mais simples e mais elementar. De maneira correspondente, o cientista deve perguntar por que a criança invariavelmente usa a regra dependente da estrutura postulada na hipótese 2 no lugar da regra mais simples, independente da estrutura, constante da hipótese 1. Parece não haver explicação em termos de "eficiência comunicativa" ou considerações similares. É certamente absurdo argumentar que as crianças são treinadas para usar a regra dependente da estrutura nesse caso. De fato, nunca surge esse problema no aprendizado da língua. Uma pessoa pode atravessar parte considerável de sua vida sem nunca se ver diante de evidências relevantes, mas nunca hesitará antes de usar a regra dependente da estrutura, mesmo se todas as suas experiências estiverem de acordo com a hipótese 1. A única conclusão razoável é a de que a GU contém o princípio de que todas as regras desse tipo devem ser dependentes da estrutura. Ou seja, a mente da criança (especificamente, o componente TA(H,L)) contém a instrução: construa uma regra dependente da estrutura, ignorando todas as regras independentes da estrutura. O princípio da dependência da estrutura não é aprendido, ele faz parte das condições para o aprendizado da língua.

Para corroborar essa conclusão sobre a GU (e, daí, sobre a TA(H,L)), o cientista indagará se outras regras da língua em questão são invariavelmente dependentes da estrutura. Até onde sabemos, a resposta é positiva. Se encontrar uma regra que não seja dependente da estrutura, o cientista terá diante de si um problema. Ele terá de inquirir mais profundamente na GU, para descobrir quais são os outros princípios diferenciando as duas categorias de regras, de maneira que a criança possa saber, sem ser instruída, que uma é dependente da estrutura e a outra, não. Tendo chegado tão longe, o cientista vai concluir que outras línguas devem ter a mesma propriedade, de acordo com o princípio de que os seres humanos não estão especificamente preparados para aprender uma língua e não outra; por exemplo, para aprender inglês e não japonês. A partir desse ponto de vista razoável, o princípio da dependência da estrutura (talvez, se necessário, qualificado como indicado acima) deve ser mantido universalmente. Investigando as consequências desse raciocínio, o cientista descobriria (até agora, pelo que sabemos) que a conclusão é correta.

Podemos produzir exemplos mais complexos, mas este, bem simples, ilustra o ponto geral. Prosseguindo nesse caminho, o cientista poderá desenvolver hipóteses ricas e interessantes sobre a GU e daí sobre a TA(H,L). Assim, a teoria do aprendizado dos seres humanos para o domínio da linguagem incorpora o princípio da dependência da estrutura, junto com outros princípios mais intricados (e, devo acrescentar, mais controversos) do que ele. Voltarei a tratar em parte desse assunto no terceiro capítulo.

Mantendo em mente esse único exemplo de um princípio da GU, vamos voltar agora à "hipótese do que é inato". Lembremos que não há discussão sobre a necessidade de uma hipótese assim, só sobre o seu caráter.

Assumindo ainda a legitimidade do princípio simplificador sobre o aprendizado instantâneo, a "hipótese da instantaneidade" consistirá de diversos elementos: princípios para liminar previamente e a análise pré-teórica de dados como a experiência, que serve como *input* para a TA(H.L); propriedades da GU, que determinam o caráter do que é aprendido; e outros princípios de um tipo não discutido na apresentação que se segue.

Poderíamos, de forma razoável, formular a *teoria da linguagem* para refletir essa maneira de olhar a TA(H,L). Uma teoria é um sistema de princípios apresentado em termos de certos conceitos. Alega-se que esses princípios são verdadeiros para o assunto que é objeto da teoria. Uma apresentação particular de teoria toma alguns dos conceitos como primitivos e alguns dos princípios como axiomas. A escolha de primitivos e axiomas precisa atender à condição de que todos os conceitos são diferentes em termos dos primitivos e de que todos os princípios derivam dos axiomas. Poderíamos optar por formular a teoria linguística considerando como seus conceitos primitivos aqueles que cabem na análise preliminar dos dados, caso da experiência, com os axiomas incluindo os princípios que exprimem as relações dos princípios primitivos que entram nessa análise preliminar (assim, as noções primitivas são "epistemologicamente primitivas"; eles atendem a uma condição empiricista externa separada da suficiência para a definição). Os termos definidos pertencem à GU; e os princípios da GU serão teoremas dessa teoria. A teoria linguística, assim construída, é uma teoria da GU incorporada à TA(H,L), da maneira descrita.

Chegará o ponto em que nosso princípio simplificador sobre o aprendizado instantâneo terá de ser revisto, de acordo com linhas sobre as quais voltarei a falar. Precisaremos, então, complicar a "hipótese do que é inato".

Uma versão mais completa da "hipótese do que é inato" para os seres humanos especificará os diversos domínios que pertencem à capacidade cognitiva, a faculdade da mente TA(G,D) para cada um desses domínios D, as relações entre essas faculdades, seus modos de amadurecimento e as interações delas no decorrer do tempo. Ao lado da faculdade da linguagem e interagindo com ela da forma mais íntima, está a faculdade da mente construtora daquilo que podemos chamar de "compreensão de senso comum", um sistema de crenças, expectativas e conhecimentos com relação à natureza e ao comportamento dos objetos, seus lugares em um sistema de "tipos naturais", a organização dessas categorias e as propriedades que determinam a categorização dos objetos e a análise dos acontecimentos. Uma "hipótese do que é inato" geral deverá também incluir princípios que dizem respeito ao lugar e papel das pessoas em um mundo social, à natureza e às condições do trabalho, à estrutura das ações humanas, à vontade e à escolha e assim por diante. Esses sistemas podem ser na maior parte inconscientes e mesmo estar fora do alcance da introspecção consciente. Pode-se também querer isolar, para um estudo especial, as faculdades envolvidas na solução de problemas, na construção do conhecimento semântico, na criação e expressão artística, no ato de brincar ou em qualquer outra coisa que prove ser uma categoria apropriada para o estudo da capacidade cognitiva e, como sua consequência, da ação humana.

Nos dois capítulos seguintes, pretendo apresentar outras coisas sobre algumas dessas faculdades da mente e sua interação.

CAPÍTULO 2

O objeto do inquérito

Espero não ser muito repetitivo ao começar fazendo um rápido sumário do que apresentei até agora, elaborando aqui e ali enquanto prossigo.

A teoria da linguagem é simplesmente a parte da psicologia humana que se preocupa com um "órgão mental" em particular, a linguagem humana. Estimulada por uma experiência adequada e contínua, a faculdade da linguagem cria uma gramática que gera sentenças com propriedades formais e semânticas. Dizemos que uma pessoa conhece a língua gerada por essa gramática. Empregando outras faculdades relacionadas da mente e as estruturas produzidas por elas, a pessoa pode passar a usar a língua que ela agora conhece[1].

Com o progresso da ciência, pode ser que venhamos a conhecer um dia uma parte da representação física da gramática e da faculdade da linguagem – e, de forma correspondente, o estado cognitivo atingido pelo aprendizado da língua e o estágio inicial, no qual há uma representação da GU (gramática universal), mas não a gramática específica que se conforma à GU. No presente, só podemos caracterizar as propriedades das gramáticas e da faculdade da linguagem em termos abstratos.

Argumenta-se às vezes que essa contingência, inevitável no presente, não permite que a teoria da linguagem tenha conteúdo empiricista. Essa conclusão não é correta. O único exemplo que dei até agora, o princípio da dependência da estrutura, pode facilmente ser verificado. O mesmo se pode dizer de outras propostas, na GU ou em gramáticas particulares. De forma semelhante, é possível prever que descobertas nas áreas de neurofisiologia ou no estudo do comportamento e do aprendizado nos levarão a rever ou abandonar determinadas teorias da linguagem ou de uma gramática particular, incluindo hipóteses sobre as partes do sistema e sua interação. A natureza abstrata dessas teorias permite a existência de um certo espaço na interpretação de resultados particulares, especialmente enquanto não tivermos uma imagem clara de como as estruturas cognitivas se situam na teoria do desempenho. Entretanto, ter um certo espaço não significa poder dizer qualquer coisa. O psicólogo teórico (neste caso, o linguista), o psicólogo experimental e o neurofisiologista participam de um empenho comum, e cada um deve explorar da maneira mais completa possível as descobertas derivadas de todas as abordagens que buscam determinar o estágio inicial do organismo, as estruturas cognitivas obtidas e as maneiras pelas quais essas estruturas cognitivas são usadas. É preciso ter cuidado, porém. Não é raro encontrar na literatura sobre a psicolinguística conclusões particulares referentes à natureza da gramática, à GU, ou ao papel da gramática no uso da linguagem que devem ser rejeitadas, pois não se alinham com o que se sabe sobre a organização da memória, o comportamento e assim por diante. Mas o conhecimento e mesmo o que é imaginado de forma plausível hoje sobre esses assuntos são limitados e, de forma geral, ainda estão muito longe de responder às perguntas surgidas no estudo teórico da linguagem. Há algumas relações sugestivas sobre a complexidade da sentença e a dificuldade do processamento e sobre outros assuntos. Esses indícios devem ser seriamente examinados com relação ao seu possível significado para a natureza do estágio cognitivo alcançado e os mecanismos para alcançá-lo[2]. Mas a evidência disponível não apoia conclusões apresentadas na literatura sem argumentação, como se fossem algo já estabelecido[3].

Um órgão físico, como, por exemplo, o coração, pode variar de pessoa para pessoa com relação ao tamanho e à força, mas sua estrutura e sua função, na fisiologia humana, são comuns a toda a espécie. De maneira análoga, dois indivíduos de uma mesma comunidade linguística podem adquirir gramáticas que diferem um pouco com relação a escalas e sutilezas[4]. Além disso, dois produtos da faculdade da linguagem podem variar, dependendo da experiência que os põe em funcionamento, percorrendo a classe das línguas humanas possíveis (em princípio). Essas variações na estrutura são limitadas, sem dúvida de maneira muito forte, pela GU; e as funções da linguagem na vida humana são também estritamente delimitadas, embora ninguém tenha encontrado até agora uma forma de ir muito além de uma taxonomia descritiva ao tratar da questão[5].

Limitando-nos agora aos seres humanos, vamos supor que entendemos a psicologia como a teoria da mente, no sentido antes esboçado. A psicologia é a parte da biologia humana que se preocupa, em seu nível mais profundo, com a capacidade de segunda ordem de construir estruturas cognitivas que entram em capacidades de primeira ordem para agir e interpretar a experiência. A psicologia tem como primeira preocupação as faculdades da mente envolvidas nas capacidades cognitivas. Cada uma dessas capacidades cognitivas é representada como uma das TA(H,D)s da discussão anterior. Essas faculdades permitem que a pessoa chegue a estruturas cognitivas intricadas e uniformes, em grande parte não determinadas pela experiência que as põe em funcionamento. Elas não precisam estar relacionadas com essa experiência de qualquer forma simples (por exemplo, generalizações, generalizações de ordem superior, etc.). Aliás, a relação de uma estrutura cognitiva com a experiência pode ser tão remota e intricada como a relação de uma teoria científica não trivial com os dados disponíveis. Dependendo do caráter da "hipótese do que é inato", a relação pode ser ainda mais parcial e indireta.

Essas estruturas cognitivas fazem parte do estágio cognitivo atingido pelo indivíduo em uma determinada etapa do amadurecimento. A etapa também incorpora estruturas de hábitos, disposições e capacidades para empregar estruturas cognitivas. A preocupação principal do estudo do aprendizado é identificar os domínios no interior da capacidade cognitiva e descobrir a TA(H,D) para cada domínio D. Além disso, a investigação tentará mapear todo o sistema da capacidade cognitiva, explorando as relações entre os diversos domínios, a interação das TA(H,D)s no aprendizado, propriedades comuns ou similaridades (se existirem) delas, a ordenação da acessibilidade das estruturas cognitivas ou a acessibilidade com relação às estruturas atingidas e assim por diante.

A psicologia explorará também a organização do comportamento em situações determinadas, da forma como é analisado pelas estruturas cognitivas disponíveis (esse é o estudo de Mcs, cf. (III) no capítulo anterior). Podemos tentar abordar o problema clássico de explicar a ação apropriada para as situações, mas não controlada por estímulos nesses termos. Na presença de um sistema parcialmente estruturado capaz de oferecer uma avaliação dos resultados, escolhas feitas ao acaso, exceto para maximizar o "valor", podem ter a aparência de um comportamento livre, frutífero e inteligente. Mas é preciso manter-se cético com relação a essa abordagem, apesar de aparentemente ser a única a cair em uma estrutura conceitual que nos seja inteligível.

Na capacidade cognitiva, a teoria da mente tem um papel distintamente racionalista. Aprender é primariamente um problema de preencher com detalhes uma estrutura que nos é inata. Afastamo-nos da tradição em vários aspectos, especialmente ao considerar o "sistema *a priori*" biologicamente determinado[6]. Fora dos limites da capacidade cognitiva, aplica-se uma teoria empiricista do aprendizado, por uma infeliz necessidade. A partir daí, aprende-se possivelmente pouco, o escopo da descoberta é mínimo e são encontradas uniformidades por meio de domínios e de espécies.

A faculdade da linguagem é um elemento especialmente interessante da capacidade cognitiva. Podemos inquirir sobre a sua natureza (especificamente, o estudo da GU), a sua relação com outros domínios e a sua singularidade. Podemos indagar se a doutrina cartesiana está correta ao defender que essa faculdade é específica da espécie humana, a única criatura a pensar. Será que a incapacidade de outras espécies para desenvolver línguas do tipo humano vem da falta de uma qualidade de inteligência específica e não de uma mera limitação da inteligência comum, como Descartes pensava? Essa disputa é tradicional. Houve, por exemplo, a veemente afirmação de Antoine Le Grand, um dos principais expositores das ideias de Descartes na Inglaterra do século 17, ao se referir a "algumas *pessoas* das *Índias Orientais*, as quais acreditam que *macacos* e *babuínos*, com os quais lá convivem em grande número, são imbuídos da *compreensão*, e que eles podem *falar*, mas não o fazem por medo de que sejam empregados e postos para trabalhar"[7]. Em algumas popularizações mal consideradas de interessantes pesquisas em curso, virtualmente se sustenta que os macacos superiores têm a capacidade da linguagem, mas nunca a empregaram – um milagre biológico notável, dada a enorme vantagem seletiva que viria mesmo de habilidades linguísticas mínimas. Seria mais ou menos o mesmo que descobrir que um animal tem asas, mas nunca quis voar.

Numa admissão razoável, creio que não existe estrutura semelhante à GU em nenhum organismo não humano e que a capacidade para o uso livre, apropriado e criativo da linguagem como expressão do pensamento, com os meios oferecidos pela faculdade da linguagem, é também uma característica distintiva da espécie humana, não ocorrendo uma analogia significativa em nenhum outro lugar. A base neural da linguagem é em parte muito grande um mistério, mas parece haver poucas dúvidas de que estruturas neurais específicas e mesmo grandes organizações, não encontradas em outros primatas (por exemplo, a lateralização), têm um papel fundamental[8] no seu uso.

Podemos esperar que os procedimentos usados para treinar macacos em formas de comportamento simbólico venham a ter sucesso. O mesmo pode ocorrer com seres humanos que sofreram danos severos nas estruturas neurais envolvidas diretamente com a linguagem. Há algumas indicações disso[9]. Esforços para induzir comportamentos simbólicos em outras espécies podem lançar luz sobre as propriedades específicas da linguagem humana, assim como os estudos sobre como as aves voam podem ser avançados, em princípio, por uma investigação sobre como as pessoas saltam ou como os peixes nadam. Pode-se argumentar que é possível esperar mais desse último caso: afinal, voar e saltar são duas formas de locomoção; ambas envolvem ir para cima e ir para baixo. Com um esforço diligente e um treinamento especial, pessoas podem pular mais alto e mais longe. Talvez algum observador, confuso além de qualquer esperança, possa argumentar, com base nisso, que a distinção entre saltar e voar é arbitrária, uma questão de grau; pessoas podem voar como as aves, embora não tão bem. Propostas baseadas em analogias no caso da linguagem não parecem, em minha opinião, ter força ou significado maior.

Voltando à psicologia humana, vamos considerar a questão de como a faculdade da linguagem entra no sistema da capacidade cognitiva. Venho agindo no princípio de que a GU é suficiente para determinar gramáticas particulares (nas quais, repito, uma gramática é um sistema de regras e princípios capaz de gerar uma classe infinita de sentenças com suas propriedades formais e semânticas). Mas pode ser que não seja esse o caso. Uma proposta coerente e talvez correta é a de que a faculdade da linguagem só constrói uma gramática em conjunção com outras faculdades da mente. Se for assim, a própria faculdade da linguagem fornece apenas uma estrutura abstrata, uma idealização insuficiente para formar uma gramática.

Vamos supor que não exista uma delimitação acentuada entre essas propriedades semânticas, as que são "linguísticas" e as que fazem parte da compreensão de senso comum, ou seja, o sistema cognitivo que trata da natureza das coisas que são citadas, descritas ou discutidas. Assim, os itens lexicais podem ser relacionados por princípios que formam uma espécie de núcleo central para um sistema de crenças de senso comum[10], sem distinções acentuadas entre proposições analíticas e sintáticas. Ou imaginemos que os termos para "espécies naturais" são em parte caracterizados por "estereótipos" no sentido usado por Hilary Putnam[11]. Um tigre, então, é algo não muito dessemelhante de exemplares apresentados e com a mesma estrutura interna (talvez desconhecida) do estereótipo. Sob esse princípio, os itens lexicais são localizados em um "espaço semântico" gerado pela interação da faculdade da linguagem com outras faculdades da mente. Poucas ou nenhuma dessas palavras terão "sentidos" como foi estabelecido por Frege, estritamente falando. O "critério na mente" que determina se o termo "tigre" é aplicável envolverá exemplares reais. O papel essencial da possivelmente desconhecida estrutura interna permite a mudança da referência presumida sem uma troca do próprio conceito (uma "mudança no sentido"); e a referência ao termo será uma função do lugar do conceito associado no sistema não-linguístico da compreensão de senso comum. Apenas por meio de sua associação com o último sistema o termo "tigre" vai adquirir algo na ordem do "sentido" de Frege, embora o sistema linguístico só possa oferecer algumas propriedades semânticas ainda mais abstratas (vamos dizer, alguns "marcadores semânticos" do tipo discutido por Katz)[12].

Vamos supor também que a operação das regras da gramática é determinada em parte pelas propriedades semânticas dos itens lexicais. Para formar sentenças na voz passiva, por exemplo, precisamos levar em conta as propriedades semânticas dos verbos e suas "relações temáticas" com as expressões nominais que os cercam.

Essas ideias não são de nenhuma forma implausíveis. Se estiverem corretas, a faculdade da linguagem não fixa uma gramática isoladamente, nem mesmo em princípio. A teoria da GU continua a ser um componente da teoria da mente, mas como uma abstração. Notemos que essa conclusão, se estiver correta, não implica que a faculdade da linguagem não exista como componente autônomo da estrutura mental. Mais que isso, a posição por nós agora considerada postula que essa faculdade existe, com uma realização física ainda a ser descoberta, e a coloca no sistema de faculdades mentais de maneira fixa. Alguns podem considerar esse quadro demasiadamente complexo, mas a ideia de que o sistema de estruturas cognitivas deve ser simples não tem muito a recomendá-la.

O lugar da faculdade da linguagem na capacidade cognitiva é um assunto sobre o qual muita coisa precisa ser descoberta. O mesmo se pode dizer do papel da gramática no sistema de estruturas cognitivas adquiridas. Minha opinião, bastante tentativa, é de que existe um sistema autônomo de gramática formal, determinada em princípio[13] pela faculdade da linguagem e seu componente GU. A gramática formal gera estruturas abstratas que se associam a "formas lógicas" (em um sentido do termo que discutirei adiante) de acordo com outros princípios da gramática. Mas, seguindo, pode ser impossível distinguir claramente os componentes linguísticos e não-linguísticos do conhecimento e das crenças. Assim, uma língua real só pode surgir da interação de diversas faculdades mentais, sendo uma delas a faculdade da linguagem. Pode ser que não existam exemplos concretos dos quais possamos dizer que são produtos apenas da faculdade da linguagem, nem ações específicas resultantes apenas do exercício das funções linguísticas[14].

Questões dessa natureza surgem à nossa frente, não importa qual o cantinho da linguagem que queiramos investigar. Não existem "sublinguagens" tão primitivas que escapem dessas complexidades, um fato que não constitui surpresa para alguém convencido de que a estrutura racionalista enunciada acima está essencialmente correta. Pois, de acordo com esse ponto de vista, uma gramática não é uma estrutura de conceitos e princípios de ordem superior construídos a partir de elementos mais simples por "abstração", "generalização" ou "indução". É uma rica estrutura de formato predeterminado, compatível com experiências que a colocam em funcionamento. E com maior valor, por ter uma medida em si mesma que parte da GU, do que outras estruturas cognitivas capazes de atender às duas condições de compatibilidade com os princípios estruturais da GU e com as experiências relevantes[15]. Não há necessidade da existência de componentes "simples" ou "elementares" que possam ser isolados em um sistema como esse.

Vamos considerar, por exemplo, a categoria dos nomes e do processo de dar nomes, uma área que pode ser vista como primitiva e capaz de ser isolada. Um nome, podemos supor, é associado a uma coisa por uma estipulação original, e a associação é transmitida, por uma forma qualquer, a outros. Vamos examinar a estipulação original. O nome é tirado de um sistema de linguagem e a coisa é escolhida em termos de categorias da "compreensão de senso comum". Assim, pelo menos duas entre as principais faculdades da mente impõem condições sobre a estipulação. São condições complexas, mal compreendidas – embora não seja difícil encontrar exemplos ilustrativos –, às quais uma entidade precisa satisfazer para se qualificar como "nomeável de forma natural": essas condições envolvem contiguidade de espaço-tempo, qualidades *Gestalt*, funções no espaço das ações humanas (ver adiante o capítulo 4). Um conjunto de folhas em uma árvore, por exemplo, não é uma coisa capaz de receber um nome, mas cairá nessa categoria se uma nova forma de arte, o "arranjo de folhas", for imaginada e um artista passar a compor conjuntos de folhas como forma de arte. O artista poderá então estipular que sua criação deve ser chamada de "serenidade". Parece haver assim uma referência essencial até mesmo a atos de vontade na determinação de se uma coisa pode ou não receber nomes.

Além disso, ao determinar que uma entidade é uma coisa capaz de receber nome, nós lhe atribuímos um "tipo natural" que pode ser designado por um substantivo comum, um "predicado de espécie". De outra forma (excluindo termos em massa), não poderá receber nome. Dar um nome envolve admissões sobre a natureza da coisa que recebe o nome, algumas conceituais e outras factuais. No sistema da compreensão de senso comum, tipos naturais são definidos pela estrutura interna, constituição, origem, função (para artefatos) e outras propriedades. Não quero dizer ser necessário conhecer a estrutura definidora, mas devemos entender que ela existe e novas entidades são incluídas corretamente na "espécie" e designadas pelos predicados da espécie no caso de partilharem das "propriedades essenciais", sejam elas quais forem. Não precisamos saber se a estrutura interna determina se aquilo é um tigre ou apenas alguma coisa que se parece e age como tigre; não será apropriadamente incluída nessa categoria se se diferir de fato dos tigres "padrão" quanto à estrutura interna. Essa é uma exigência conceitual, resultante da estrutura da compreensão de senso comum. Mas crenças factuais e o esperado pelo senso comum também têm um papel na determinação de se a coisa cabe em uma categoria e, assim, pode receber um nome. Vamos pensar na cadeira que desaparece de Wittgenstein. Em seus termos, não temos "regras determinando que alguém pode usar a palavra 'cadeira' para incluir essa espécie de coisa" (Wittgenstein, 1953, p. 38). Ou, para apresentar a ideia de outra forma, mantemos certas idealizações factuais sobre o comportamento dos objetos, fixadas quando os colocamos em uma categoria, e assim determinamos se podem receber um nome e ser descritos[16].

Pelo menos essa grande parte do sistema da compreensão de senso comum parece estar envolvida na determinação de se uma coisa recebe um certo nome. Além disso, a estrutura cognitiva da língua impõe suas condições próprias. As línguas não parecem ter uma categoria de nomes puros, no sentido lógico. Ao contrário, existem nomes de pessoas, nomes de lugares, nomes para as cores e assim por diante. Discutindo a teoria de Aristóteles sobre a linguagem, Julius Moravcsik (1975a) apresentou a ideia de que "não existem expressões que desempenhem apenas a tarefa de referir-se a algo. As individualidades são dadas por certos termos privilegiados que especificam domínios do discurso". Acho que isso é válido para uma língua natural. Os domínios do discurso precisam estar relacionados com as categorias do entendimento de senso comum, embora a questão de até onde continue a ser uma dúvida. Nem é preciso dizer, a estrutura de dois sistemas em interação que entram no ato de dar um nome não precisa ser aberta (ou mesmo acessível) à mente consciente. É, mais uma vez, um problema empírico determinar o caráter das estruturas cognitivas envolvidas no aparentemente simples ato de dar um nome.

Os nomes não são associados a objetos de uma forma arbitrária. Nem parece ser muito esclarecedor considerá-los "termos envoltórios" no sentido usado por Wittgenstein[17]. Cada nome pertence a uma categoria linguística que entra, por uma forma determinada, no sistema da gramática. O objeto que recebe nome é colocado em uma estrutura cognitiva de certa complexidade. Essas estruturas continuam a operar enquanto os nomes são "transferidos" para novos usuários[18]. Notando que uma entidade é chamada de "qualquer coisa", o ouvinte aciona um sistema de estrutura linguística para colocar o nome, e um sistema de relações e condições conceituais, além de crenças factuais, para dar um lugar àquilo que recebeu o nome. Para entender o que é "dar um nome", teríamos de entender esses sistemas e as faculdades da mente por meio das quais eles surgem.

Mencionei a noção "propriedades essenciais" para referir-me aos sistemas de linguagem e do entendimento de senso comum. Mas já surgiu algumas vezes a ideia de que as coisas têm "propriedades essenciais" fora dessa designação e categorização. Vamos considerar as frases:

(1) Nixon ganhou as eleições de 1968.
(2) Nixon é um objeto animado.[19]

A afirmação (1) não é, em nenhum sentido, necessariamente verdadeira. É um estado possível do mundo, ou um "mundo possível", que não seria verdadeiro se Hubert Humphrey, o adversário de Richard Nixon nas eleições presidenciais dos Estados Unidos de 1968, tivesse vencido. E sobre a afirmação (2)? Não é verdadeira *a priori*; pode ser que venhamos a descobrir que a entidade chamada "Nixon" é, de fato, um autômato. Mas vamos supor que Nixon seja, de fato, um ser humano. Assim, pode-se argumentar que não existe mundo possível no qual (2) seja falso; a condição de verdadeiro de (2) é um caso de "necessidade metafísica". É uma propriedade necessária de Nixon a de que ele tenha a propriedade da animação. Entidades podem ter propriedades necessárias além de sua designação.

Estas conclusões parecem ser desnecessariamente dotadas de paradoxos. A sentença (2) é, digamos, uma verdade necessária (desde que Nixon seja realmente um ser humano). Mas o termo "Nixon" em nosso sistema de linguagem não é apenas um nome. Ele é o nome de uma pessoa. Assim, (2) tem (aproximadamente) o mesmo significado de (3).

(3) a pessoa Nixon é um objeto animado.

A necessidade dessa afirmação segue sem nenhuma atribuição de propriedades necessárias a indivíduos, além de sua designação. É um caso de modalidade *de dicto* mais do que *de re*, algo como afirmar que o homem que mora no andar de cima mora no andar de cima. A verdade necessária de (3) (e daí de (2), dada a categoria linguística do nome "Nixon") é uma consequência da verdade necessária da afirmação de que pessoas são seres animados. Essa verdade necessária pode ter como base uma conexão necessária entre categorias de entendimento de senso comum, ou em uma conexão analítica dos termos linguísticos "pessoa" e "animado". Nessas duas idealizações, não precisamos supor que se destina uma propriedade essencial a um indivíduo, Nixon, a não ser da maneira como ele recebe um nome ou a categoria de entendimento de senso comum à qual ele é destinado.

Suponhamos, por outro lado, que vamos adicionar à língua natural uma nova categoria de "nomes puros", incluindo o nome "N", para Nixon. Então, não haveria mais apoio intuitivo para uma distinção entre (1) e (2), se "Nixon" fosse substituído por "N". Se conseguirmos sair da estrutura da linguagem e do entendimento de senso comum, nos quais "Nixon" é um nome de pessoa e a coisa que recebeu nome é destinada à espécie natural de pessoa (e daí, animada), (1) e (2) serão então afirmações com a mesma posição lógica. O argumento não apoia o ponto de vista de que objetos assim têm propriedades essenciais, a não ser sua designação ou a categoria conceitual nos quais são colocados. No interior desse novo sistema inventado, separado da linguagem e do entendimento de senso comum, não temos intuições relevantes que nos guiem, na minha opinião. Assim, podemos querer dizer que não existe maneira de a coisa N ter sido qualquer outra coisa a não ser o que é, pois dessa forma seria algo diferente; assim, num sentido sem interesse, todas as suas propriedades são "essenciais". Ou poderíamos querer dizer que qualquer uma de suas propriedades poderia ser outra, diferente da que é. Esse recurso de exposição para as distinções entre (1) e (2) (por exemplo), entre o que poderia ter sido e o que não poderia ser de outra forma, não está mais à nossa disposição no novo sistema que estamos imaginando. Pois esse recurso pressupõe os sistemas de pensamento e de linguagem construídos pelas faculdades da linguagem e do entendimento de senso comum.

Voltando a nossas familiares estruturas cognitivas do pensamento e linguagem, vamos supor que viemos a descobrir ser a entidade chamada "Nixon" na realidade um autômato e, portanto, (2) é falso. Podemos então chegar à conclusão de que o nome de pessoa "Nixon" foi usado de maneira errada (como podemos agora descobrir). Ou podemos optar por interpretar as sentenças nas quais aparece o nome dentro da estrutura de uma metáfora de personalização, um dos usos naturais, embora derivativo, da língua. Até agora, nada nos leva à noção das propriedades essenciais, nesse caso para a ideia de que "algumas propriedades de um objeto podem ser essenciais para ele e assim ele não poderia deixar de tê-las" (Kripke, 1972, p. 273).

Considerações semelhantes são aplicáveis nos casos de outros exemplos que discutimos em conexão com o problema da modalidade *de re*. Kripke (1972) sugere que não pode haver uma situação na qual a rainha Elizabeth II da Inglaterra, essa grande mulher, possa ter pais diferentes; é uma verdade necessária que ela tenha os pais que teve (embora, mais uma vez, não saibamos disso *a priori*). A sua conclusão é a de que "qualquer coisa vinda de uma origem diferente não seria esse objeto" (p. 314). Ter uma origem particular, neste caso o pai e a mãe, é outra "propriedade essencial" do objeto.

Minhas intuições pessoais diferem com relação ao exemplo. Assim, não me parece que surgiria um problema lógico se a rainha Elizabeth II fosse escrever uma autobiografia fictícia na qual ela, a mesma pessoa, tivesse pais diferentes; poderíamos, eu acho, tomar isso como uma descrição da história dessa pessoa em um "mundo possível" diferente, uma descrição de um estado possível deste mundo com os mesmos objetos aparecendo nele.

Mas suponhamos que não seja assim e ter uma origem particular seja uma "propriedade essencial". É isso, então, uma propriedade essencial da própria coisa, a parte de sua designação ou caracterização no entendimento de senso comum? Acho que não. Damos à entidade um nome de pessoa, "rainha Elizabeth II". Colocamos esse nome em uma categoria do entendimento de senso comum, pessoa. Pode ser (embora, como notei, duvide disso) que um objeto considerado uma pessoa não possa ser a mesma pessoa se tiver pais diferentes. Se for assim, trata-se de uma propriedade do sistema conceitual do entendimento de senso comum e talvez também do sistema relacionado da linguagem; é uma propriedade do conceito pessoa. Tendo as estruturas cognitivas, podemos distinguir as propriedades necessárias e contingentes. Podemos distinguir entre o que poderia ser verdadeiro sobre um objeto catalogado e designado dentro desses sistemas e o que não poderia ser de outra forma. A força intuitiva da argumentação a favor das propriedades essenciais me parece derivar do sistema de língua no qual o nome está colocado e do sistema de entendimento de senso comum, com sua estrutura, no qual o objeto está localizado. Derrubando essas estruturas, com suas modalidades *de dicto* e conexões conceituais, não parece restar nenhuma força intuitiva à proposta de que o objeto, por si, tenha propriedades essenciais.

Para tomar outro caso, Kripke sugere que "(mais ou menos) *ser uma mesa* parece ser uma propriedade essencial dessa mesa" (1972, p. 351), ou seja, de uma coisa particular que é uma mesa. O peso exato que deve ser dado à qualificação "(mais ou menos)" não está claro. Se tirarmos a qualificação, a proposta dificilmente se manterá de pé. Suponhamos que venhamos a descobrir: quem projetou esse objeto particular pretendia que fosse uma cama dura e fosse usado assim. Seguramente, ele então diria que a coisa não é uma mesa, mas uma cama parecida com uma mesa. Mas a coisa é aquilo que é. Nem um lampejo no olhar do inventor nem o costume geral podem determinar suas propriedades essenciais, apesar de a interação e a função serem relevantes para a determinação do que imaginamos ser um artefato. Indo mais adiante, vamos supor que a coisa em questão seja uma mesa pregada no chão. Estaríamos inclinados a dizer que ela seria a mesma coisa se não estivesse pregada no chão, não poderia ser nada além de uma mesa. Assim, ela é necessariamente uma mesa, que não pode ser removida apenas por um acidente. Vamos pensar agora em outra criatura com uma língua e um sistema de entendimento de senso comum diferentes, na qual categorias como ser ou não móvel são fundamentais, mas não a função e o uso. Essas criaturas diriam que aquele objeto incapaz de ser movido seria uma coisa diferente se não estivesse pregado no chão, que ele poderia ser outra coisa, não uma mesa. Para elas, o fato de o objeto não poder ser movido pareceria ser uma propriedade essencial da coisa, não o fato de "ser uma mesa". Se for assim, uma propriedade pode ser essencial ou não, dependendo de qual dos conceitos da criatura predomina.

Poderíamos descobrir que seres humanos, operando em sua capacidade cognitiva, não desenvolverão sistemas "naturais" do tipo apresentado para essa criatura hipotética. Se isso for verdadeiro, trata-se de uma descoberta sobre a biologia humana, mas não vejo como essas propriedades biológicas dos seres humanos afetam a "essência" das coisas.

Argumentos intuitivos relativos às propriedades essenciais devem responder por todas as nossas intuições, inclusive as que acabamos de citar, se estiverem corretos. Uma explicação sobre todo o leque das intuições parece ser simples, se explicarmos a força intuitiva do argumento de que isso ou aquilo é uma propriedade essencial de uma coisa sobre a base dos sistemas de linguagem e compreensão de senso comum trazidos à tona quando fazemos esses julgamentos. As diferenças intuitivas citadas por Kripke são muitas vezes bastante claras, mas a minha impressão é a de que elas se referem à estrutura dos sistemas de compreensão de senso comum e da linguagem, não às propriedades essenciais das coisas, consideradas abstratamente a partir da caracterização que delas fazemos em termos desses sistemas de categorização e representação. Um estudo dos julgamentos humanos relativos às propriedades essenciais e acidentais pode oferecer consideráveis compreensões sobre as estruturas cognitivas empregadas, e talvez além, sobre a natureza da capacidade cognitiva humana e o leque de estruturas construídas naturalmente pela mente. Mas pode ser que esse estudo não nos leve além disso.

Pode ser verdade que no caso de um tipo natural, vamos dizer, os tigres, a definição do dicionário com suas propriedades não nos ofereça condições de critério para que uma coisa seja um tigre[21]. Assim, se "descobríssemos um animal que, embora tendo todas as aparências externas de um tigre como aqui descritas, tem uma estrutura interna completamente diferente da de um tigre", não concluiríamos tratar-se de um tigre; não porque o conceito de tigre mudou ou porque o termo "tigre" constitui um conceito múltiplo, mas porque, se "tigre" significa uma certa espécie ou tipo natural, supomos ser uma estrutura interna fixa – mesmo se ela for desconhecida – necessária para que um objeto seja um tigre (Kripke, 1972, pp. 317-318). Ao aceitar isso, não se segue que se um objeto é de fato um tigre e tigres são de fato um tipo natural, então ter essa estrutura interna é uma propriedade essencial do objeto, separada de sua designação ou categorização como um tigre, embora seja uma verdade necessária que um tigre tenha essa estrutura interna, em virtude das propriedades do sistema de compreensão de senso comum e do sistema da linguagem.

Existem na estrutura aristotélica[22] certos "fatores gerativos" que fazem parte da constituição essencial dos objetos; conseguimos uma maior compreensão da natureza de um objeto conforme percebemos os fatores gerativos permitindo ser ele o que é – uma pessoa, um tigre, uma casa ou qualquer outra coisa. A constituição e a estrutura, agentes responsáveis pela geração no interior de um sistema de lei natural, elementos que permitem distinguir uma espécie em particular, estão entre os fatores gerativos. Esses fatores gerativos são próximos, ao que parece, das "propriedades essenciais" de Kripke[23]. Sob essa formulação, existem propriedades essenciais das coisas devido à maneira como o mundo é realmente constituído, mas podemos com facilidade largar as idealizações metafísicas e dizer que x é um fator gerativo de y sob a descrição D[24] (ou, talvez, quando y é categorizado como um C dentro do sistema de compreensão de senso comum). Tenho a impressão de que essa formulação é razoavelmente próxima do pouco que podemos determinar, com base na instrospecção e intuição, sobre nossos julgamentos e as categorias lógicas de nossas afirmações.

Não levanto nenhuma objeção à construção de teorias formais relativas a línguas com substantivos puros designando entidades com propriedades essenciais individualizadoras, a não ser da maneira como são designadas ou categorizadas. Pode-se perguntar, no entanto, se o estudo desses sistemas, seja qual for o seu interesse, levará a muitas compreensões sobre o funcionamento da linguagem humana e do pensamento humano.

O que é válido para os nomes também serve para outras categorias linguísticas. Não existe um "ponto de entrada" simples para o sistema da linguagem. Os termos referentes às cores foram frequentemente usados em especulações empiricistas por serem especialmente simples, por poderem ser aprendidos isoladamente por condicionamento, extensão ou associação. Mas, de fato, esses termos parecem ser aprendidos como parte de um sistema de expressões sobre cores em um estágio avançado do aprendizado da língua[25]. Não existe um motivo geral para supor que uma língua humana tenha "subsistemas primitivos" em nenhum sentido interessante, e nenhuma prova conclusiva para apoiar essa alegação.

A observação dos estágios iniciais da aquisição da linguagem pode ser bastante enganosa com relação ao assunto. É possível que em uma etapa inicial apareça o uso de expressões semelhantes à linguagem, mas fora da estrutura imposta, em uma etapa posterior de amadurecimento intelectual, pela faculdade da linguagem – de maneira muito semelhante à forma como um cão pode ser adestrado para responder a certos comandos, sem ser possível concluir, a partir disso, que ele está usando uma linguagem. O máximo que podemos dizer com um certo grau de confiabilidade é existir uma relação de "compatibilidade" entre a gramática construída em um certo estágio de crescimento mental e a experiência linguística, analisada nesse estágio por mecanismos mentais. Diante da idealização para a aquisição instantânea, já discutida, podemos dizer que a parte primitiva da teoria linguística, selecionada pelo critério da prioridade epistemológica, oferece uma análise da experiência linguística que serve como um termo na relação de compatibilidade. Mas, além disso, há pouco o que dizer no momento, e mesmo isso pode envolver premissas seriamente enganosas, um assunto ao qual devo retornar mais tarde. Mas, mesmo se forem válidas como aproximações iniciais, essas premissas não suportarão a carga exigida por muitas especulações filosóficas sobre como uma língua é ou deve ser aprendida. Quanto à outra ideia de que a língua não é só aprendida como ensinada, e que o "ensino" é essencial para estabelecer o significado das expressões linguísticas, esse ponto de vista não encontra apoio, nem no campo empírico nem no conceitual.

John Searle pediu que seja estabelecida uma distinção entre "fatos brutos" e "fatos institucionais" (Searle, 1969, p. 50f). Entre os primeiros estão os fatos descritos pelas chamadas sentenças de observação para a reconstrução do conhecimento científico: "o papel de tornassol está vermelho", "o instrumento marca 23,6" e assim por diante. A existência de "fatos institucionais", não menos objetivos, "pressupõe a existência de certas instituições humanas". É um fato objetivo, por exemplo, que o sr. Smith casou com a srta. Jones, mas "é somente pela existência da instituição do matrimônio que certas formas de comportamento constituem o casamento do sr. Smith com a srta. Jones". As instituições humanas são "sistemas de regras constitutivas" da forma "X conta como Y no contexto C". Searle sugere que "falar uma língua é realizar atos de acordo com regras constitutivas" que determinam fatos institucionais. Mais ainda, ele argumenta que fatos institucionais não podem ser explicados em termos de fatos brutos, mas somente "nos termos das regras constitutivas que os ressaltam".

No ponto de vista que estamos considerando, a afirmação dos "fatos brutos" tem lugar quando uma estrutura é (pelo menos) dupla, envolvendo a interação do sistema da linguagem com o sistema de compreensão de senso comum. De forma semelhante, a afirmação dos fatos institucionais pressupõe uma teoria das instituições humanas e um sistema linguístico relacionado. Duvido que os sistemas incluídos na teoria das instituições humanas desenvolvidas pelas pessoas (principalmente sem terem consciência disso) possam ser reduzidos simplesmente à fórmula "X conta como Y no contexto C", como Searle sugere. Uma análise da estrutura institucional parece exigir princípios de caráter muito mais abstrato. Abandonando o viés empiricista, há poucos motivos para se afastar dessa conclusão. Mais uma vez, é assunto a ser descoberto, não estipulado; descoberto, nesse caso, no curso de uma investigação sobre mais uma faculdade da mente e sua operação.

Em geral, estruturas cognitivas de tipos variados são construídas conforme a pessoa vai amadurecendo, interagindo com a gramática e oferecendo condições para o uso da linguagem. Um estudo integrado da cognição deve tentar tornar essas conexões precisas, levando assim – podemos especular – a mais propriedades inatas da mente.

Notemos, mais uma vez, que não há inconsistências entre este ponto de vista e a tese da autonomia da gramática formal, ou seja, a tese de que a faculdade da linguagem constrói um esqueleto formal abstrato investido de significado por regras interpretativas, uma estrutura integrada que se encaixa de maneira definida em um sistema do uso da linguagem.

Searle sugeriu em outro lugar que a última tese, apesar de não ser inteiramente inconsistente, deriva mesmo assim de uma abordagem para a linguagem que "vai contra premissas bastante simples, plausíveis e de acordo com o senso comum sobre a linguagem". Ele assume o "quadro do senso comum da linguagem humana" como sendo algo assim:

> O objetivo da linguagem é a comunicação, em grande parte no mesmo sentido de que o objetivo do coração é bombear o sangue. Nos dois casos, é possível estudar a estrutura de forma independente da função, mas seria sem significado e perverso agir assim, desde que estrutura e função interagem de forma óbvia. Nós nos comunicamos primariamente com outras pessoas, mas também com nós mesmos, como quando falamos ou pensamos com palavras com nós mesmos.

Sendo a linguagem o sistema de comunicação *par excellence*, é "peculiar e excêntrico" insistir em estudar a estrutura da linguagem separada de sua função comunicadora.

Searle apresenta meu quadro, que compete com o dele, da seguinte forma:

> [...] a não ser por possuir certos objetivos gerais como o de exprimir os pensamentos humanos, a linguagem não tem nenhum objetivo essencial, e se o tiver não existe uma ligação interessante entre seu objetivo e sua estrutura. As estruturas sintáticas das línguas humanas são produtos de características inatas da mente humana, e não têm conexões significativas com a comunicação, embora, naturalmente, as pessoas as usem para, entre outros objetivos, comunicar-se. O essencial sobre as línguas, o aspecto que as define, é sua estrutura.

Searle sugere que eu "assumi arbitrariamente" que "uso e estrutura" ... (não) ... influenciam um ao outro" e que essa abordagem muito perversa impediu a construção de uma teoria do significado. E mais, que estou travando "uma ação de retaguarda" contra "o estudo dos atos da fala", que oferece a saída para problemas tradicionais da semântica. É esse "malogro em ver a conexão essencial entre a linguagem e a comunicação, entre o significado e os atos da fala" que constitui o maior "defeito da teoria de Chomsky", em sua opinião[27].

Vamos examinar as objeções e indagar se o quadro rejeitado por Searle é realmente tão "sem sentido e perverso" como ele sugere.

Primeiro, devo esclarecer que sempre rejeitei algumas das posições que Searle atribui a mim. Assim, nunca sugeri que "não existe uma ligação interessante" entre a estrutura da linguagem e seu "objetivo", inclusive a função da comunicação, nem nunca "assumi arbitrariamente" que o uso e a estrutura não se influenciam mutuamente, embora tenha argumentado – de forma correta, creio eu – que propostas específicas sobre essa relação estavam erradas[28]. Com certeza, existem conexões significativas entre a estrutura e a função; isso não está nem nunca esteve em dúvida[29]. Além do mais, não sustento que "o essencial sobre as línguas ... é sua estrutura". Descrevi frequentemente o que chamei de "o uso criativo da linguagem" como um aspecto essencial, não menos que as propriedades estruturais que distinguem a língua. Pode esperar-se que o estudo da estrutura, uso e aquisição forneça suposições bem fundamentadas sobre os aspectos essenciais da língua.

Vamos considerar agora os outros pontos de Searle. Ele afirma que a linguagem tem "um objetivo essencial", a comunicação, e considera minha negação a essa afirmação contrária ao senso comum e implausível. É difícil discutir sobre o senso comum. Existe, de fato, uma tradição muito respeitável, que passei em revista em outro lugar[30], considerando uma distorção vulgar o "ponto de vista instrumental" de ver a linguagem como sendo "essencialmente" um meio de comunicação, ou um meio para atingir determinados fins. A linguagem, afirma-se, é "essencialmente" um sistema para a expressão do pensamento. Concordo basicamente com esse ponto de vista. Mas suspeito que haja pouco a se considerar aqui, diante do conceito de Searle de "comunicação" como incluindo a comunicação consigo mesmo, ou seja, pensar em palavras. Tenho certeza de que também pensamos sem palavras – pelo menos é o que parece mostrar a introspecção. Mas, no momento em que usamos a linguagem para a "autocomunicação", estamos simplesmente exprimindo nossos pensamentos e a distinção entre os dois quadros de Searle desaba. Assim, concordo com Searle em que há uma ligação essencial entre a linguagem e a comunicação, desde que consideremos o termo "comunicação" em seu sentido mais amplo – um passo infeliz, eu acho, desde que a noção "comunicação" passa a ficar sem seu caráter essencial e interessante. Mas continuo a não estar convencido por sua afirmação de que existe uma ligação essencial, do tipo defendido por ele, entre o significado e os atos de fala.

Antes de nos determos nesse ponto de desacordo – o único, em minha opinião, sobre o qual os temas em debate estão claramente apresentados – vamos considerar a afirmação de Searle de que é sem sentido e perverso estudar a estrutura da linguagem de forma independente da função, mantendo em mente as qualificações que acabei de apresentar. Ampliando sua análise, não pode haver dúvida de que o fisiologista, ao estudar o coração, dará atenção ao fato de que este bombeia o sangue. Mas ele também vai estudar a estrutura do coração e a origem dessa estrutura no indivíduo e na espécie, sem tirar conclusões dogmáticas sobre a possibilidade de "explicar" a estrutura em termos funcionais.

Ocorre algo semelhante no campo da linguagem. Vamos considerar, mais uma vez, o princípio da dependência da estrutura discutido anteriormente. Essa parece ser uma propriedade geral de uma interessante classe de regras linguísticas, inatas na mente. Seguindo o que acredito ser a sugestão de Searle, vamos tentar explicar isso nos termos da comunicação. Mas não vejo como podemos fazê-lo. Com certeza, o princípio entra na função da linguagem; podemos muito bem estudar como isso se processa. Mas a linguagem poderia funcionar para a comunicação (ou outra coisa) muito bem também com regras independentes de estruturas, pelo que parece. Para uma mente constituída de forma diversa, regras independentes da estrutura seriam bem superiores, pois não exigem a análise abstrata de uma sentença além das palavras. Acho que o exemplo é típico. Onde puder ser mostrado que a estrutura serve a uma função particular, temos uma descoberta valiosa. Mas dar conta ou explicar de alguma forma a estrutura da GU, ou de gramáticas particulares, sobre a base de considerações funcionais é agir com perspectivas praticamente sem esperanças, na minha opinião; é, talvez, até mesmo "perverso" aceitar o contrário. Talvez Searle tenha outra coisa em mente, mas eu francamente não vejo substância nesse ponto, nenhuma contraproposta com qualquer plausibilidade ao quadro rejeitado por Searle.

Searle argumenta "ser bastante razoável supor que as necessidades da comunicação influenciaram a estrutura" da linguagem, conforme ela evoluía na pré-história humana. Concordo. A questão é: o que podemos concluir desse fato? A resposta é: muito pouco. As necessidades de locomoção influenciaram o fato de os humanos terem desenvolvido pernas e as aves, asas. Essa observação não ajuda muito o fisiologista preocupado com a natureza do corpo humano. Como as estruturas físicas, sistemas cognitivos indubitavelmente evoluíram de certas maneiras, embora em nenhum dos dois casos possamos afirmar seriamente ter entendido os fatores que participaram do caso particular da evolução e determinaram ou mesmo influenciaram de forma significativa o seu resultado. Na realidade, se sistemas fundamentados geneticamente fossem seriamente disfuncionais, o desenvolvimento evolutivo poderia ter sido abortado. Enquanto facilitavam a reprodução diferenciada, contribuíram para a evolução. Mas observações no nível da generalidade não têm muito interesse. Entre os sistemas desenvolvidos pelos seres humanos no curso da evolução estão a capacidade de formar ciência e a capacidade de tratar intuitivamente de propriedades bastante profundas do sistema numérico. Pelo que sabemos, essas capacidades não têm valor seletivo, embora seja bem possível que elas se tenham desenvolvido como parte de outros sistemas[31]. Sabemos muito pouco do que acontece quando 10 neurônios elevados à décima potência são apertados em alguma coisa do tamanho de uma bola de basquete, com outras condições impostas pela maneira específica como esse sistema se desenvolveu com o passar do tempo. Seria um erro sério supor que todas essas propriedades, ou as propriedades interessantes das estruturas que evoluíram, possam ser "explicadas" nos termos da seleção natural. Seguramente, não há lugar para essa premissa no caso das estruturas físicas.

Quando Searle diz que, "em termos gerais, uma compreensão dos fatos sintáticos exige um entendimento de sua função na comunicação, já que comunicação é tudo o que é a linguagem", concordo apenas em parte. Se tomarmos a comunicação como incluindo a expressão do pensamento, como acontece, a afirmação se torna no mínimo uma meia verdade; assim, teremos apenas uma compreensão parcial da sintaxe se não considerarmos seu papel na expressão do pensamento e outros usos da linguagem. Isso não deve provocar controvérsias. Mas, a partir dessa observação, não podemos de forma alguma derivar que a tese da autonomia da sintaxe é "peculiar e excêntrica". Se a linguagem deve ser pensada como análoga a um órgão físico como o coração, as explicações funcionais dificilmente nos levarão muito longe, e devemos nos preocupar com a estrutura do órgão que serve a essas funções[32]. É mais uma vez uma questão de fatos, não um assunto de estipulações, se a organização da linguagem envolve um sistema autônomo no sentido proposto. Não se deve ter intuições *a priori* sobre essa questão, não mais do que se pode argumentar de maneira sensível, no campo da intuição, ser "perversa" uma certa teoria da estrutura do coração.

Vamos voltar-nos agora para o único ponto de desacordo sério, a "conexão essencial" que Searle afirma existir entre a linguagem e a comunicação, entre significados e atos da fala. Ao considerar esses assuntos relacionados, Searle (1972) se pronuncia contra a teoria de que "sentenças são objetos abstratos produzidos e compreendidos de forma independente de seu papel na comunicação", sobre a base de que "qualquer tentativa de explicar o significado das sentenças dentro dessas premissas é circular ou inadequada". Ele afirma, além disso, que o relato feito por filósofos por ele citados (Wittgenstein, Austin, Grice, Searle, Strawson) "nos ofereceram uma saída para este dilema" ao explicar "significado" em termos de *o que o orador pretende que a audiência creia ou faça*. Outras pessoas também fizeram essa afirmação e disseram existir um avanço em uma abordagem explicando o significado de expressões em termos das intenções do orador, já que essa abordagem nos permite escapar "da órbita do espaço conceitual" incluindo os conceitos "ideia", "marcador semântico", sentido fregiano e assim por diante[33]. Essa abordagem evita a "circularidade" contra a qual Searle faz objeções em sua crítica da semântica clássica e, especialmente, a minha versão dela.

O relato ao qual Searle se refere deveria, se estivesse correto, evitar a "circularidade" que ele afirma existir[34]. Mas esse relato é falho em diversos aspectos. Em particular, ele não oferece uma maneira de lidar com os muitos casos nos quais a linguagem não é usada para a comunicação (no sentido mais estrito), casos normais nos quais as intenções do orador com relação à audiência não oferecem uma visão particular do significado literal do que ele diz. Além disso, uma análise das propostas apresentadas mostra que "significado literal" foi reintroduzido como uma noção não explicada. A abordagem, assim, continua na "órbita do espírito conceitual" do qual se tentou escapar.

Consideremos em primeiro lugar a conexão alegadamente "essencial" de linguagem e comunicação. Searle levanta objeções à minha afirmação de que o uso significativo da linguagem "não precisa envolver a comunicação e nem mesmo uma tentativa de comunicação", como quando "eu uso a linguagem para exprimir ou esclarecer meus pensamentos, com a intenção de enganar, de evitar um silêncio embaraçoso ou numa dúzia de outras maneiras". Nesses casos, sugeri, "minhas palavras têm um significado estrito e eu posso muito bem querer transmitir o que estou falando, mas a compreensão mais completa do que pretendo fazer minha audiência (se houver) crer ou fazer pode ter muito pouca ou nenhuma indicação do significado do meu discurso" (Chomsky, 1971, p.19).

Apesar do que Searle diz, tudo isso me parece ser coisa comum e óbvia. Posso usar a linguagem, no sentido mais estrito, sem a intenção de comunicar. Apesar de minhas declarações terem um significado definido, o seu significado normal, minhas intenções com relação a uma audiência podem mesmo assim não lançar luz sobre esse significado. Vamos tomar alguns exemplos concretos. Quando era estudante, por dois anos escrevi longos documentos, mesmo achando que nunca seriam publicados[35] ou lidos por outra pessoa. Eu queria dizer exatamente o que estava escrevendo, mas sem nenhuma intenção com relação às opiniões dos outros sobre aquilo no que acreditava, e de fato tendo a certeza de que não haveria uma audiência. Aconteceu quando, uma vez por ano, como muitos outros, eu escrevia uma carta ao Departamento do Imposto de Renda, explicando, com o máximo de eloquência possível, por que não estava pagando parte do meu imposto devido. Eu queria dizer exatamente o que dizia na minha explicação. Entretanto, não tinha a intenção de comunicar ao leitor, ou fazer com que ele acreditasse ou fizesse alguma coisa, pelo simples motivo de saber muito bem que o "leitor" (provavelmente um computador) não ligaria o mínimo para aquilo. O que minhas declarações na carta significavam, o que eu queria fazer significar – em um sentido – ao formular aquelas declarações, não é explicável em termos do que queria fazer significar. O que eu pretendia, ao escrever a carta, era em resumo exprimir apoio a pessoas que resistiam à violência criminosa do Estado de maneiras mais significativas. Uma vez, passei pela curiosa experiência de fazer um discurso contra a Guerra do Vietnã para um grupo de soldados que avançava em uniforme de combate completo, fuzis na mão, para esvaziar a área na qual eu falava. Eu queria significar exatamente aquilo que estava falando – minhas afirmações tinham significado estrito e literal –, mas o que dizia pouco tinha a ver com minhas intenções naquele momento[36].

Esses exemplos são enganosos porque são, talvez, fora do comum. Mas ilustram uma situação bem comum. Em inumeráveis circunstâncias normalíssimas – pesquisas, conversações normais e assim por diante –, a linguagem é usada de forma apropriada, as sentenças têm seu significado estrito, as pessoas querem fazer significar o que dizem ou escrevem, mas sem a intenção de levar a audiência – não imaginada como existente, ou não existente, em alguns casos – a acreditar em certas coisas ou praticar certos atos. Esses exemplos corriqueiros representam uma dificuldade para a análise do significado nos termos da intenção do orador com relação à audiência, mesmo se fosse possível, no caso em que haja uma intenção de comunicar, dar conta do que significa uma sentença nesses termos – e duvido disso também por motivos aos quais voltarei mais adiante.

Searle afirma que:

> (A) Os casos mais simples de significado são aqueles nos quais o orador exprime uma sentença e quer transmitir exatamente e literalmente o que diz. Nesses casos, o orador pretende produzir um certo efeito ilocucionário no ouvinte, e pretende obter esse efeito pelo meio de fazer o ouvinte conhecer sua intenção, por intermédio do conhecimento do ouvinte das regras que governam a expressão da sentença.

Ele passa então a uma interessante discussão sobre outros "casos de significado" menos simples, como "deixas, insinuações, ironias e metáforas". Mas continua a existir o problema de que (A) é frequentemente falso, mesmo para os casos mais simples. O orador pode querer transmitir exatamente e literalmente o que está dizendo, mas sem a intenção da espécie cuja existência Searle acha necessária. As intenções reais do orador podem variar muito, mesmo nos "casos mais simples", e é possível que não lancem nenhuma luz sobre o significado daquilo dito por ele.

Searle não passou inteiramente por cima desses problemas. Assim, considera a teoria de Grice pela qual "dizer que um orador O quer significar alguma coisa com X é o mesmo que atribuir a O a intenção de exprimir X para produzir um efeito em um ouvinte U por meio do reconhecimento dessa intenção". Como Searle nota, a consideração falha por "não mostrar a ligação entre uma pessoa querer significar alguma coisa por meio do que diz e o que significa realmente no idioma aquilo que diz". Para superar a dificuldade, Searle revisa a definição de Grice em vários aspectos. Ele apresenta a noção de regras para o uso de expressões e desenvolve uma noção mais ampla dos "efeitos produzidos no ouvinte". Para Searle, esses efeitos incluem "a compreensão do que é dito". Assim, em seu relato revisto (1969, p. 48), o significado de uma sentença é determinado pelas regras e exprimir uma sentença, e dar-lhe um significado, é um problema de tentar fazer o ouvinte saber o que certos estados de assuntos especificados pelas regras obtêm, tendo como corolário a intenção de fazer o ouvinte saber essas coisas pelo reconhecimento da primeira intenção, e pretendendo o reconhecimento da primeira intenção pelo ouvinte por virtude de seu conhecimento das regras para a sentença apresentada – essencialmente, (A) citado acima.

Mais tarde, tratarei do problema de se questões cruciais não são levantadas por essa referência a regras e assim por diante. Acho que sim. Mas vamos indagar agora como essas revisões tratam de um problema geral levantado por Searle contra a teoria de Grice, ou seja: "Posso fazer uma declaração sem me preocupar se meus ouvintes acreditam nela ou não, mas apenas por achar que é meu dever fazê-la". Os exemplos que acabo de mencionar são em um certo sentido até piores, pois partem do princípio de que não há ouvintes (ver nota 36). Infelizmente, a dificuldade citada por Searle contra Grice continua a existir após as revisões. Nos casos mencionados, eu, o orador, não tenho a intenção de levar o ouvinte a saber nada ou reconhecer nada, mas o que eu digo tem seu significado estrito e quero dar significado ao que digo. A revisão de Searle, apenas por esse motivo, não consegue capturar a noção intencionada de significado; como afirmação factual, é falsa. O mesmo se pode dizer de todas as outras tentativas que conheço para explicar "significado" em termos da "intenção do orador ao se comunicar".

Ao elaborar sua apresentação contra Grice, Searle passa sem comentários de uma discussão do significado a uma discussão da comunicação. A mudança é importante. A teoria da intenção do orador pode muito bem ser uma contribuição para uma teoria da comunicação com sucesso. Searle, porém, não apresentou uma maneira de fugir dos problemas por ele citados contra abordagens alternativas. Outros problemas também aparecem, como vamos ver, quando consideramos a natureza das regras envolvidas nas teorias de Grice–Searle.

Outros filósofos apresentaram argumentos seguindo o mesmo caminho. Assim, P. F. Strawson (1970) fala de "uma luta homérica" sobre um assunto central da filosofia entre "teóricos da intenção-comunicação" e "teóricos da semântica formal". Como Grice e Searle, Strawson opta pela teoria da intenção-comunicação. Antes de examinar seus motivos, vamos tentar esclarecer o que está em debate.

A investigação demonstra que existe realmente uma parcela razoável de acordo entre as partes com relação a essa "luta sobre o que parece ser um ponto central na filosofia". Particularmente, todos concordam, de acordo com Strawson, que "os significados das sentenças de uma língua são amplamente determinados pelas regras semânticas e sintáticas ou convenções dessa língua". Assim, existe um projeto comum – e é isso o que me interessa especialmente –, ou seja, descobrir essas regras semânticas e sintáticas e convenções e, mais especificamente, extrair o elemento universal nelas existente.

Quando o teórico da intuição-comunicação quer diferenciar uma promessa de ir fazer compras de uma promessa de enxugar os pratos, ele vai referir-se aos resultados desse empreendimento comum, o qual encontra seu lugar, nesta teoria, no princípio de que "o significado de uma sentença é determinado por regras, e essas regras especificam as condições nas quais a sentença é apresentada e, também, o que a sentença conta como" (Searle, 1969, p. 48). Em um caso, a declaração conta como uma promessa de ir fazer compras; no outro, como uma promessa de enxugar os pratos. Os teóricos da intenção-comunicação têm pouco a dizer sobre essa parte da teoria. É justamente essa parte a que me preocupa – e, suspeito, outros chamados por Strawson de "teóricos da semântica formal" (sou citado como um deles).

De forma semelhante, vamos supor que Searle e Strawson podem distinguir uma promessa de uma advertência, ou de uma previsão, ou de uma ameaça. Seus resultados, então, seriam de interesse imediato para o expoente menos gerativo dos "significados" abstratos, desejando exprimir de alguma forma o fato de que uma determinada forma linguística – vamos dizer, "as bebidas serão servidas às cinco horas" – pode ser usada como promessa, previsão, advertência, ameaça, uma afirmação ou um convite.

Minha intenção não é desmentir que haja um desacordo entre Strawson e seus adversários, mas não está muito claro o ponto central da discussão. De acordo com Strawson, "onde (os dois pontos de vista) divergem é sobre as relações entre as regras determinantes do significado, de um lado, e a função da comunicação, do outro; uma parte insiste e a outra (aparentemente) se recusa a permitir que a natureza geral dessas regras possa ser entendida apenas com referência à sua função".

Strawson então prossegue com uma inquirição sobre as consequências dessa recusa. Mas, desde a formulação inicial, sua discussão é errônea. Seria mais apropriado passar para o encargo implícito de apresentar provas e dizer que, para uma das partes, a natureza geral das regras determinando o significado pode ser compreendida pela referência à (e somente pela referência à) função da comunicação, enquanto a outra parte pede uma discussão e não parece muito impressionada pelo que vai se seguir. A formulação errônea de Strawson persiste, no entanto. Assim, ele coloca o "ponto central" nos seguintes termos: "consiste nada mais do que na aparentemente simples questão de se a noção das condições de verdade pode ser explicada ou entendida sem referência à função da comunicação". Para reformular o ponto de maneira mais apropriada, ele consiste na questão de se a referência à função da comunicação é essencial para a análise do significado ou para explicar "a noção das condições de verdade", como Strawson defende, ou ainda se ela nos auxilia a tratar dos problemas centrais do significado. O "teórico da semântica formal" não ficou convencido.

Pondo o ônus da prova no lugar que lhe pertence, vamos considerar como Strawson defende suas afirmações. Ele sugere que consideremos primitiva a noção de "expressão de crença dirigida à audiência" (ECDA). Para ilustrar, "como parte de suas intenções ao executar sua declaração, um declarante pode ter de levar sua audiência a pensar que ele acredita numa proposição, vamos dizer a proposição p; e ele pode pretender que essa intenção seja inteiramente aberta, para ser claramente reconhecida pela audiência". Ele pode agir assim – como pode também ter a intenção de exprimir a proposição honestamente, talvez para deixar mais claros seus pensamentos, talvez como resultado de um senso de integridade pessoal, pouco se importando se a audiência acha que ele acredita naquilo ou não, ou até mesmo se existe ou não uma audiência. Com certeza, esses casos são comuns. Ou talvez a sua intenção seja a de divertir a audiência, manter o fluxo da conversa ou inúmeras outras possibilidades.

O que o teórico da comunicação precisa mostrar, de alguma maneira, é que a ECDA é central e a comunicação é, como se afirma, a "função essencial" da linguagem. Ele precisa mostrar que a referência à ECDA, a referência às intenções do orador com relação ao que a audiência vai acreditar ou fazer, explica alguma coisa – por exemplo, explica os motivos pelos quais a declaração de que p tem significado quando produzido sem nenhuma intenção a não ser a de uma honesta auto-expressão. Isso, o teórico da comunicação não pode fazer. Mas ele precisa fazer ainda mais, precisa fundamentar suas afirmações. Precisa mostrar como a referência à ECDA ajuda a desenvolver um quadro do que significam as sentenças. As perspectivas parecem ser ainda mais duvidosas. Se pudermos fazer um quadro com a noção de que "o declarante acredita na proposição p", surgida sem explicações no exemplo de Strawson citado acima, e explicar no que ela difere de acreditar na proposição q, então pode parecer que os problemas centrais foram resolvidos e novas referências à ECDA não têm muito interesse. Mas a noção crucial, a de que "o declarante acredita na proposição p (e não na q)", é comum aos adversários da luta de Strawson e não é, de forma alguma, esclarecida pela referência à ECDA, ao contrário do que Strawson sugere. Diante dessa noção, podemos (sem muito interesse) explicar o "significado linguístico" seguindo as linhas revistas por Strawson; sem ela, isso não parece possível.

Strawson sugere que uma análise por Paul Grice oferece motivos para achar que "é possível ampliar um conceito do tipo da intenção-comunicação ou, como ele o chama, significado do declarante, constituindo uma prova contra objeções e sem pressupor a noção do significado linguístico", evitando assim a "circularidade" de Searle. A análise de Grice, porém, falha nos casos cruciais. Observando de forma mais detalhada como ela fracassa, descobrimos que as divergências entre os adversários nessa luta, talvez não tão homérica assim, parecem estreitar-se ainda mais.

Grice leva em consideração a noção crucial "significado de ocasião na ausência de uma audiência" – por exemplo, o uso de uma declaração para autoexpressão, esclarecer um pensamento ou assim por diante (Grice, 1969). Pelos seus argumentos, dizer que o orador quer significar isto ou aquilo pela declaração x equivale a admitir a existência de uma propriedade P. Por essa propriedade, x seria declarado com a intenção de que todos os possuidores de P pensam aquilo que é suposto para uma audiência apropriada pensar no caso "normal" de uma comunicação a uma audiência (com vários aperfeiçoamentos que podemos ignorar aqui).

Mas não vejo motivos pelos quais o orador precisa ter as intenções da forma especificada pelas definições de Grice. Nos casos do tipo mencionado, o orador não tem intenções relevantes com relação ao que um ouvinte com P, escolhido de alguma forma, iria pensar. No caso da autoexpressão honesta, o orador não se importaria. No caso da conversação comum, as intenções do orador com relação a uma audiência hipotética não precisam ir além de suas intenções com relação à audiência existente, e claramente não existe a necessidade de a audiência existente acreditar que as crenças do orador são estas ou aquelas. Indo mais adiante, vamos examinar a propriedade P surgida na definição de Grice. Pelo que Grice sugere, essa propriedade poderia ser, por exemplo, a de a pessoa falar inglês. Mas isso não funciona. Suponhamos a existência de uma crença no orador de que pessoas com o inglês como língua materna entendem erradamente o que leem ou ouvem – os críticos de seus livros, por exemplo. Assim, mesmo se o orador tiver a intenção considerada necessária por Grice, será preciso considerar P qualquer coisa como "é um falante de inglês pensando que o declarante acredita em Q ao ouvir x", sendo Q o significado literal de x. Só com relação a esses ouvintes o orador pretende que a resposta cognitiva corresponda ao seu significado na forma exigida. Mas a noção "significado literal", ou algo semelhante, aparece mais uma vez, e não se oferece nenhuma forma de escapar da "órbita do espaço conceitual" que inclui as suspeitas noções abstratas "significado linguístico" e coisas assim, mesmo se o declarante tiver as intenções postuladas com relação à audiência hipotética, o que aliás não é necessário no uso normal da linguagem.

Podem ser imaginadas modificações na definição proposta não envolvendo alegações incorretas sobre intenções, mas não, até onde posso ver, sem introduzir uma noção como "significado linguístico". Como veremos diretamente, a teoria mais explícita e completa de Grice também fracassa nesse aspecto. O ponto é, pelo que vejo, que os "teóricos da comunicação" não estão analisando "significados", mas outra coisa: talvez "comunicação com sucesso". Esse conceito pode envolver uma referência essencial à noção de Grice de "pretensão a M", ou seja, a intenção do orador de produzir no ouvinte um efeito, por meio do reconhecimento de suas intenções pelo ouvinte, com as elaborações sugeridas por Searle, Grice e outros. Mas a comunicação é apenas uma das funções da linguagem e de nenhuma forma uma das essenciais. A análise "instrumental" da linguagem como um instrumento para atingir um objetivo é seriamente inadequada, e os "jogos de linguagem" produzidos para iluminar essa função levam, de forma correspondente, a enganos[38]. Na contemplação, inquérito, intercâmbio social normal, planejamento e orientação das ações de alguém, escrever de forma criativa, exprimir-se de forma honesta, e em numerosas outras atividades com a linguagem, são usadas expressões com seu estrito significado linguístico, sejam quais forem as intenções do "declarante" com relação à audiência; e, mesmo nos casos que o teórico da comunicação considera centrais, a referência implícita a "regras" e "convenções" nesse sentido parece abordar de maneira falsa as principais questões, assunto ao qual voltarei.

De qualquer maneira, parecem existir muitos problemas interessantes no terreno comum partilhado pelas duas teorias a que Strawson se contrapõe: ou seja, os problemas de analisar como os significados das sentenças de uma língua são determinados pelas regras da língua e a possibilidade de a gramática interagir com outras estruturas cognitivas, de acordo com as linhas expostas anteriormente.

Strawson não conseguiu determinar as afirmações do "teórico da comunicação" e as fontes às quais ele se refere não o fizeram melhor. Vamos considerar agora sua argumentação contra o teórico da semântica formal. Notemos que essa argumentação poderia muito bem estar correta sem a apresentação de sua alegação principal. Ela está correta?

Strawson considera a teoria oposta inadequada porque ela repousa na noção, que não foi analisada nem explicada, de "exprimir uma crença". As "regras determinantes do significado para uma sentença da língua", nesse ponto de vista, "são as regras que determinam *qual* é a crença articulada convencionalmente por alguém que, em certas condições de contexto, exprime a sentença"; "determinar qual é essa crença é a mesma coisa que determinar qual é a afirmação feita". Mas a noção de "um conceito essencialmente independente de crença-expressão", sem referência à intenção comunicativa, exige maiores explicações, afirma Strawson. Elas não são apresentadas, prossegue, "porque somos impedidos de fazer do fim ou objetivo da comunicação uma parte essencial de nossa história". A descrição não nos diz qual é a necessidade do orador satisfeita por exprimir sua crença. Além disso, parece, por esse relato, que é "uma verdade sobre a linguagem que as regras ou convenções determinando os significados das sentenças de uma língua são regras ou convenções públicas ou sociais. Esse será, como foi, um fato natural, um fato da natureza, de nenhuma forma essencial ao conceito de uma língua..." Assim, nessa teoria, as pessoas aprendem uma língua na qual podem exprimir crenças[39] e também "adquirir a habilidade *secundária* de comunicar suas crenças", mas a última é "simplesmente alguma coisa adicionada, um benefício extra e um benefício conceitualmente sem convenção, muito incidental à descrição do que deve ser dominado das regras de significado da língua". Os ouvintes devem partir do princípio de que as expressões de crença exprimem de fato crenças e são orientadas para esse objetivo, mas esse é um mero fato contingente: "No que diz respeito ao núcleo central, a função da comunicação continua a ser secundária, derivativa e conceitualmente não essencial".

Sem mais argumentação[40], Strawson despreza o relato como "perverso e arbitrário demais para satisfazer às exigências de uma teoria aceitável". Assim, o teórico da comunicação "deve receber permissão para ganhar (o jogo)".

Notemos que a questão de se a comunicação é "primária" e "conceitualmente essencial" é tratada de forma enganosa por toda a contra-argumentação de Strawson. Além do mais, o quadro rejeitado por Strawson como perverso e arbitrário parece ser bastante racional e provavelmente correto, apesar de não muito esclarecedor. O organismo é constituído de tal forma que adquire um sistema de linguagem incluindo "regras de determinação do significado" (mais uma vez, talvez em interação com outras faculdades da mente). Essas regras são então usadas pelo orador para exprimir suas crenças (*inter alia*). Quem aprende não tem "razões" para adquirir a língua; ele não optou por aprender e não pode deixar de aprender em condições normais, não faz (ou deixa de fazer) mais que a opção de organizar o espaço visual de certa forma – ou, já que tocamos no assunto, não mais que certas células no embrião fazem (ou deixam de fazer) a opção de se transformar em um braço ou no centro da visão no cérebro sob condições ambientais apropriadas. Depois de adquirir o sistema da linguagem, a pessoa pode (em princípio) optar por usá-lo ou não, ou pode optar por manter ou abandonar seus julgamentos relativos à posição do objeto no espaço. Ela não pode optar por ter sentenças com significados diferentes dos que lhe são próprios, da mesma forma que não pode optar por ter objetos distribuídos no espaço percebidos de forma diferente da real. A comunicação é uma função à qual o sistema pode servir; mas, como notamos diversas vezes, não é, de forma alguma, a única função. Strawson, em nenhum lugar, oferece um argumento plausível de que seja a "função essencial" (a menos que supersimplifiquemos o assunto apresentando a "autocomunicação" como um caso de "comunicação"), nem ele chega a nos esclarecer sobre o que quer dizer pelo uso da linguagem por alguém ser sua "função essencial". Quanto a "qual necessidade satisfaz" para exprimir suas crenças, as respostas podem variar muito: talvez a necessidade de ser franco e honesto, ou impressionar outras pessoas e progredir na carreira, ou construir ou manter certas relações sociais em um grupo, entre muitas outras possibilidades.

No que se refere ao fato de as regras da linguagem serem "regras públicas", trata-se, na realidade, de um fato contingente. É um fato da natureza que as estruturas cognitivas desenvolvidas pelas pessoas em circunstâncias semelhantes, dentro da capacidade cognitiva, são similares, por virtude de sua constituição inata parecida. Assim, partilhamos regras de linguagem com outros, como partilhamos com eles uma organização do espaço visual. Os ouvintes às vezes partem do princípio de que o orador está exprimindo crenças que são suas, outras vezes não, dependendo das circunstâncias. Não há nada de surpreendente nisso, embora ainda possamos entender muito pouco das estruturas cognitivas desenvolvidas e de sua base nas faculdades da mente; e podem ser levantadas questões sobre problemas comuns às duas abordagens, especificamente o problema de esclarecer as noções "usar uma regra linguística", "exprimir a crença de que p" e assim por diante.

A crença de Strawson de ser esse quadro perverso e arbitrário vem, talvez, de sua opinião, não discutida, de que a linguagem é ensinada conscientemente pelo condicionamento e treinamento e é, assim, muito diferente das estruturas cognitivas ou físicas desenvolvidas no organismo em virtude de sua natureza, sob condições ambientais apropriadas. Certamente existem diferenças importantes entre a ampliação da linguagem, a construção do espaço perceptível, o desenvolvimento dos órgãos nos embriões e outros processos do desenvolvimento físico e cognitivo. Mas essas diferenças não são, eu acho, de nenhuma forma do tipo que Strawson parece supor. Com relação às questões por ele levantadas, os processos são semelhantes em aspectos importantes. Em nenhum desses casos os pontos da "escolha", "razão" ou "fins ou objetivos" são levantados para explicar particularmente o desenvolvimento das estruturas em questão nas pessoas. Estamos tratando aqui de sistemas desenvolvidos de forma natural como uma espécie de instinto animal, na expressão de Hume, inteiramente sem opções conscientes, sem razões (para o organismo) e certamente sem nenhuma necessidade de treinamento e condicionamento. A natureza das estruturas que se desenvolvem é em grande parte predeterminada pela organização recebida biologicamente da mente. Se o que estou sugerindo aqui é verdadeiro em termos gerais, como acredito ser, então são as questões levantadas por Strawson as "perversas", não as respostas que o "teórico da semântica formal" pode apresentar para elas, de acordo com as linhas indicadas há pouco.

Sublinho mais uma vez, no entanto, que, mesmo se as propostas do "teórico da semântica formal" fossem tão "perversas e arbitrárias" como Strawson acredita, isso de maneira nenhuma justificaria o "teórico da comunicação". É necessária uma demonstração positiva para as afirmações do "teórico da comunicação", e ela está faltando.

Searle especula que minha razão para (ao que ele diz) travar "uma ação de retaguarda contra (o estudo dos atos da fala)" é a de ver nessa teoria uma reversão ao behaviorismo (Searle, 1972). A conclusão não está correta. Minhas objeções à teoria dos atos da fala, da forma como ela foi desenvolvida até agora, são basicamente aquelas que acabo de apresentar: ela pode ajudar a analisar a comunicação com sucesso e levou a descobertas interessantes sobre as propriedades semânticas das declarações, mas não nos oferece nenhuma forma de escapar da órbita do espaço conceitual incluindo noções como a do "significado linguístico". Sem essa intrusão, a teoria simplesmente exprime afirmações falsas sobre o significado.

Quanto à reversão do behaviorismo, isso parece ser verdadeiro com relação ao trabalho mais cuidadoso dentro da teoria. No que é, pelo meu conhecimento, o esforço mais cuidadoso e completo para explicar o significado de expressões linguísticas no interior dessa estrutura[41], Grice apresenta um sistema de definições com base não só nas intenções como na "política", "prática" e "hábito" do orador, sobre a ideia de um "repertório de procedimentos". Ter um procedimento no repertório de alguém é ter "uma disposição pronta (ter vontade, estar preparado) em algum grau para ...", onde "a disposição (etc.) a fazer alguma coisa (é) membro da mesma família ... de uma intenção de fazer essa coisa". Grice reconhece a inadequação dessa análise, mas oferece apenas algumas "notas informais" sobre como uma definição apropriada poderia ser construída. Ele cita "três casos principais nos quais se pode falar legitimamente de um procedimento estabelecido a respeito de X do tipo declaração". Um, que podemos desprezar, tem a ver com um sistema de comunicação projetado artificialmente e nunca posto em operação. A análise dos outros dois casos revela claramente como toda a abordagem leva a uma direção inteiramente errada, embora bastante familiar.

Os dois casos relevantes se reduzem à "prática", ou seja, costume e hábito. Um é o caso no qual um orador tem a "prática de declarar X em determinadas circunstâncias", e assim "*terá* uma disposição a declarar X em determinadas circunstâncias". Mas isso é inadequado, já que o orador pode não ter "*qualquer* grau de disposição para declarar a expressão em nenhuma circunstância possível". O problema, como nota Grice, é o de que parecemos necessitar "da ideia de (o orador) estar *equipado* para usar a expressão"; ou seja, precisamos da noção de "competência", no sentido familiar da teoria linguística apresentado anteriormente. Grice toma essa noção como "problemática", embora não explique os motivos. Ela seria mesmo problemática para um behaviorista, mas não parece sê-lo numa abordagem considerando seres humanos como organismos do mundo natural. É verdade que existem muitas coisas não bem entendidas, mas não parece haver problema em princípio para investigar a natureza, uso e aquisição de estruturas cognitivas, se dispensarmos as estruturas *a priori* e completamente descabidas sobre a construção legítima de teorias que fazem parte do programa behaviorista.

O caso final de Grice se destina a tratar do problema de que o orador precisa estar "equipado" para usar as expressões de forma apropriada, mas não tem disposição para isso. Ele sugere que a pessoa possa ter um "procedimento para X" no sentido desejado, se "declarar X em determinadas circunstâncias faz parte da prática de muitos membros" do grupo ao qual a pessoa pertence. Ou seja, outros membros do grupo "*têm* uma disposição para declarar X em determinadas circunstâncias". Mas, por razões familiares, essa análise não tem utilidade. Não existem práticas, costumes ou hábitos, nem disposição, vontade ou preparação, que nos levem muito longe com relação ao uso criativo normal da linguagem, considerando as práticas de uma pessoa ou de um grupo.

Assim, qualquer pessoa falando português está "equipada", no sentido exigido por Grice, para falar ou compreender uma sentença arbitrária nesta página, mas nem um determinado orador nem um determinado grupo têm a prática ou disposição para pronunciar essas sentenças em quaisquer circunstâncias. O mesmo ocorre até com palavras isoladas, se levarmos a sério as noções de "prática" e "disposição".

Todos esses esforços nos levam ao caminho errado, um sulco já aberto pelos proponentes do mito empiricista, e, mais recentemente, pelos adeptos do curioso desvio da prática científica normal chamado de "behaviorismo".

Uma dificuldade relacionada diz respeito ao movimento de sinais não-estruturados para declarações estruturadas. O movimento é feito nos termos de uma noção de "procedimento resultante", o qual, como Grice sublinha, "foi deixado em grande parte sem esclarecimento". Sua tentativa de esclarecê-la envolve uma passagem de "procedimento", no sentido de "uma prática costumeira", para "procedimento" no sentido de "regra", uma noção muito diferente, pertencente a um "espaço conceitual" totalmente diverso. O centro do assunto é, como Grice aponta, que nós em um certo sentido aceitamos implicitamente e parecemos seguir certas regras linguísticas – "um problema ainda não resolvido", como ele coloca, mas o problema central, não um tema secundário. Para Grice, a "interpretação apropriada da ideia de que nós *aceitamos* essas regras se torna algo misterioso, se a 'aceitação' das regras for separada da existência das práticas relacionadas; mas parece ser um mistério que, pelo menos por enquanto, temos de engolir".

Como os problemas centrais continuam sem solução e já que, ainda mais, não existe sinal de uma ideia sobre como agir para resolvê-los, parece que Searle, Strawson e outros foram bem além do apropriado em suas afirmações a favor da teoria da intenção-comunicação e atos da fala. Seguindo essa abordagem, nos vemos de volta a antigos mistérios: em qual sentido "aceitamos" as regras da linguagem e como as seguimos para exprimir nossos pensamentos, crenças, desejos e assim por diante? Referir-se a costumes e práticas está simplesmente fora do ponto, algo totalmente sem esperanças. Além do mais, enfrentamos agora novos problemas, como o de dar conta dos usos normais da linguagem citados acima. A teoria da intenção-comunicação parece ser um beco sem saída[42].

Precisamos distinguir entre o significado literal da expressão linguística produzida por O e o que O quis fazer significar ao produzir essa expressão (ou ao dizer isso ou aquilo, sejam quais forem as expressões usadas). É a primeira noção que deve ser explicada na teoria da linguagem. A segunda não tem nada especialmente que ver com a linguagem; eu poderia muito bem indagar, no mesmo sentido de "significado", o que O quis fazer significar ao bater a porta. Dentro da teoria da comunicação, podemos com sucesso, talvez, estabelecer uma conexão dessas noções. A teoria do significado, entretanto, aparentemente não vai ficar mais clara em virtude desse esforço.

O mistério citado por Grice pode ser ligeiramente reduzido pela distinção entre duas noções de "aceitação" de regras, na aquisição da linguagem e no uso da linguagem. Nos dois casos, a "aceitação" das regras deve ser "distinguida da existência das práticas relacionadas". Em geral, não existem práticas relacionadas. Mas, no primeiro caso, devemos abandonar totalmente a noção de "aceitação" das regras, com a ideia associada de que regras são "escolhidas" e de que temos motivos para essas escolhas, como na discussão de Strawson. As regras da linguagem não são aceitas por certos motivos. Em vez disso, são desenvolvidas pela mente quando ela é colocada sob certas condições objetivas, de forma muito semelhante à de como os órgãos do corpo se desenvolvem em sua maneira predeterminada em condições apropriadas. Até aí, não existem mistérios. Só surgiria um mistério se fôssemos tentar explicar a "aceitação" dos princípios pelos quais organizamos o espaço visual nos termos de nossas práticas e costumes. Até aí, pelo menos, o mistério pode ser resolvido se abandonarmos o resíduo do empiricismo e fizermos a análise da capacidade cognitiva nas linhas traçadas acima.

Os mistérios permanecem, no entanto, quando nos voltamos para a "aceitação" das regras no uso da linguagem. Uma vez que o sistema da linguagem e outras estruturas cognitivas estejam desenvolvidos na mente, a pessoa tem um certo leque de escolhas disponíveis sobre como usar esses sistemas. O que significa dizer que a pessoa "aceita" as regras nesse contexto? Talvez que ela escolha seguir as regras existentes em seu estado cognitivo atual, pertencentes às estruturas cognitivas produzidas pela sua mente. Não posso ver que possa significar outra coisa. Agora, entretanto, encaramos alguns mistérios de verdade, a saber, aqueles relacionados com a teoria da ação humana (a teoria do Mcc, p. 17). As regras "aceitas" por uma pessoa não dizem o que ela deve falar. Podemos perguntar como ou por que usamos o sistema de regras desenvolvido pela mente. Sob quais circunstâncias fazemos a opção de desrespeitar essas regras? Quais os tipos de sofisticação envolvidos nessa opção e quais são suas limitações conceituais? E assim por diante. Apelar para costumes e práticas notoriamente não ajuda nada, mas apelar para outros modos de explicação também não nos levará muito longe.

O estudo do desenvolvimento das estruturas cognitivas ("aceitação das regras", no primeiro sentido) levanta problemas que devem ser resolvidos, mas não se trata, ao que parece, de mistérios impenetráveis. O estudo da capacidade de usar essas estruturas e o exercício de sua capacidade, entretanto, ainda parecem um desafio para a nossa compreensão.

CAPÍTULO 3

Alguns aspectos gerais da linguagem

A discussão, até agora, tem sido bem abstrata. Mencionei apenas uma propriedade geral capaz, de maneira plausível, em minha opinião, de ser atribuída à faculdade da linguagem, ou seja, o princípio da dependência da estrutura das regras gramaticais; embora, se as especulações sobre a semântica e sobre a interação da faculdade da linguagem e a compreensão de senso comum puderem receber substância real, e ser levadas além de alguns exemplos ilustrativos, também contariam como uma proposta relativa à organização inata da mente humana.

Indo mais adiante nestas reflexões, gostaria de levantar três tópicos. Primeiro, quero somar algumas estruturas ao relato da faculdade da linguagem. Em seguida, gostaria de voltar à ideia simplificadora de que o aprendizado da linguagem é instantâneo, adotada tentativamente acima. E, finalmente, voltarei a algumas questões levantadas no início, relativas às possibilidades de uma teoria mais ampla da natureza humana e suas implicações.

Ao discutir diversas abordagens para a semântica das línguas naturais, notei que há um projeto comum a todas, o de descobrir "as regras ou convenções semânticas e sintáticas (que determinam) os significados das sentenças de uma língua" (Strawson, 1970) e, mais importante, descobrir os princípios da gramática universal (GU) existentes além das regras ou convenções particulares. Na opinião de alguns, "a natureza geral dessas regras e convenções só poderá ser finalmente compreendida por referência ao conceito de intenção-comunicação"

(Strawson, 1970). Por razões já discutidas, não acredito que essa afirmação foi bem fundamentada e duvido que possa vir a sê-lo. Tenho a impressão de que ela concebe erradamente o caráter geral do uso da linguagem e ignora um elemento intelectual impossível de ser eliminado de qualquer apresentação adequada do assunto. Mas, seja o que estiver reservado pelo futuro, poderemos voltar-nos com proveito para o projeto comum. O que, então, pode ser dito de maneira plausível sobre as regras que determinam as propriedades formais e semânticas das sentenças de uma língua, ou seja, sua gramática?

Nos últimos anos, diversas abordagens da questão foram desenvolvidas e aplicadas de maneira frutífera. Não terei condições de passá-las em revista aqui, ou de oferecer alguma razão muito forte para apoiar as que parecem ser mais promissoras, ou mesmo para tratar das objeções levantadas contra o ponto de vista que vou apresentar[1]. No contexto atual, essas deficiências são talvez menos sérias do que parecem. Meu objetivo principal é dar uma ideia dos tipos de princípios e do grau de complexidade de estrutura que parece plausível atribuir à faculdade da linguagem como uma propriedade específica da espécie e geneticamente determinada. Abordagens alternativas, apesar de diferentes em alguns aspectos[2], são comparáveis, creio, em suas implicações relativas às questões mais gerais que tenho em mente.

Vamos começar examinando algumas implicações do princípio da dependência da estrutura. Se ele estiver correto, as regras da gramática se aplicam a fieiras de palavras analisadas em sintagmas abstratos, ou seja, a estruturas chamadas de "marcadores frasais" na literatura técnica. Por exemplo, a sentença 1 pode receber um marcador frasal que lhe dá a estrutura indicada de maneira óbvia pelos parênteses, além de outras estruturas que vamos omitir:

1 (s) (np (det o (sub homem (s que (vp é alto))) (vp *está* aqui))
sendo s = sentença; np = sintagma nominal; det = determinador; sub = substantivo; vp = sintagma verbal.

A ocorrência em itálico de "está" segue-se ao primeiro sintagma nominal; é essa ocorrência a proposta para dar a questão sim-ou-não correspondente, com seu marcador frasal.

A regra que realiza essa operação é chamada de uma "transformação (gramatical)". Assim, transformações mapeiam marcadores frasais em marcadores frasais. Um componente da sintaxe de uma língua consiste dessas transformações, com quaisquer estruturas (por exemplo, ordenações) impostas ao conjunto. Vamos chamá-lo de "componente de transformação".

Para que o componente de transformação funcione na geração de sentenças estruturadas, é necessário que seja oferecida uma classe inicial de marcadores frasais. Suponhamos, então, que a sintaxe contenha também um "componente básico" gerando uma classe de "marcadores frasais iniciais". Tomemos essa classe como sendo infinita, dando assim ao componente básico a propriedade recursiva que todas as gramáticas devem possuir.

A base, por sua vez, é formada por dois subcomponentes: um "componente de categoria" e um item lexical. O componente de categoria apresenta as estruturas abstratas básicas por meio de "regras de reescrita" que determinam como uma categoria sintática pode ser analisada numa sequência dessas categorias. Uma dessas regras, por exemplo, determina que a Sentença consiste de um sintagma nominal seguido do sintagma verbal (em símbolos: S → NP VP). Entre as categorias que fazem parte do componente de categoria estão as "categorias lexicais", Substantivo (N), Verbo (V), Adjetivo (A) e outros. É algo simples preparar um procedimento pelo qual as regras do componente de categoria podem gerar marcadores frasais do tipo apropriado, com categorias lexicais no lugar dos itens lexicais que devem, no fim, aparecer nessas posições.

O léxico consiste dos itens lexicais pertencentes às categorias lexicais, cada uma das quais com suas propriedades fonológicas, semânticas e sintáticas. Ele também inclui regras de "formação de palavras" que limitam a classe de itens lexicais e exprimem suas propriedades gerais[3]. "Transformações lexicais" inserem itens do léxico nos marcadores frasais abstratos gerados pelo componente de categoria, oferecendo os marcadores frasais iniciais[4]. Esses últimos também são abstratos, daí que somente pela aplicação de transformações gramaticais e outras regras eles se transformam em sequências de palavras contando como sentenças da língua, representadas fonologicamente[5].

Assim, os diversos componentes da base interagem para gerar marcadores frasais iniciais e o componente transformacional converte um marcador frasal inicial, passo a passo, em uma sentença representada fonologicamente com seu marcador frasal. Chamamos esse último complexo de "estrutura superficial". A sequência de marcadores frasais gerados dessa forma é chamada de "derivação transformacional".

Há diversas outras coisas a dizer sobre a estrutura do componente de categoria da base e do léxico, mas não vou dar prosseguimento a esse tópico aqui[6].

Na chamada "teoria padrão"[7], os marcadores frasais iniciais foram chamados de "estruturas profundas", mas vou evitar o uso desse termo aqui por diversos motivos. Na teoria padrão, as estruturas profundas eram caracterizadas nos termos de duas propriedades: seu papel na sintaxe, iniciando derivações transformacionais, e seu papel na interpretação semântica. Quanto a este último, postulou-se que as estruturas profundas oferecem todas as informações exigidas para determinar o significado das sentenças[8]. Claramente, essas caracterizações são independentes; pode ser que as estruturas, dando início às derivações transformacionais, não sejam as mesmas determinando a interpretação semântica. Acredito que isso seja verdade[9]. A "teoria padrão estendida" postula que as estruturas superficiais contribuem de forma definida para a interpretação semântica. Na versão que vou apresentar aqui, sugiro que todas as informações semânticas são determinadas por uma noção ligeiramente enriquecida de estrutura superficial. Nessa teoria, as propriedades sintáticas e semânticas das antigas "estruturas profundas" são separadas. As duas classes de propriedades podem, então, ser consideradas definidoras da noção técnica "estrutura profunda". Para evitar o problema, com as confusões que ele pode trazer, vou simplesmente deixar de usar o termo, falando apenas de "marcadores frasais iniciais" e "estruturas superficiais".

Há outra razão para essa mudança de terminologia. O termo "estrutura profunda" mostrou, infelizmente, ser bastante enganoso. Ele levou várias pessoas a supor que as estruturas profundas e suas propriedades são verdadeiramente "profundas", no sentido não técnico da palavra, enquanto o resto é superficial, sem importância, variando conforme a língua e assim por diante. Nunca houve essa intenção. A teoria da fonologia inclui princípios da linguagem que são profundos, universais, inesperados, reveladores e assim por diante; a mesma coisa, acredito, ocorre com a teoria das estruturas superficiais e com outros elementos da gramática. O termo "estrutura profunda" chegou a ser usado para significar "gramática", "gramática universal" ou "propriedades abstratas das regras", além de outras maneiras confusas. Ninguém, espero, se enganará a ponto de acreditar que as propriedades dos marcadores frasais iniciais abstratos compreendem necessariamente tudo o que é "profundo" ou que suposições sobre essas estruturas constituem a tese fundamental da gramática transformacional, que sem elas entraria em colapso.

Em parte, a crença de que as "estruturas profundas" são destacadamente importantes vem do papel que lhes foi designado na interpretação semântica. Há um sentimento muito espalhado de que a semântica é a parte da linguagem realmente profunda e importante e de que o estudo da linguagem é interessante primariamente pelas contribuições possivelmente feitas à compreensão dessas questões de profundidade real. Esse ponto de vista tem um certo mérito. Assim, as questões relativas ao que as pessoas dizem e o porquê, questões ligadas ao "aspecto criativo do uso da língua", têm, certamente, grande interesse intrínseco. Além disso, estão investidas de certo mistério, em um sentido que os princípios da ordenação das regras em fonologia não têm. De maneira análoga, poderíamos dizer que questões sobre o comportamento humano são intrinsecamente interessantes, da forma pela qual o comportamento de objetos inanimados não são – mas não vamos concluir daí que a física é superficial, já que se confina apenas a objetos inanimados e abstratos, distantes de atos humanos (por exemplo, do fato de que predições de experimentos físicos podem ser falsificadas pela intervenção humana, fato que não pode ser acomodado na teoria da física, até onde eu sei). A importância da física não vem do interesse intrínseco do assunto do qual trata; ninguém se preocupa com o que acontece sob as exóticas condições dos experimentos da física, fora de sua relação com a teoria da física. A física é importante, além de suas aplicações, devido à sua profundidade intelectual e, se fosse descoberto que os princípios da fonologia são consideravelmente mais sofisticados e intricados que os da semântica, eles então entrariam em argumentos não triviais para explicar fatos surpreendentes, que nos dão muito mais indicações sobre a natureza do organismo; e a fonologia será uma teoria bem mais profunda que a semântica, apesar do interesse intrínseco mais limitado sobre os fenômenos dos quais trata[10].

Vamos supor que seja um fato, como estou agora tendendo a acreditar, que uma noção adequadamente enriquecida de estrutura superficial baste para determinar o significado de sentenças de acordo com regras de interpretação (até o ponto em que a gramática está envolvida na determinação das propriedades semânticas, de acordo com o capítulo 2). Pode ser ainda o caso – como acredito – de os marcadores frasais iniciais gerados pela base terem propriedades significativas e reveladoras. Também continua a ser verdadeiro que eles entram, embora agora de forma indireta, na determinação das estruturas passando pela interpretação semântica, e que tenham um papel na teoria do desempenho. A tese da interpretação da estrutura-superfície, se for real, poderia constituir uma descoberta empírica significativa, que de nenhuma forma diminuiria o interesse geral nos resultados do inquérito linguístico. Por essa tese, as estruturas chamadas de "estruturas profundas" na teoria padrão não desempenham o papel que lhes foi atribuído anteriormente, mas podemos ainda concordar com Strawson quando ele diz que "a tese central dos gramáticos transformacionais, o passo condicionando todo o caráter de suas teorias, é a insistência em que todas as teorias gramaticais adequadas devem reconhecer uma distinção entre a estrutura sintática superficial de uma sentença e sua estrutura básica, entre sua gramática profunda e sua gramática superficial" (Strawson, 1972). Mas precisamos agora entender os termos "estrutura básica" e "gramática profunda" como se referindo a aspectos não superficiais das estruturas superficiais, as regras que geram estruturas superficiais, o nível abstrato dos marcadores frasais iniciais, os princípios governando a organização da gramática e que relacionam a estrutura superficial com representações semânticas e assim por diante.

Até aqui discuti brevemente o componente básico da sintaxe e os marcadores frasais iniciais por ela gerados, omitindo uma quantidade de assuntos importantes. Vamos considerar agora o componente transformacional e as estruturas superficiais formadas pela sua operação. Mencionei, até aqui, somente uma regra transformacional, ou seja, a regra formando questões de sim ou não como "está o homem que é alto aqui?", de 1. Essa regra tem a interessante propriedade de não se aplicar a sentenças inclusas, mas apenas a toda a estrutura da sentença. Seguindo Emonds, vamos chamá-la de "transformação de raiz" e a sentença à qual ela se aplica de uma "sentença de raiz" (cf. Emonds, a seguir). Em sentenças inclusas, aparecem questões indiretas: por exemplo, "imagino *quem João está visitando*" e "a questão de *se estruturas profundas existem* é muito debatida". Neste caso, no entanto, não se aplica a transformação de raiz. Não dizemos "imagino *quem está visitando João*", com a inversão do "está".

Transformações que não são de raiz se aplicam a todas as profundidades da inclusão. Vamos examinar, por exemplo, a regra propondo palavras que começam com "*wh*" em inglês, como "who" e "where". O marcador frasal inicial destacando "who is John visiting?" (quem John está visitando?) é semelhante a "John is visiting *wh*-someone"[11]. Aplicando a regra do movimento-*wh*, fazemos derivar "who John is visiting"[12]. Se a sentença estiver inclusa, não se aplicam outras regras e temos, por exemplo, "I wonder who John is visiting". Se a sentença não estiver inclusa, aplicamos a regra adicional da inversão, fazendo derivar a pergunta direta "who is John visiting?".

Transformações que são de raiz e as que não são têm propriedades muito diferentes, um tema explorado em profundidade por Emonds e outros (Emonds, a seguir). O domínio de uma transformação sem ser de raiz pode ser outro, além de uma sentença. Assim, a regra da extraposição aplicada a 2 se aplica ao sintagma nominal sujeito oculto de 3:

2 – O único romance de Tolstoi do qual eu gosto está esgotado.
3 – (NP O único de que eu gosto dos romances de Tolstoi) está esgotado.

Vamos nos referir a uma categoria que pode servir como domínio de uma transformação como uma "categoria cíclica"[13]. Existem, acho, fortes evidências de que o componente transformacional se aplica a um marcador frasal inicial com mais de uma categoria cíclica de maneira definida e regular, ou seja, de forma cíclica (daí vem a expressão). As transformações se aplicam em primeiro lugar às categorias cíclicas mais profundamente inclusas, passando daí para as categorias cíclicas que contêm imediatamente as primeiras e assim por diante, até atingir toda a estrutura, ponto em que também se aplicam as transformações de raiz.

Indo mais além, vamos supor que as transformações atendem a uma condição de "subjacência", a qual exige que elas se apliquem a posições no mesmo nível do ciclo ou em níveis adjacentes (cf. Chomsky,

1973). Assim, uma transformação não pode, por exemplo, mover um item da categoria cíclica A para uma posição na categoria cíclica C que inclua A se houver uma categoria cíclica B incluindo A e incluída em C. Ainda como exemplo, na estrutura 4, onde A, B e C são cíclicos, uma regra pode não mover um item da posição X para qualquer posição Y, onde (A ... X ...) é distinto de (AX):

4   (c ... Y ... (B ... (A ... X ...) ...) ... Y ...)

No caso mencionado acima, da estrutura subjacente 3, podemos derivar 2, mas não regra (ou aplicação de regra) formando 5 a partir de 3:

5   (NP (NP O único t) dos romances de Tolstoi) está esgotado que eu gosto.

A razão é que, para formar 5, é necessário mover a expressão "que eu gosto" da posição X de 4 (marcado por t em 5; assim, a NP "o único que eu gosto" é A de 4) para a posição Y mais à direita de 4, onde ela aparece em 5^{14}. Na representação 5, inseri o símbolo t (lido como "traço") para indicar a posição da qual o sujeito extrapolado foi movido (de forma ilegítima, violando a subjacência). Como veremos adiante, isso é mais do que um mecanismo de anotação.

Há exemplos que parecem, à primeira vista, violar a condição de subjacência. Assim, consideremos 6:

6   João parece ser um bom sujeito.

Há boas evidências de que 6 deriva da estrutura subjacente 6'.

6'   Parece (s João ser um bom sujeito)[15].

A regra em questão – vamos chamá-la de "preposição de NP" – eleva "João" de sua posição de sujeito na sentença inclusa para a posição de sujeito marcada Y na oração principal. A mesma regra dá 7 a partir de 7', onde o traço t mais uma vez marca a posição em 7 da qual "João" foi elevado.

7   João tem certeza (s t de que vai ganhar).

7'   (s Y tem certeza (s João de que vai ganhar)).

Alguns aspectos gerais da linguagem

Mas vamos considerar agora a sentença 8, derivando do marcador frasal inicial 8':

8   João parece ter certeza de que vai ganhar.
8'·· Ys parece (s Y1 ter certeza (s João de que vai ganhar)).

Aqui, parece que a regra moveu "João" da posição na qual aparece em 8' para a posição marcada por Y2 em 8'. Tomando a posição inicial de "João" como sendo X de 4 e Y2 como sendo Y de 4, temos uma violação do princípio da subjacência. A solução, naturalmente, é óbvia. 8 não é derivado de 8' diretamente, mas de 8''.

8''   Y2 parece (s João ter certeza (s *t* de que vai ganhar)).

Onde 8'' deriva de 8' pela regra de preposição de NP, tal como 7 deriva de 7'. A regra de preposição de NP se aplica ciclicamente, primeiro para 8', dando 8'', depois para 8'', dando 8, cada aplicação sendo governada pelo princípio da subjacência. Se fôssemos substituir "certeza" em 8 por uma palavra que não permite a preposição de NP no primeiro ciclo, por exemplo "provável"[16], não poderíamos derivar a sentença análoga para 8, ou "João parece ter provável de que vai ganhar". De forma semelhante, se fôssemos substituir "parece" por uma palavra que não permite preposição de NP, nenhuma sentença análoga a 8 poderia ser derivável[17].

As mesmas considerações se aplicam a certos outros exemplos, que podem parecer estar violando a condição de subjacência. Tomemos, por exemplo, as ligeiramente estranhas sentenças 9 e 10, onde o traço *t* marca a posição no marcador frasal inicial de onde *quem* foi movido[18].

9   Quem a polícia pensa (s que o FBI descobriu (s que José baleou *t*)).
10 Quem João acredita (s que Maria disse (s que José viu *t*)).

A operação de movimentação de *wh*, de *who*, ou quem, em inglês, parece violar a subjacência nesses casos. Mas, como já sabemos, a regra do movimento do *wh* é cíclica, não é uma transformação de raiz. Aplicando a regra ciclicamente à forma subjacente 9, derivamos as formas intermediárias 9', 9'' e, finalmente, 9, tal como aconteceu no caso da preposição de NP em 8.

9' A polícia acha (s que o FBI descobriu (s quem José baleou *t*)).

9" A polícia acha (s quem o FBI descobriu (s *t* que José baleou *t*)).

Da mesma maneira derivamos 10.

Temos assim três aplicações do movimento de *wh* na derivação de 9. A primeira aplicação dá a sentença gramatical 9' e a terceira dá a sentença gramatical 9, mas a estrutura 9" derivada de 9' não é uma sentença gramatical. Poderíamos ter uma sentença gramatical na segunda aplicação se tivéssemos escolhido o verbo "saber" em vez de "pensar" na estrutura inicial subjacente; assim, 11:

11 A polícia sabe quem o FBI descobriu que José baleou.

A distinção entre 9" e 11 está nas propriedades dos verbos "pensar" e "saber". O verbo "saber" pede um complemento de questão indireta, o que não acontece com o verbo "pensar".

Vamos agora examinar um exemplo ligeiramente mais complexo envolvendo a subjacência. Nos exemplos anteriores, andei brincando de esconder com o item "que", tirado e colocado diversas vezes sem explicação[19]. Vamos chamar essa palavra de um "complementador". Assim, a estrutura sentencial "que José baleou alguém", que pode ser tomada como a sentença mais profundamente imersa nas estruturas, tornando 9 e 11 subjacentes, consiste em um complementador seguido por uma estrutura contendo todos os outros elementos de uma sentença. Seguindo Bresnan (1972), vamos imaginar que a regra inicial do componente de categoria da base determina a sentença S como consistindo de um complementador e uma "sentença reduzida"; assim, a regra inicial é 12:

12 S → COMP Sred.

Até agora, não fiz distinções entre S e Sred. Vou continuar a ignorar essa distinção, quando for irrelevante, na discussão a seguir. Vamos partir do princípio também de que o movimento do *wh* não propõe apenas a palavra-*wh*, mas a coloca na posição de complementador. As razões para isso nos levariam muito longe, mas acho que a proposta tem bons motivos[20]. Existem regras, que não vou discutir aqui, introduzindo o item "que" na posição COMP, sob certas condições, quando a posição não é preenchida por uma palavra-*wh*. Nessa teoria, segue-se que não pode haver movimento de *wh* no interior de sintagmas sem complementadores; por exemplo, sintagmas nominais. Vamos comparar as estruturas 13 e 14:

 13 COMP João descobriu (s COMP José viu quem).
 14 COMP João descobriu (NP fotografias de quem).

De 13, podemos derivar 13' e então 13" por um movimento-*wh* cíclico repetido:

 13' COMP João descobriu quem José viu.
 13" Quem João descobriu que José viu?[21]
Mas de 14 podemos derivar apenas 14", não 14':
 14' COMP João descobriu quem fotografias de.
 14" Quem João descobriu fotografias de?

No caso de 14", o caráter de aceitabilidade da sentença depende em parte do verbo principal; assim, algumas pessoas a consideram mais natural com "encontrar" no lugar de "descobrir"[22]. Mas nenhuma mudança de verbo auxiliará 14', que tem uma posição totalmente diferente. Está simplesmente fora da gramática e continua a estar sob qualquer mudança de itens lexicais. É a *estrutura* que é impossível. A diferença fundamental entre 13' e 14' resulta do fato de sintagmas nominais não terem complementadores. Notem que não há violação da subjacência na formação de 14" a partir de 14' pela simples aplicação do movimento de *wh* (cf. nota 21).

Vamos comparar agora os marcadores frasais iniciais 15 e 16.

 15 COMP João acreditou (s COMP Maria disse (s COMP José viu alguém-*wh*)).
 16 COMP João acreditou (NP a afirmação (s COMP José viu alguém-*wh*)).

De 15 podemos derivar a sentença 10, repetida aqui como 15', por movimento-*wh* cíclico repetido, observando o princípio da subjacência:

15'   Quem João acreditou que Maria disse que José viu?

De 16, no entanto, não podemos de forma análoga derivar 16'.

16'   quem João acreditou a afirmação que José viu?

As sentenças são análogas quanto à estrutura, exceto pelo fato de 15 ter uma sentença com um COMP onde 16 tem um NP sem um COMP. Como sabemos, o movimento-*wh* move uma palavra-*wh* para uma posição COMP, de forma que 15' pode ser derivado passo a passo, tal como 9 foi derivado (cf. 9', 9"). Mas é impossível derivar 16' ciclicamente de maneira paralela, pois não há posição COMP para receber a palavra-*wh* na estrutura intermediária NP. Além disso, pelo princípio da subjacência, 16' não pode ser derivado diretamente de 16. Assim, não pode ser derivado de nenhuma maneira. Não há sentença gramatical correspondendo ao marcador frasal inicial 16[23], apesar de podermos derivar três estruturas superficiais bem formadas de estruturas como 15, dependendo da escolha dos itens lexicais.

Simplesmente, não há problema semântico no caso de 16'. Se a sentença fosse bem formada sintaticamente, teria um significado definido e sem ambiguidades, e não há escolha de itens lexicais que melhore a situação, como aconteceu no caso de 9-11[24]. O princípio da subjacência, em conjunto com outros princípios que entraram na argumentação precedente, oferece uma explicação para a falta de gramaticidade de 16'. De sua parte, exemplos como 16' oferecem suporte empírico para o princípio da subjacência.

No primeiro capítulo, argumentei que o princípio da dependência da estrutura deve ser atribuído à gramática universal, pois é usado corretamente nos casos ilustrados ali, mesmo na ausência de uma experiência relevante. O mesmo ocorre neste caso. É difícil imaginar que todas as pessoas que falam inglês e são capazes de fazer as distinções nas quais se baseia esta argumentação tenham recebido instrução, ou mesmo evidências relevantes, para estabelecer o fato. Uma ideia muito mais razoável é a de que princípios gerais excluindo 16' (entre outros, o princípio da subjacência, se a argumentação que acabamos de apresentar está correta) são simplesmente inatos à faculdade da linguagem, como parte da esquematização determinando gramáticas admissíveis e as maneiras pelas quais suas regras são aplicadas, determinando a clas-

Alguns aspectos gerais da linguagem 91

se de línguas acessíveis aos seres humanos pela aplicação da faculdade da linguagem.

Contra essa conclusão, dois argumentos podem ser levantados (como foram frequentemente em casos comparáveis). Primeiro, não conhecemos mecanismos genéticos adequados para responder pelas estruturas inatas postuladas. Segundo, é impróprio (ou talvez argumentar sem bases) atribuir tamanha complexidade à mente como propriedade inata. Com relação ao primeiro argumento, ele é correto, mas irrelevante. Os mecanismos genéticos são desconhecidos, mas o mesmo ocorre com os mecanismos responsáveis por esse aprendizado enquanto ele tem lugar ou pelo desenvolvimento dos órgãos físicos. A argumentação apresentada é essencialmente uma argumentação de psicologia teórica. Ao estudar o uso e compreensão das línguas, chegamos a certas conclusões sobre a estrutura cognitiva (gramática) que está sendo usada, apresentando um problema para o neurologista, a quem cabe descobrir os mecanismos envolvidos na competência e desempenho linguísticos. Ao notar que os mecanismos parecem funcionar mesmo na ausência de experiência relevante e de maneira bastante uniforme em indivíduos com experiência muito diversa, chegamos à conclusão natural de que eles não são aprendidos, mas fazem parte de um sistema tornando possível o aprendizado. Essa conclusão levanta mais uma tarefa para a biologia humana, a de tentar descobrir os mecanismos genéticos responsáveis pela garantia de que o órgão mental, a linguagem, terá o caráter exigido. Nada mais há a dizer sobre esse ponto.

O segundo argumento tem ainda menos mérito. É uma ideia dogmática, e nem mesmo especialmente plausível, a de que os princípios em questão deveriam ter sido desenvolvidos com apenas uns poucos anos de experiência em vez de ao longo de milhares de anos de evolução ou talvez pela aplicação de leis físicas ainda desconhecidas. Não estamos argumentando sem bases quando chegamos à conclusão natural de que a mente é comparável em complexidade aos órgãos físicos do corpo não envolvidos diretamente em funções mentais superiores. O argumento meramente reitera preconceitos empiricistas. Não é mais interessante do que a afirmação de que o homem precisa ter uma alma imortal.

Voltando à discussão técnica, creio que o princípio da subjacência está razoavelmente bem fundamentado e pode assim ser proposto como um princípio da gramática universal, junto com outras ideias que estamos examinando, sujeito a maiores investigações. Ao aplicar este e outros princípios de generalidade comparável, podemos explicar diversos dos fenômenos anotados por Ross no seu muito esclarecedor estudo das "restrições de ilhas"[25].

Ross sugeriu em seu trabalho que as regras do movimento para a direita estão "ligadas" – nos nossos termos, restringidas pelo princípio da subjacência –, enquanto as regras do movimento para a esquerda não precisam estar ligadas. As regras do movimento para a esquerda caem em duas categorias, as sujeitas à subjacência e as que não têm ligação. A distinção foi mantida em trabalhos posteriores, com regras como a do movimento-*wh* sendo apresentadas como exemplos de falta de ligação, ao contrário da preposição da NP, tomada como ligada e cíclica. Sob a análise atual, o movimento-*wh* também é ligado e cíclico. A assimetria aparente entre as regras do movimento para a esquerda e do movimento para a direita se reduz a uma assimetria independente esquerda-direita na posição de complementador. Várias restrições interessantes sobre as regras surgem como casos especiais. Se todos os exemplos de regras alegadamente sem ligação forem submetidos a uma análise semelhante, poderemos melhorar consideravelmente a teoria geral das transformações, eliminando a categoria das regras sem ligações. Apesar de nem todos os problemas levantados pelo uso dessa abordagem terem sido resolvidos, meu sentimento pessoal sobre isso é o de que provavelmente está correto.

Além das regras governadas pela subjacência e das regras inclusas, aceita-se de forma geral que existem regras governadas por uma "restrição como cláusula", com a exigência de não poder relacionar um item em uma sentença embebida com qualquer coisa fora dessa sentença. Em termos da fórmula abstrata 4, aqui modificada para 4' para evitar a questão da subjacência, uma regra governada pela condição como cláusula não pode, digamos, mover um item da posição X para a posição Y ou vice-versa, ou modificar um item na posição X como resultado de sua relação com um item na posição Y, se B = S.

4'   (C ... Y ... (B ... (n ... (AX) ...) ... Y ...)

Argumentei em outro local que não existem evidências dessa restrição. Os exemplos usados para justificá-la são explicados por princípios gerais fundamentados de forma independente[26]. Se estiver certo, só existe uma categoria de regras transformacionais: todas essas regras são governadas pelo princípio da subjacência. É uma questão interessante se (ou até que ponto) regras de interpretação semântica também são governadas por esse princípio ou outro semelhante[27].

Em vez de nos aprofundarmos mais nesses assuntos, vamos voltar aos exemplos 9" e 11, aqui repetidos:

9" A polícia acha (s quem o FBI descobriu (s t que José baleou t)).
11 A polícia sabe quem o FBI descobriu que José baleou.

Podemos imaginar a palavra-*wh* de uma pergunta (direta ou indireta) como sendo uma espécie de quantificador. Assim, a "forma logical" de 9" e 11 pode ser considerada como sendo, respectivamente, 17 e 18:

17 A polícia acha para qual pessoa x o FBI descobriu que José baleou x.
18 A polícia sabe para qual pessoa x o FBI descobriu que José baleou x.

Nessas formas logicais, há uma variável x e um quantificador, "para qual x", o ligando. Suponhamos que vamos identificar a variável x com o traço t deixado pela regra do movimento. Lembrem que a estrutura superficial de 11, pela teoria atual, é algo como 19:

19 (s a polícia sabe (s quem o FBI descobriu (s que José baleou t)).

Para converter 19 na sua forma logical, todo o necessário é a informação de que "quem" é um quantificador ligando t e significando "para qual pessoa t"[28]. Apenas com ligeiras modificações na teoria das transformações podemos garantir que o item "quem" seja identificado na estrutura superficial como o item que liga t. Com mais um princípio identificando "quem" como "para qual pessoa x", derivamos a forma logical 18 da estrutura superficial 19.

Ainda não resolvemos a questão da base para a distinção quanto à gramaticidade entre 9" e 11. É uma diferença de sintaxe ou de semântica? É determinada no nível da estrutura básica ou da estrutura superficial? Uma possibilidade é a de que as perguntas, diretas ou indiretas, tenham um complementador distinto do que aparece com estruturas declarativas e que os verbos são marcados no léxico como podem aparecer ou não com complementos sentenciais contendo esse complementador. A interpretação semântica vai envolver a posição desse complementador com relação aos outros itens da estrutura superficial. Elaborei uma versão dessa posição em outro lugar e mostrei como alguns exemplos razoavelmente complexos podem ser tratados a partir desse ponto de vista, no que parece ser uma maneira bastante natural (ver Chomsky, 1973, para algumas discussões sobre o assunto).

A proposta ainda deixa em aberto a posição da distinção: sintática ou semântica? Não estou convencido de que essa pergunta faça muito sentido, ou que exista algum critério razoavelmente claro para respondê-la. Suponhamos que alguém afirme ter um tipo muito aperfeiçoado de "intuição gramatical" que lhe diga se o desvio de 9" é "sintático" ou "semântico". Essa pessoa, assim, terá a resposta para a pergunta apresentada. Pessoalmente, não tenho intuições desse tipo. Posso fazer um julgamento sobre se algumas sentenças são boas e se outras têm desvios (vamos dizer, 11 e 9", respectivamente), mas não tenho mais intuições que me ofereçam, em casos como esses, as bases para um julgamento. Sou, portanto, cético quanto à possibilidade de outros terem essas intuições. Suspeito que estejam aderindo a certas explicações tradicionais, que podem ou não estar corretas (ver Chomsky, 1965, cap. 4). Continua a ser, eu acredito, uma questão em aberto e talvez seja interessante estabelecer critérios mais eficientes para ajudar a tornar a questão de sintático ou semântico mais precisa em casos assim.

Seja como forem resolvidas essas questões, temos uma maneira simples de derivar a "forma logical" das sentenças, a partir das estruturas superficiais nas quais aparecem traços. Vamos estipular de forma explícita o que até agora admitimos tacitamente: quando uma transformação move um sintagma P da posição X para a posição Y, deixa na posição X um traço ligado por P. Como veremos diretamente, essa "teoria dos traços das regras de movimento" tem justificativas consideráveis, a partir de diversos pontos de vista.

Prestem atenção em que estamos desenvolvendo uma teoria de interpretação semântica de estruturas superficiais. A posição do "quantificador" na estrutura superficial relativa aos verbos determina se a sentença tem um significado e qual é o significado. Mas surge um problema. Para entender as sentenças que estamos discutindo, precisamos com certeza também conhecer a posição no marcador frasal inicial do sintagma que foi movido. Assim, examinemos novamente 6, derivado por preposição NP de 6':

    6   João parece (s *t* ser um bom sujeito).
    6'   Y parece (s João ser um bom sujeito).

Para compreender a sentença 6, precisamos saber que "João" é o sujeito da sentença inclusa. O marcador frasal inicial fornece essa informação, mas a estrutura superficial (aparentemente), não. O mesmo ocorre com os outros exemplos que estamos discutindo. De fato, foram precisamente considerações como essa que motivaram o princípio da teoria padrão de que estruturas profundas (ou "marcadores frasais iniciais") determinam a interpretação semântica.

Mas prestem atenção em que, de acordo com a teoria dos traços das regras de movimento, essa motivação desaparece. A posição do traço ligado na estrutura superficial nos permite determinar a relação gramatical de "João" em 6 como o sujeito da sentença inclusa. Coisa semelhante ocorre nos outros casos. Assim, exemplos como estes não fazem a escolha entre a teoria padrão e a teoria de que a interpretação é determinada pela estrutura superficial, dada a teoria dos traços das regras de movimento. Encontramos, entretanto, razões para supor que a estrutura superficial tem um papel na interpretação semântica, ou seja, a posição do qualificador "quem" na estrutura superficial é relevante para a interpretação dessas sentenças, como 9-11. Há muito mais evidências de que informações da estrutura superficial contribuem para determinar o significado. Assim, parece razoável postular que *somente* estruturas superficiais passam pela interpretação semântica, embora nossas "estruturas superficiais" não sejam mais aquelas da estrutura padrão, como consequência da teoria dos traços das regras de movimento.

Podemos pensar em objeções a essas ideias, contudo, e falarei de algumas delas daqui a pouco. Vamos deixá-las de lado no momento e continuar a explorar a possibilidade de que com a teoria dos traços das regras de movimento é possível unificar a teoria da interpretação semântica, restringindo-a à estrutura superficial.

A motivação original para a teoria dos traços foi, em parte, a de que ela facilitava a interpretação semântica, de acordo com as linhas indicadas. Mas também surgiram considerações independentes levando à mesma teoria (cf. Chomsky, 1973a). Antes de nos voltarmos para elas, vamos examinar mais algumas aplicações da teoria dos traços sobre a interpretação semântica.

Consideremos pares ativos-passivos como 20-21:

20   castores constroem diques.
21   diques são construídos por castores.

Há vários problemas com relação a como a construção passiva deve ser analisada, mas todas as abordagens da estrutura da gramática transformacional concordam em que um componente do passivo é uma regra que move o sintagma nominal "diques" de sua posição subjacente de objeto, como em 20, para a posição de sujeito, como em 21. Assim, pela teoria dos traços, a estrutura superficial de 21 será algo como 22:

22   diques são (vp construídos t por castores).

As sentenças 20 e 21 são claramente diferentes em alcance de significado. A sentença 21, na interpretação mais natural, afirma que é uma propriedade dos diques ser construídos por castores. Sob essa interpretação, a sentença é falsa, pois há diques que não são construídos por castores. Mas não existe interpretação da sentença 20, pelo menos com intenções normais, afirmando que os diques têm a propriedade de ser construídos por castores; 20 não deve ser entendido como dizendo respeito a todos os diques. A sentença 20 informa que os castores têm uma certa propriedade, ou seja, a de que constroem diques, mas isso não implica (sob nenhuma interpretação) que suas atividades como construtores de diques são responsáveis por todos os diques. De fato, 20 poderia ser verdadeiro até se os castores nunca mostrassem essa característica da espécie, se todos os castores estivessem presos em jardins zoológicos.

Assim, a posição da palavra "diques" na estrutura superficial cumpre um papel para determinar o significado das sentenças 20 e 21. Em particular, para compreender 21, é importante saber que o sintagma nominal "diques" é o sujeito da sentença.

Entretanto, para compreender 21 também é importante saber que o sintagma nominal "diques" carrega a relação gramatical de objeto direto com relação ao verbo "construir", como no marcador frasal inicial. Assim, precisamos saber que "diques" é o sujeito de 21 em um sentido, mas é o objeto do verbo em 21 e daí não é o sujeito em outro sentido. A informação necessária é transmitida na estrutura superficial 22. Podemos entender que a relação sujeito-predicado é definida nas estruturas superficiais, e assim "diques" é o sujeito de 21. Mas a posição do traço ligado por "diques" serve para indicar que ele tem a relação semântica apropriada com o verbo "construir". Discutiremos mais longamente o caso daqui a pouco. Por enquanto, quero apenas fazer notar que dois tipos de "relações gramaticais" parecem estar envolvidos na interpretação de sentenças como 20 e 21: uma, a relação verbo-objeto do marcador frasal inicial, dando conta da semelhança no significado entre essas sentenças, e a outra, a relação sujeito-predicado da estrutura superficial, responsável pela diferença no significado. As duas relações são representadas de forma apropriada na estrutura superficial.

Uma questão de quantificação parece estar envolvida nesses exemplos. Já observamos que, em alguns casos, uma espécie de "quantificação" de tipo não convencional é determinada pela estrutura superficial. Há evidências consideráveis de que isso ocorre de forma bem geral e o mesmo acontece no âmbito das partículas logicais e de outros aspectos do que poderia ser chamado de "forma logical"[29].

Examinemos agora algumas relações entre o papel do movimento-*wh* e a interpretação de pronomes, notadas pela primeira vez por Paul Postal (1971). Vou adaptar aqui uma nova análise desse trabalho e de algum material relacionado por Thomas Wasow (a ser publicado). Comparemos as sentenças 23 e 24:

23   *Quem* disse Maria *o* beijou?
24   *Quem ele* disse Maria beijou?

No caso da sentença 23, podemos entender que o pronome ("o") se refere à pessoa cujo nome responde à indagação "quem?". Essa interpretação, porém, não é apropriada para o caso da sentença 24. Para colocar o problema de maneira bastante enganosa, pode haver uma relação de anáfora correferência entre as expressões em itálico de 23, mas não de 24. Mas a sentença de 24 é uma possível estrutura de anáfora. Comparemos com 25, que tem estrutura de categoria análoga a 24, embora o pronome "ele" em 25 possa ser tomado como se referindo a João:

25 *João* disse que *ele* pensou que Maria foi embora.

Qual é a explicação desse fato curioso?

Com a introdução de traços nas estruturas superficiais, temos 23' e 24', correspondendo a 23 e 24, respectivamente[30]:

23' Quem (Sred *t* disse Maria o beijou).
24' Quem (Sred ele disse Maria beijou *t*).

Nos dois casos, a regra do movimento-*wh*, referindo-se a "quem", levou a palavra-*wh* "quem" à posição de complementador, deixando traço na posição na qual a palavra-*wh* apareceu no marcador frasal inicial. Aplicando o método da interpretação semântica esboçado anteriormente, temos as "formas logicais" 23" e 24".

23" Para qual pessoa x, x disse que Maria o beijou?
24" Para qual pessoa x, ele disse que Maria beijou x?

A variável ligada x funciona mais ou menos como um substantivo. Assim, deveríamos esperar que 23" e 24" tenham interpretações análogas a 26 e 27, respectivamente:

26 *João* disse que Maria *o* beijou.
27 *Ele* disse que Maria beijou *João*.

Na sentença 26, o pronome pode referir-se a João, o que não ocorre na sentença 27. O princípio relevante envolve mais uma vez a estrutura superficial (cf. Wasow, 1972, a ser publicado; Lasnik, 1974). Podemos presumir isso sem maiores discussões nesse caso. Aplicando o princípio que governa 26 e 27 aos exemplos análogos 23" e 24", vemos que em 23" o pronome "o" pode ter uma relação de anáfora com a variável ligada x (como em 26), enquanto em 24" o pronome "ele" não pode ter uma relação de anáfora com x (como em 27). Assim, podemos compreender 23" como tendo essencialmente o significado representado em 28:

28 Para qual pessoa x, x disse que Maria beijou x?

No caso de 24", não é possível uma interpretação desse tipo,

Alguns aspectos gerais da linguagem

da forma como está na construção análoga 27. O pronome "ele" deve ser considerado assim como se referindo a alguém cuja identidade está determinada em outro lugar do discurso ou no contexto da declaração.

Assim, a distinção entre 23 e 24 é prontamente explicada pelos mecanismos disponíveis, dados a teoria dos traços e os princípios da interpretação semântica da estrutura superficial, apresentados anteriormente. Além disso, podemos agora dispensar noções como "correferência entre *ele* e *quem*" ou "relações anafóricas" entre essas noções-termos que são, estritamente falando, sem sentido, já que "quem" não é uma expressão referencial, mas um tipo de quantificador nesses casos, e assim não pode entrar em relações de anáfora.

Certas qualificações devem ser somadas para ampliar este relato na direção de uma classe mais ampla de casos e, como nos casos discutidos anteriormente, restam alguns problemas não resolvidos. Mas acredito que ele tenha captado o âmago do assunto. Prosseguindo nesta abordagem, vamos desenvolver a teoria da anáfora com o objetivo de aplicá-la às "formas lógicas" derivadas da estrutura superficial, fazendo uso essencial do traço como análogo a uma variável ligada[31].

Vamos agora tratar de algumas linhas de argumentação independentes que levam, mais uma vez, à teoria dos traços das regras de movimento. Examinemos as sentenças 29-32:

29   Parece para nós que José gosta de ambos.
30   Esperávamos José gostar de ambos.
31   Ficamos chocados pelo ódio de José por ambos.
32   Antônio parece para nós gostar de ambos.

Nenhuma dessas sentenças é gramatical. Elas têm algo do caráter das violações da condição de subjacência de 16'. Ou seja, as sentenças não são sem sentido. Não há razão semântica para que não tenham os mesmos significados de 29'-32', respectivamente, tal como 33 e 33' são quase sinônimos:

29'   Parece para cada um de nós que José gosta do outro (s).
30'   Cada um de nós esperava José gostar do outro (s).
31'   Cada um de nós ficou chocado pelo ódio de José pelo outro (s).

32' Antônio parece para cada um de nós gostar do outro (s).
33   Parecemos gostar um do outro.
33' Cada um de nós parece gostar do outro (s).

Em geral, as estruturas *cada um de nós ... o outro (s)*, *nós cada ... o outro (s)* e *nós ... um ao outro* têm significados muito semelhantes, se não o mesmo. Assim, não há justificativa para desprezar as sentenças 29-32 por motivo de falta de sentido.

Esses e muitos outros casos são exemplos da "condição do sujeito esperado", outra condição geral nas regras. A condição, que não vou tentar definir precisamente aqui[32], implica que nenhuma regra pode relacionar X e Y em uma estrutura como 34, onde x é uma categoria cíclica subjacente a X e Z é seu sujeito.

34   ... X ... (aZ-...Y...)

Consideremos agora a regra recíproca que relaciona o sintagma "um ao outro" com seu sintagma nominal antecedente; podemos deixar de lado a interessante questão de se existe uma regra movendo "um" além da regra interpretativa relacionando o antecedente com o sintagma recíproco. Tomando X de 34 como sendo "nós", Z como sendo "José" e Y como "um ao outro", a regra recíproca é bloqueada em 29 e 30 (com a = S)[33] e em 31 (com a = NP)[34] em consequência da condição do sujeito especificado.

O exemplo 32, contudo, ainda não foi explicado. Nele, não existe o sujeito incluso Z, como nos outros três casos. Não há sintagma correspondendo ao sintagma nominal sujeito "Hisé" de 29-31. O último comentário deve ser qualificado. Não há sintagma nominal sujeito *presente fisicamente* na posição correspondendo a "José" em 29-31, ou seja, antes de "gostar um do outro". Mas há um sintagma nominal sujeito "mentalmente presente" nessa posição, ou seja, "Antônio", que entendemos ser o sujeito de "gostar", como (o fisicamente presente) "José" é o sujeito de "gostar" em 30. Evidentemente, ao interpretar essas sentenças, estamos preocupados não com a posição física do sujeito nas sentenças, mas com sua "posição mental", ou seja, sua posição nas estruturas abstratas que postulamos na subparte da psicologia teórica (chamada "linguística") por nós desenvolvida. Uma teoria deve dar conta do fato de que uma pessoa conhecedora da língua opera de maneira apropriada com estruturas mentais abstratas, seja qual for a forma física da sentença. E, em um nível mais profundo, nossa teoria geral deve dar conta do fato de o orador saber que são as estruturas abstratas, não as físicas, as relevantes para a interpretação de 29-31.

Notemos mais uma vez que, como no caso do princípio da dependência da estrutura, é difícil acreditar que os princípios relevantes são *ensinados* à pessoa que desenvolve o conhecimento da língua como um "órgão mental". As pessoas não são treinadas ou condicionadas a tratar 32 "na analogia" de 29-31. Ao contrário, sabem que devem proceder assim, mesmo sem treinamento ou a apresentação de experiências relevantes capazes de determinar essa conclusão. Nossa psicologia teórica deve explicar esses fatos.

Lembremos que 32 é derivada de uma estrutura abstrata 35 por preposição de NP, como 6 foi formada a partir de 6'.

35 Y parece para nós (s Antônio gostar de ambos).

A estrutura superficial correspondendo a 32 , pela teoria dos traços, é, assim, 36:

36 Antônio parece para nós (s *t* gostar de ambos).

Assim, pela teoria dos traços, há um sujeito Z na sentença inclusa na estrutura superficial exatamente na posição preenchida por "José" nas categorias cíclicas inclusas de 29-31. Tomando como antes que a condição do sujeito especificado se aplica às estruturas superficiais, determinando a relação do sintagma recíproco "de ambos" com seu antecedente, temos uma explicação para a situação não-gramatical de 32. Ou seja, as regras do sujeito especificado são não-gramaticais, exatamente como no caso de 29-31. Se, além disso, a condição do sujeito especificado e a teoria dos traços são parte da gramática universal, parte da esquematização biologicamente necessária que determina "a essência das línguas humanas", o orador saberá isso tudo sem ser instruído ou mesmo sem ter evidências relevantes, como parece acontecer neste caso.

Assim, temos uma motivação inteiramente independente para a teoria dos traços.

Resumindo o que dissemos, parecemos ter a seguinte estrutura geral para a gramática: as regras do componente de categoria e o léxico fornecem os marcadores frasais iniciais. Aplicando transformações sobre eles, derivamos estruturas superficiais (inclusive traços) que passam por interpretações semânticas. As regras de interpretação semântica determinam o alcance dos operadores logicais "não", "cada", "quem", etc. e fixam seu significado, determinam antecedentes a expressões anafóricas como recíprocos ("um ao outro") e necessariamente ligam anáforas (por exemplo, "seu" em "João perdeu seu caminho", onde "seu" deve referir-se a João, em contraste com a anáfora não ligada "seu" em "João encontrou seu livro", onde "seu" pode referir-se a qualquer pessoa, incluindo João)[35]. Chamamos o resultado da aplicação dessas regras de uma "forma logical".

Seria razoável dizer que a teoria da gramática – ou, mais precisamente, da "gramática de sentenças" – termina neste ponto. As condições sobre a gramática discutidas até agora – a condição do sujeito especificado, subjacência e assim por diante – se aplicam às regras da gramática das sentenças. A gramática das sentenças envolve regras como preposição de NP, movimento-*wh*, atribuição do alcance, atribuição de antecedentes a anáforas ligadas, e também regras determinando relações temáticas e outros aspectos da estrutura semântica, capazes de ser atribuídas de forma racional ao sistema abstrato da linguagem, dependendo de como as questões levantadas no capítulo anterior são respondidas.

O que vínhamos chamando de "gramática" nas discussões precedentes é na realidade gramática das sentenças, neste sentido. Dadas as formas logicais geradas pela gramática das sentenças, mais regras podem ser aplicadas. Pronomes que ainda não tinham recebido antecedentes podem ser considerados como se referindo a entidades designadas em outro ponto da sentença, embora isso nunca seja necessário e não seja permitido sob certas condições, por exemplo em 27. Essas outras regras de determinação de referência podem envolver também propriedades do discurso, de certa forma; e interagem com considerações relacionadas à situação, intenção comunicativa e coisas semelhantes. De forma parecida, embora a recíproca "ambos" em 28-31 deva receber um antecedente por uma regra da gramática das sentenças, o sintagma correspondente "outro" em 29'-31' não precisa ser considerado como se referindo aos membros de uma classe designada (como "por cada um de nós") em outro lugar no interior da mesma sentença. Como notamos antes, as regras da gramática das sentenças obedecem a condições muito diferentes daquelas aplicadas fora. Os anteriores, por exemplo, são governados pela condição do sujeito especificado, mas os últimos, não (ver também a nota 27). Outras regras semânticas são aplicadas, interagindo com regras pertencentes a outras estruturas cognitivas para formar representações mais completas do "significado" (em algum sentido).

De maneira esquemática, acho que este parece ser um quadro razoável da natureza geral da gramática e de seu lugar no sistema das estruturas cognitivas. Para recapitular em um diagrama, podemos ter um sistema seguindo mais ou menos esta estrutura:

(37) gramática das sentenças $\xrightarrow{B}$ IPM $\xrightarrow{T}$ SS $\xrightarrow{SR-1}$ LF

$$\left\{ \begin{array}{c} SR-2 \\ (\text{outros sistemas}) \end{array} \right\} : LF \rightarrow \text{"significado"}$$

Assim, as regras da base B, incluindo as do componente de categoria e do léxico, formam os marcadores frasais iniciais (IPM, de *initial phrase markers*). As regras do componente de transformação (T) as convertem em estruturas superficiais (SS, de *superficial structures*), que são convertidas em formas logicais (LF, de *logical forms*) por certas regras de interpretação semântica (SR-1, de *semantic rules*; ou seja, as regras que envolvem anáforas ligadas, alcance, relações temáticas, etc.). Isso constitui a gramática das sentenças; certas condições gerais sobre as regras parecem ser aplicadas por meio desse sistema. As formas logicais geradas dessa maneira são sujeitas a outras interpretações por mais regras semânticas (SR-2) que interagem com outras estruturas cognitivas, dando uma representação do significado mais completa.

Exemplos do tipo que acabamos de discutir dão apoio empírico à teoria dos traços, tendo como base o funcionamento das regras gramaticais, sintáticas e semânticas. Há outra linha de argumentação independente, de espécie mais abstrata. Consideremos o efeito da regra de preposição da NP sobre os marcadores frasais. No caso de exemplos como 6 e 36, essa regra toma o sujeito de uma sentença inclusa e o conduz para a posição de sujeito em uma "cláusula superior". O efeito é ilustrado em 38:

38   Y ... (s NP ...) → ... (s *t* ...).

Em contraste, não há regras que "rebaixem" um sintagma nominal à posição de sujeito (ou, acredito, a qualquer posição) na sentença inclusa. Poderíamos estipular essa assimetria como uma nova condição nas transformações.

Vamos voltar-nos agora para a construção do passivo e, em particular, para a regra que move o sintagma nominal seguinte ao verbo à posição de sujeito, levando a formas como 22:

22   Diques são (vp construídos *t* por castores).

Esta também é uma regra de preposição de NP. De fato, embora isso seja sujeito a debates, creio que é a mesma regra de preposição de NP da regra sujeito-para-sujeito de 38. O efeito da preposição de NP, no caso de 33 e de muitos outros passivos, é indicado em 39:

39   Y (vp V NP) → NP (vp V *t*).

Temos outra vez uma assimetria. Essas são regras que elevam objetos à posição de sujeito, mas não existe nenhuma regra, aparentemente, capaz de mover o sujeito para a posição de objeto. Mais uma vez, podemos estipular essa assimetria como outra condição sobre as regras.

Claramente, existe alguma coisa semelhante entre essas duas assimetrias, envolvendo o papel da preposição de NP. Como podemos descobri-la? Uma possibilidade é estipular a existência de uma hierarquia de posições, com sujeitos tendo precedência sobre objetos[36] e sujeitos de classes superiores tendo precedência sobre sujeitos de cláusulas inclusas. As regras só dão permissão para mover elementos na direção de posições que têm precedência na hierarquia. Mas esse não é um avanço real. É apenas uma convenção notacional, e podemos perguntar por que usamos essa hierarquia e não uma outra onde, digamos, os sujeitos precedem os objetos e não há relação (ou relação conversa) entre elementos que não estão na mesma cláusula. Não há conexão lógica dos princípios ilustrados em 38 e 39 capaz de determinar a estrutura da hierarquia.

Uma abordagem consideravelmente melhor seria a de explorar o fato de que nos dois casos as regras de permissão são regras de "promoção", movendo um sintagma nominal para mais perto da "raiz da sentença", ou seja, para uma posição menos inclusa; as regras de não-permissão são regras de "rebaixamento", que aumentam a condição de incluso do sintagma nominal. Podemos estipular, então, que as regras de promoção são permitidas e as regras de rebaixamento, não. Assim, os dois princípios ficam juntos.

Já fizemos progresso, mas ainda temos dois problemas. Primeiro, há contraexemplos para a proposta, da maneira como é apresentada. Segundo, ainda podemos querer encontrar uma explicação para o princípio da promoção até estabelecer sua veracidade. Ou seja, podemos pretender explicar o fenômeno nos termos de algum princípio independente.

Para ilustrar a falsidade da conjuntura da promoção, consideremos as sentenças 40-42:

40 Há um livro sobre a mesa.
41 A cidade foi destruída pelo inimigo.
42 Cada um dos dois candidatos indicou sua disposição para um debate.

Existem análises familiares – não sem contestação, mas pelo menos bastante plausíveis – postulando que nesses casos é aplicada uma regra de rebaixamento. No caso de 40, poderíamos argumentar que a fonte é 43 e uma regra transformacional cria 43', por sua vez tornada 40 por uma regra de inserção de *ali*, que apaga (ou substitui) o traço:

43   Um livro (VP está sobre a mesa).
43' *t* (VP está um livro sobre a mesa).

No caso de 41, podemos apresentar a derivação 44:

44   i O inimigo (VP destruiu a cidade)
        (marcador frasal inicial).
    ii *t* (VP destruiu a cidade pelo inimigo)
        (por posposição de NP).
    iii A cidade (VP foi destruída *t* pelo inimigo)
        (por preposição de NP).

Omitimos aqui algumas questões interessantes sobre a posição do agente sintagma-*por*, o auxiliar e a flexão verbal; ver a página 112 e a nota 46. A regra de preposição de NP apaga o traço deixado pela posposição de NP.

A sentença 42 pode ser formada por uma regra de movimento-*cada* a partir de 45:

45   Os dois candidatos cada um (VP indicou sua disposição para um debate).

Todas essas análises são plausíveis. Regras de rebaixamento são aplicadas em todos os casos.

Robert Fiengo observou que a teoria dos traços das regras de movimento nos permite formular conjeturas com relação às duas assimetrias 38 e 39, de maneira que se pode evitar os contraexemplos e, ao mesmo tempo, reduzir a conjetura a um princípio independente, superando, assim, os dois problemas surgidos[37]. Consideremos mais uma vez a regra permissível da preposição de NP, como em 38 e 39, e a regra não permissível de rebaixar a NP, que reverte a direção das setas em 38 e 39. A regra permissível dá as estruturas 46 e a regra não permissível oferece as estruturas 47:

46   i NP ... (s *t* ...) (lado direito de 38).
     ii NP (vp V *t*) (lado direito de 39).
47   i *t* ... (s MP ...).
     ii *t* (vp V NP).

Considerando *t*, como antes, uma variável ligada por NP como antecedente, notemos que os casos permissíveis são exemplos de relações permissíveis entre um sintagma nominal antecedente e um elemento "anafórico" por ele controlado, enquanto os casos impermissíveis são exemplos de relações anafóricas de impermissibilidade[38]. Assim, os exemplos 46' são da forma 46 e são gramaticais, enquanto os exemplos 47' são da forma 47 e não são gramaticais:

46'   i *Os candidatos* esperavam (s *que o* outro vencesse)[39].
      ii *Os candidatos* (vp odiavam *um ao outro*).
47'   i *Que o outro* esperava (s *os candidatos* vencessem).
      ii *Um ao outro* (vp odiavam *os candidatos*).

Um antecedente precisa ser "superior" no marcador frasal à anáfora que ele controla, em casos assim. Considerando a relação entre o sintagma nominal e o traço como análoga à existente entre o antecedente e a anáfora, como é inteiramente natural, podemos reduzir o princípio de promoção a uma condição motivada de forma independente sobre a relação antecedente-anáfora.

Trata-se de um passo à frente substancial. Temos agora uma explicação para a convenção da promoção. Diante da teoria dos traços, segue-se como uma consequência de um princípio independente da língua. Por essa análise, o problema com os exemplos não permissíveis do tipo 47 é o de que, efetivamente, eles têm uma variável livre, não dentro do escopo de um quantificador de ligação ou sintagma nominal, na sua interpretação semântica, e assim não são sentenças.

Mas a mesma análise também supera a dificuldade de que o princípio da promoção era falsificado pelos contraexemplos 40-42. Nos casos 40-41, o traço ofensor tinha sido apagado por outra regra; assim, a estrutura superficial não viola o princípio antecedente-anáfora. No caso 42, não existe uma relação antecedente-anáfora entre o sintagma movido e seu traço; não há sentido, neste caso, em considerar o traço como uma variável de ligação, embora faça sentido pensar nesses termos quando o sintagma movido é um sintagma nominal. Assim, podemos interpretar 6 pelas linhas indicadas anteriormente, como tendo a forma lógica 48:

6   João parece (s *t* ser um bom sujeito).
48 Para x = João, x parece (s x ser um bom sujeito).

Mas uma análise desse tipo não é possível no caso do movimento do *cada*, já que "cada" não é uma expressão referencial, nem liga uma variável como quantificador, a não ser em associação com um sintagma nominal que dê o tipo da variável, como em "cada candidato", que pode ser interpretado como "para cada x, x um candidato". Mas, no último caso, é o sintagma nominal completo, incluindo o "candidato", e não a palavra "cada" que liga a variável, que se torna assim crucialmente distinta do traço deixado pelo movimento do *cada*.

O princípio da promoção deveria ser exposto na forma 49 para evitar os contraexemplos notados:

49 As regras do movimento podem ser promovidas, mas não podem ser rebaixadas, a não ser que as posições por elas ocupadas sejam preenchidas por uma regra posterior, ou a menos que o termo rebaixado não seja um sintagma nominal.

Formulada dessa maneira, a convenção supera os contraexemplos, mas é *ad hoc* demais para ter credibilidade real; e é, além do mais, sem explicações ou análogos significativos em outro ponto da teoria. Mas, pela teoria dos traços, 49 segue adiante, como uma consequência imediata dos princípios independentes da anáfora.

O princípio geral que emerge desta discussão, mais uma vez, é o de que, como o traço é interpretado como tendo o efeito de uma variável, as estruturas superficiais com traços precisam atender às condições gerais sobre expressões com expressões semelhantes a variáveis, como o sintagma recíproco "cada um". Nada mais precisa ser dito, nesses casos pelo menos, para distinguir casos permissíveis de aplicações de regras sobre a não-permissibilidade.

Estas considerações, novamente, fazem uso essencial da teoria dos traços, oferecendo assim uma motivação independente para essa teoria, em um nível de discussão totalmente diferente e mais abstrato.

Os princípios do tipo que estamos discutindo têm importância considerável. Restringem as classes de regras possíveis e, também, as aplicações possíveis das regras estabelecidas. Assim, contribuem para resolver o problema fundamental da teoria linguística, o da "teoria do aprendizado", como foi apresentada no primeiro capítulo, ou seja: limitar a classe de "sistemas que podem ser aprendidos" para tornar possível explicar a rapidez, uniformidade e riqueza do aprendizado no interior da capacidade cognitiva. O mesmo ocorre com a argumentação, apresentada acima, de que podemos eliminar as noções "sem ligação" e "próximo da cláusula" da teoria das transformações. Em geral, o mesmo acontece em todas as condições sobre a organização da gramática e aplicação de regras que estamos descrevendo. Esses são passos na direção do que foi chamado de "adequação explanatória"[40]. De um ponto de vista, podemos dizer apropriadamente que esses princípios oferecem explicações para o fato de os dados serem como são e dessa forma ir bem adiante na descrição desses fatos em gramáticas particulares. De outro ponto de vista, os mesmos princípios servem para explicar um importante aspecto do aprendizado humano, a saber, a construção de certas estruturas cognitivas que têm papel essencial no pensamento e em sua expressão (e, derivadamente, na comunicação).

Se esses princípios puderem ser substanciados ou melhorados, a classe de gramáticas potenciais será enormemente reduzida. Muitas regras potenciais poderão ser eliminadas de saída. Além disso, ao limitar as aplicações possíveis das regras, princípios do tipo discutido tornam desnecessário disponibilizar na teoria das transformações um aparato tão rico como o que seria preciso, de outra forma, para delimitar a aplicação das regras particulares. Assim, os princípios restringem a variedade de gramáticas ao reduzir o "poder de expressão" das regras gramaticais.

Poderíamos até mesmo nos fixar o objetivo, ainda distante mas talvez atingível, de restringir tanto o aparato da teoria das transformações que as regras só possam ser apresentadas na forma "mover NP", com as outras condições no aparato sendo apresentadas como condições gerais sobre as regras, propriedades dos marcadores frasais iniciais ou propriedades das estruturas superficiais. Nesses três casos, tentaremos, como é natural, abstrair as propriedades da gramática universal das condições particulares das regras, marcadores frasais iniciais e estruturas superficiais. Como um caso ilustrativo, lembremos as condições das anáforas nas estruturas superficiais, às quais apelamos na análise da convenção da promoção.

Se esse objetivo puder ser atingido, não só os vários casos de preposição de NP serão unificados, mas, além disso, ficarão junto à regra de preposição de NP que oferece 44ii. Restrições sobre o "poder de expressão" das regras, mesmo se não forem tão dramáticas como sugerem essas especulações, contribuem para a dupla meta de atingir adequação explanatória e dar conta da aquisição de estruturas cognitivas, ou seja, do aprendizado humano.

Princípios como a subjacência, teoria dos traços e condição do sujeito especificado contribuem para esse fim, junto com outros princípios, entre os quais o princípio da dependência da estrutura e das condições sobre a organização da gramática e os diversos tipos de regras capazes de aparecer nos vários componentes da gramática. Na medida em que essas propostas estiverem corretas, são contribuições para a gramática universal e daí para a caracterização da faculdade da linguagem que é um componente essencial da estrutura mental inata.

Levando a discussão das regras possíveis um pouco mais adiante, vamos considerar outra vez a derivação 44 sugerida para passivos.

Uma derivação análoga pode ser proposta para "passivos" de construções nominais. Daí, 50:

50 i o inimigo – destruição da cidade
(marcador frasal inicial).
50 ii *t* – destruição da cidade pelo inimigo
(por posposição de NP).
50 iii a da cidade – destruição *t* pelo inimigo
(por preposição de NP).

Há, entretanto, uma diferença gritante entre as derivações 44 e 50[41]. Especificamente, no caso do passivo da sentença 44, a regra da preposição de NP deve ser aplicada se a regra de posposição de NP foi aplicada. Não existe uma sentença como 51, correspondendo a 44ii:

51 *t* destruiu a cidade pelo inimigo.

Mas, no caso do "passivo" do nominal 50, a posposição de NP pode ser aplicada sem a aplicação subsequente da preposição de NP, dando sentenças como 52, correspondendo a 50ii:

52 a destruição da cidade pelo inimigo.

A distinção é explicável em nossos termos. No caso de 51, há um traço ofensor, violando as condições de anáfora, na posição de variável livre da forma logical derivada da estrutura superficial. Mas, em 52, o traço foi apagado por uma regra exprimindo o determinador[42]. Pode ser, então, que as mesmas regras estejam envolvidas, com diferenças quanto à aplicabilidade a outras propriedades das construções presentes.

Notamos diversos casos que parecem cair no conjunto em uma regra de preposição de NP, sem, contudo, entrar em diversas dificuldades surgidas quando esses fenômenos são unificados e nas possíveis soluções para essas dificuldades. Discutimos casos como os seguintes:

53 João parece (s *t* ser um bom sujeito).
54 João está certo (s *t* de ganhar a eleição).
55 A cidade (VP foi destruída *t* pelo inimigo).
56 A cidade é (NP destruição *t* pelo inimigo).

Outros exemplos caem na mesma rubrica:

57   João (VP foi considerado (s *t* como sendo um candidato aceitável)).
58   A cama (VP foi dormida na *t*)[43].

Outros exemplos, de tipos bastante diferentes, também vêm à mente como candidatos possíveis a uma análise similar[44]. A regra de preposição da NP se aplica a uma série muito ampla de construções possíveis, como devemos esperar se as especulações da discussão precedente provarem estar corretas.

Notemos que, se não ocorressem passivos como 57, 58 e os citados na nota 43, poderíamos hesitar antes de postular uma regra de formação de passivo, em primeiro lugar. Muitas línguas não possuem construções como essas, restringindo o passivo a passivos reduzidos como em 59, sem sintagma agente e com o sujeito servindo como objeto direto em construções transitivas relacionadas, em que "passar" indica um tipo de inflexão passiva:

59   João morte-passou (análogo a "João foi morto").

Nesses casos, não há motivo para postular uma regra para formar passivos a partir de ativos; os fatos podem ser descritos com não menos facilidade (eu diria até com maior) dentro do léxico, com o uso das regras de formação de palavras[45].

A teoria da gramática torna disponível uma grande variedade de dispositivos e as línguas podem ser diferentes com relação à escolha dos que serão usados. Deveríamos esperar que essas escolhas tivessem certas consequências para a sintaxe e para a semântica. Assim, dificilmente seria por acidente que o passivo em inglês faz uso da cópula e que a morfologia verbal seja tão claramente análoga a certas construções adjetivais, de maneira que as regras de formação de passivos mapeiam os marcadores frasais iniciais em estruturas que existem de forma independente da forma sujeito-predicado[46]. Esse fato pode com justiça encontrar um lugar numa teoria da interpretação semântica da estrutura superficial, tornando essencial o uso da construção sujeito-predicado, a teoria dos traços e outras ideias relacionadas. Mais discussões nos levariam muito longe, para áreas que até agora mal foram exploradas de forma sistemática, no interior da teoria da gramática gerativa.

Operamos até agora seguindo o princípio de que as estruturas superficiais passam sozinhas pela interpretação semântica. Mas há algumas objeções óbvias a essa ideia. Assim, já cruzamos com várias regras que apagam o traço deixado por regras de movimento anteriores. Nesses casos, a posição de um sintagma nos marcadores frasais iniciais não estará mais marcada na estrutura superficial. Mas, pelo menos em alguns casos, a posição inicial parece ser essencial para a interpretação semântica. Vamos examinar os passivos 44iii e 50iii:

44 iii A cidade (VP foi destruida *t* pelo inimigo).
50 iii A da cidade destruição *t* pelo inimigo.

As formas superficiais não têm traços para o sintagma "o inimigo". Mas, para entender as sentenças, precisamos saber que esse sintagma tem uma relação semântica de "agente" com o verbo "destruir", como foi indicado nos marcadores frasais iniciais 44i e 50i. Assim, parece que, ao contrário de nossa ideia, os marcadores frasais iniciais precisam entrar na interpretação semântica. Foi por motivos como esse que os formuladores da teoria padrão estendida postularam no passado a ideia de a interpretação semântica se aplicar a pares de estruturas profundas e superficiais (marcadores frasais iniciais e superficiais).

John Goldsmith observou que nas formas derivadas 44iii e 50iii há uma estrutura formal indicando a relação semântica do sintagma "o inimigo" com o verbo, o sintagma-*por*. De forma semelhante, nas construções com "há" (como 40), apesar de o traço estar apagado, a estrutura superficial é suficiente para determinar as relações do sintagma nominal movido com o verbo. Ele propõe, então, que uma regra pode apagar um traço somente se o elemento ligando o traço aparecer na estrutura superficial em uma posição que identifica sua relação semântica. Assim, a regra de preposição de NP pode ser aplicada para dar os passivos, apagando um traço, mas não parece haver uma regra, por exemplo, que apague o traço em 53 (= "João parece *t* ser um bom sujeito"). Isso não ocorre em uma derivação como 60, chegando a 62 a partir do marcador frasal inicial 61:

60 i NP1 V NP2 (s X VP) (marcador frasal inicial).
  ii *t* V NP2 (s NP1 VP) por posposição de NP.
  iii NP2 V *t* (s NP1 VP) por preposição de NP.

61   João convenceu José (s X a ficar um pouco).
62   José convenceu *t* (s João a ficar um pouco).

A estrutura 60iii não viola as condições de anáfora, de forma que a derivação 60 não pode ser rejeitada nos termos de nossas discussões anteriores sobre o rebaixamento. Mas a derivação viola o princípio de Goldsmith.

Em muitos casos bem conhecidos, esse princípio parece bastar. Ele, mais uma vez, também tem a importante propriedade de restringir substancialmente as aplicações possíveis de regras, uma consideração importante, por motivos que já explicamos.

De acordo com o princípio de recuperabilidade de relações semânticas de Goldsmith, parece ser possível postular tentativamente que apenas as estruturas superficiais são submetidas a interpretações semânticas. Dado esse passo, podemos unificar uma quantidade considerável de pesquisas muito frutíferas, realizadas nos últimos anos, que demonstraram que muitos aspectos da interpretação semântica são mais bem representados em termos de propriedades das estruturas superficiais. Em geral, isso é válido para o que podemos chamar de "propriedades logicais" das sentenças, propriedades envolvendo o alcance dos quantificadores e partículas logicais, anáfora, pressuposição e coisas assim. Em versões anteriores da teoria padrão estendida, foi proposto que a estrutura superficial determina todas as propriedades semânticas, a não ser as "relações temáticas", como agente, objetivo e instrumento, estas sendo determinadas pela interação das propriedades lexicais e das relações gramaticais dos marcadores frasais iniciais (estruturas profundas)[47]. Se a argumentação aqui apresentada estiver correta, podemos melhorar esse quadro, assumindo as estruturas superficiais (agora enriquecidas pela teoria dos traços) como sendo os únicos elementos a entrar na interpretação semântica.

A teoria dos traços nos permite transportar para as estruturas superficiais certas propriedades dos marcadores frasais que iniciam derivações ou aparecem em um estágio intermediário da derivação[48]. Pode-se argumentar ser essa uma modificação que vai longe demais e é indesejável para a teoria anterior, semelhante à introdução das "regras globais": regras que se aplicam não ao último marcador frasal de uma derivação assim construída, mas a um conjunto de marcadores frasais já derivados, incluindo o último. Mas essa seria uma compreensão errônea. Existe uma séria objeção às regras globais. Esse dispositivo aumenta enormemente a classe de gramáticas admissíveis e assim nos afasta por um largo passo de nosso objetivo de atingir adequação explanatória na teoria linguística e explicar a possibilidade do aprendizado da linguagem[49]. Assim, só seria possível aceitar as regras globais sob a pressão de evidências consideráveis, as quais, acredito, não apareceram até agora. Mas a teoria dos traços não amplia a classe de gramáticas admissíveis. Também não restringe a classe. Ao contrário, ela modifica a classe e é assim imune às objeções metodológicas levantadas com justiça contra a introdução das regras globais. As estruturas geradas são enriquecidas, mas a classe de gramáticas não o é.

É bem verdade que a teoria dos traços permite a propriedades dos estágios iniciais da derivação aparecerem na estrutura superficial, mas isso em si não é nada de novo. Pode-se imaginar uma teoria das transformações postulando operações que desprezam as categorias dos marcadores frasais iniciais. Em comparação, a teoria convencional transporta informações sobre as categorias para a estrutura derivada. Não se pode assim argumentar que a teoria convencional já contém regras globais, pois as propriedades dos marcadores frasais iniciais (ou seja, as categorias que aparecem em seu interior) são transportadas para as estruturas superficiais. A teoria convencional gera estruturas superficiais mais ricas que uma alternativa que despreze categorias em derivações transformacionais, e, no mesmo sentido, a teoria dos traços enriquece a classe de estruturas derivadas quando comparada à teoria convencional, exigindo que propriedades adicionais dos primeiros estágios da derivação apareçam em estágios posteriores (incluindo estruturas superficiais) com todas as consequências que ocorrem para a aplicação das regras. O tema da globalidade não emerge aí.

Essa discussão de nenhuma forma esgota os argumentos a favor e contra e evita questões sérias surgidas numa formulação mais cuidadosa e aplicação mais ampla. Espero que, apesar disso, a discussão baste para dar algumas indicações dos tipos de princípios que parece razoável postular como propriedades gerais da linguagem humana.

A discussão vem sendo limitada a uma base no idioma inglês, o que já é em si uma séria limitação. Mesmo assim, não hesito em sugerir que os princípios que parecem ter poder explanatório para o inglês sejam princípios da gramática universal. Partindo do princípio de que a faculdade da linguagem é uma posse humana comum, a inferência é plausível (embora obviamente não demonstrativa). A lógica da argumentação já foi esboçada. Sob o princípio da uniformidade da capacidade da linguagem por toda a espécie, se os princípios gerais são confirmados empiricamente para uma determinada língua e se, além disso, houver razões para acreditar que não foram aprendidos (e certamente não ensinados), é apropriado postular que o princípio pertence à gramática universal, como parte do sistema de "conhecimento preexistente", tornando possível o aprendizado.

Seguindo as bases simplificadoras do capítulo 1, é então razoável propor que princípios do tipo delineado aqui encontraram seu lugar no componente da faculdade inata da linguagem, determinando qual tipo de sistema pode ser aprendido. Lembremos que havia dois princípios simplificadores mais importantes: primeiro, que podemos ignorar diferenças individuais; segundo, que o aprendizado é "instantâneo". Como notamos antes, o primeiro princípio é verdadeiro até uma aproximação muito boa, pelo que sabemos. A não ser por enormes anormalidades, não há razões conhecidas para supor que os indivíduos sejam diferentes de maneiras relevantes para a discussão atual, apesar de existirem, sem dúvida, diferenças quanto a fluência, talento e conhecimento, que apareceriam em um nível mais refinado de detalhes.

Mas o princípio de que o aprendizado é instantâneo é, obviamente, falso. Podemos, de forma mais realística, dizer que as crianças progridem por uma sequência de estados cognitivos, $S0, S1 \ldots Sf$, no qual $S0$ é "estado inicial", antes de qualquer aprendizado da língua, e Sf é o "estado final", um "estado firme", atingido relativamente cedo na vida e que não muda em aspectos significativos a partir desse ponto. Quando a criança atinge esse estado firme, dizemos que ela aprendeu a língua. A obtenção de um estado firme em alguma etapa não muito atrasada do desenvolvimento intelectual é presumivelmente característica do "aprendizado" dentro do alcance da capacidade cognitiva.

Consideremos agora a transição de um estado para o seguinte; por exemplo, do estado $S5$ para o estado $S6$.

Podemos fazer diversas perguntas sobre essa transição. Primeiro, qual é o *input* para a teoria do aprendizado disponível para a criança nesse estágio, que vamos chamar de LT5? Sendo realistas, não é com certeza a soma de todos os dados disponíveis até o estado S5, considerado um registro cumulativo. Ninguém lembra quais foram as sentenças que ouviu no passado. O *input* para LT5 é, em vez disso, constituído de duas partes: i, a gramática atingida no estado S5, e ii, novos dados disponíveis em S5. Assim, LT5 vai operar na teoria tentativa construída até então pela criança, uma teoria que organiza a experiência passada, mas não sobre uma lista de todos os dados utilizados até então[50]. Podemos indagar então se iríamos seriamente falsificar a explicação do aprendizado (e, se sim, em quais aspectos) se adotássemos o princípio de que o *input* para LT5 é composto pelos dados utilizados até o momento, em vez da gramática que representa a teoria da criança nesse ponto (junto com outros dados novos).

Seria possível também levantar uma questão ligeiramente mais sutil. A gramática gera um sistema de "experiências potenciais", nas quais está incluída a experiência real que levou à construção da gramática (e excluindo partes da experiência real que foram afastadas por estar erradas ou ser irrelevantes no processo do aprendizado), mas também inclui muito mais, de fato, significativamente muito mais. Além disso, como já notamos, ninguém pode lembrar que sentenças ouviu (com exceções insignificantes). A noção de "familiaridade" não se aplica de maneira relevante às sentenças de uma língua. As ideias apresentadas podem não ser familiares, e o mesmo ocorre com sintagmas. Mas um número muito grande de sentenças nos é "familiar" se elas fazem parte da língua gerada pela gramática, sujeitas a qualificações relativas a comprimento, complexidade, grau de absurdo, profundidade e assim por diante, e que não estão no centro da questão no contexto atual. Podemos agora perguntar se falseamos o quadro do aprendizado ao adotar o princípio de que o *input* para o LT5 é a linguagem gerada pela gramática no estágio S5 e não pela própria gramática; as duas possibilidades são diferentes, já que gramáticas diferentes podem gerar a mesma linguagem.

Sem nos adiantar ainda mais por essas complicações, vamos distinguir duas abordagens para a questão do *input* para LT5: uma abordagem *extensional*, que leva o *input* a ser "experiência" (vamos dizer, sentenças com propriedades formais e semânticas), ou o acúmulo finito da experiência adquirida até o momento, ou o conjunto infinito gerado pela gramática disponível no estágio S5; e uma abordagem *intensional*, que parte do princípio de o *input* para LT5 ser a gramática em si. Em qualquer dos casos, os dados novos disponíveis constituem um segundo *input*.

Podemos apresentar mais algumas questões. A LT5 é diferente da LT6? De forma mais geral, a LT*i* é diferente da LT*j*, sendo *i* diferente de *j*? As capacidades de aprendizado da criança são diferentes em estágios de desenvolvimento diferentes? Ela trata as evidências de forma diferente nos diversos estágios? Esses estágios são bem definidos, marcados por modos de aprendizado diferentes, ou "estratégias de aprendizado" amadurecem de forma mais ou menos contínua ou se mantêm constantes (com mudanças apenas em outros sistemas, como memória ou capacidade de atenção), ou, ainda, diminuem? Existem "períodos críticos" para diversas fases do aprendizado da linguagem? A LT*i* depende em parte de teorias já construídas ou está presa a alguma sequência de amadurecimento? Todas essas são questões sérias, os tipos de questão que surgem na psicologia do desenvolvimento[51]. Pelo que sei, não existem respostas muito informativas no nível exigido para investigar o aprendizado da linguagem para além dos estágios iniciais, envolvendo muito pouco da estrutura específica da linguagem.

Se tivéssemos as respostas para perguntas como essas, poderíamos desenvolver uma teoria do aprendizado da linguagem mais realista. Ela poderia revelar que nosso princípio simplificador, de que o mecanismo para o aprendizado da linguagem é *extensional* e instantâneo, está muito fora do alvo. Poder-se-ia seguir, então, que as conclusões sugeridas com relação à gramática universal também teriam de ser modificadas.

Francamente, duvido que o princípio simplificador, apesar de notoriamente falso, afete de maneira significativa a validade das análises nele fundamentadas. Se nosso princípio inicial falsificar mesmo de maneira séria a situação, se há estágios substancialmente diferentes com LTs fundamentalmente diferentes, se elas são *intensionais* de forma importante, e se além disso o caráter da LT*i* depender significativamente das gramáticas (ou outras estruturas cognitivas) já atingidas, então deveríamos esperar encontrar diferenças substanciais nos resultados do aprendizado da linguagem, dependendo de fatores como ordem de apresentação dos dados, momento da apresentação e assim por diante. Mas não encontramos isso, pelo menos no nível de precisão dos instrumentos analíticos disponíveis atualmente. Nem a experiência normal nos sugere essa situação. Apesar da considerável variação das experiências de aprendizado, as pessoas podem comunicar-se prontamente (pelo menos no nível de comunicação relevante para esta discussão), sem indicações de que estejam falando idiomas fundamentalmente diferentes. Parece que a estrutura cognitiva atingida – a gramática – não varia muito, pelo menos de maneira significativa, com base em fatores que deveriam levar a enormes diferenças, se as possibilidades que acabamos de aventar se consumassem de fato. Isso parece ser verdadeiro dentro de limites muito amplos. Princípios da gramática universal como a dependência da estrutura e outros mais complicados parecem ser imunes à variabilidade desses fatores.

Existem, parece, uniformidades impressionantes no estado atingido, apesar de enormes variações nas condições do aprendizado. Esses fatos sugerem que a idealização inicial, com a adoção do princípio falso sobre o aprendizado *extensional* instantâneo, foi, mesmo assim, legítima, e oferece uma base apropriada para realizar um inquérito sério sobre a capacidade cognitiva humana. Em algum estágio da continuação do inquérito, ela terá, sem dúvida, de ser qualificada, mas não se pode questionar seriamente se esse estágio já foi atingido no estudo da competência linguística e da gramática universal.

Essas conclusões são imprecisas e qualitativas, baseadas em evidências que dificilmente podem ser consideradas esmagadoras. É possível, com certeza, questioná-las. Mas, para mim, essas conclusões são mesmo assim bastante razoáveis, diante do que sabemos no momento. Até a hora em que o princípio simplificador sobre o aprendizado *extensional* instantâneo tiver de ser revisto, podemos ir tornando mais complexa a "hipótese de ser inata" formulada anteriormente, ou seja, a teoria da gramática universal ser uma propriedade inata da mente. Vou deixar o assunto com essas declarações, sem conclusão. Outras propostas substantivas são, infelizmente, muito limitadas, embora não haja falta delas (ver a nota 50).

Venho tentando encontrar um lugar para a linguagem, pelo menos conceitualmente, dentro de um sistema geral de capacidade cognitiva determinada pelas faculdades inatas da mente, e mostrar assim como uma linha particular de inquérito empírico pode levar a uma melhor compreensão da faculdade inata da linguagem. Se as propostas apresentadas aqui, sob uma formulação mais precisa, resistirem ao teste do tempo e a novas pesquisas (ou não), acredito que as questões levantadas conduzirão a temas mais sérios no campo chamado às vezes, de forma duvidosa, de "teoria do aprendizado".

O estudo da linguagem cai naturalmente nos limites da biologia humana. A faculdade da linguagem, que evoluiu de alguma forma na pré-história humana, torna possível o espantoso feito do aprendizado da linguagem, ao mesmo tempo que inevitavelmente impõe limites aos tipos de linguagem capazes de ser adquiridos de maneira normal. Interagindo com outras faculdades da mente, torna possível o uso coerente e criativo de uma língua em termos que às vezes podemos descrever, mas temos dificuldades até mesmo para começar a entender.

Se formos estudar os seres humanos como organismos do mundo natural, a abordagem que acabo de apresentar parece ser perfeitamente racional. Diante do papel da linguagem na vida humana e na provável evolução humana, e diante de seu relacionamento íntimo com o que venho chamando de "compreensão de senso comum", não seria muito surpreendente descobrir outros sistemas com capacidade cognitiva mostrando algum aspecto do tipo da faculdade da linguagem e seus produtos. Devemos antecipar que esses outros sistemas cognitivos também impõem limites às conquistas intelectuais dos seres humanos, como consequência da própria estrutura que torna possível a aquisição de sistemas de crenças e conhecimentos, percepções e compreensões ricos e completos. Já discuti esse assunto rapidamente em ligação com a "capacidade de formar ciência" (seja isso o que for).

Quero sublinhar mais uma vez que estas conjeturas não devem, de nenhuma forma, parecer surpreendentes a quem se dedica às ciências naturais. Ao contrário, conformam-se razoavelmente bem com o que se sabe sobre o funcionamento do cérebro em outros domínios, como a construção do espaço visual ou, de forma mais geral, com nosso conceito de espaço físico e dos objetos em seu interior. Além do mais, como diversos biólogos já indicaram, deve-se esperar algo desse tipo simplesmente no terreno da evolução. Citando Lorenz[52], Gunther Stent diz que considerações darwinistas oferecem um pano de fundo biológico para uma espécie de epistemologia kantiana, mas, além disso, essas considerações relativas à origem evolutiva do cérebro explicam "não só por que nossos conceitos inatos correspondem ao mundo, mas também por que esses conceitos não funcionam tão bem quando tentamos aprofundar o mundo em seus aspectos científicos mais profundos", levantando assim "uma barreira ao progresso científico ilimitado". A razão, simplesmente, é não haver motivos para supor que as capacidades adquiridas na evolução nos deixaram prontos para "aprofundar o mundo em seus aspectos científicos mais profundos". Ele também adverte que "é importante dar o reconhecimento devido a essa limitação epistemológica fundamental à ciência humana, nem que seja apenas como proteção contra as receitas psicológicas ou sociológicas apresentadas por aqueles que afirmam já ter conseguido obter uma compreensão validada cientificamente do homem". Uma advertência que seria útil manter na memória em um período no qual a pretensão pseudocientífica serve tão bem às necessidades de ideologias coercitivas dominantes[54].

Prestem atenção em que esses pontos de vista bastante naturais sobre o alcance e os limites do conhecimento não impõem barreiras ao progresso humano. Os números inteiros formam um conjunto infinito, mas não esgotam os números reais. De forma semelhante, os seres humanos podem desenvolver suas capacidades sem respeitar limites, mas sem nunca escapar de certas restrições objetivas determinadas pela sua natureza biológica. Suspeito que não exista domínio cognitivo para o qual observações como essa não sejam apropriadas.

Vamos supor que as condições sociais e materiais que impedem o livre desenvolvimento intelectual sejam anuladas, pelo menos para um número substancial de pessoas. Então, a ciência, a matemática e as artes floresceriam, fazendo pressão sobre os limites da capacidade cognitiva. Nesses limites, como notamos anteriormente, encontramos diversas formas de jogo intelectual e diferenças significativas entre indivíduos que diferem muito pouco com relação ao domínio da capacidade cognitiva. Quando mentes criativas se aproximarem dos limites da capacidade cognitiva, não somente o ato da criação ficará restrito a uns poucos dotados de talento, mas o mesmo ocorrerá com a compreensão do que foi criado. Se os domínios cognitivos são mais ou menos comparáveis em complexidade e alcance potencial, esses limites podem ser abordados aproximadamente ao mesmo tempo em vários domínios, dando origem a uma "crise de modernismo", marcada por um forte declínio na acessibilidade geral aos produtos das mentes criativas, uma menor nitidez na distinção entre arte e quebra-cabeça e um grande aumento no "profissionalismo" na vida intelectual, afetando não só quem produz trabalho criativo, como sua audiência potencial. Podemos esperar que escárnios das convenções, no fundo plantadas na capacidade cognitiva humana, se transformem praticamente em uma forma de arte em si, nesse estágio da evolução cultural. Pode ser que alguma coisa desse tipo esteja acontecendo na história recente. Mesmo se estiverem corretas, essas especulações não nos levarão a desmentir a existência, com certeza, de um vasto potencial criativo ainda inexplorado, ou a ignorar o fato de que, para a maior parte da raça humana, a falta de bens materiais e as estruturas sociais opressoras tornam essas questões acadêmicas, senão obscenas. Como Marx escreveu em seus primeiros trabalhos, ecoando Humboldt, animais "produzem apenas sob a compulsão de necessidades físicas diretas, enquanto o homem produz quando está livre das necessidades físicas e somente produz verdadeiramente na ausência dessas necessidades". Por esse critério, a história humana mal começou para a maior parte da humanidade.

Se a abordagem do estudo da capacidade cognitiva apresentada anteriormente estiver apropriada, podemos ter esperanças de desenvolver uma teoria da natureza humana em seus aspectos psicológicos. A possibilidade da existência de uma teoria assim foi desmentida diversas vezes. Esse desmentido está implícito na doutrina escolástica de que a mente não contém nada além do recebido pelos sentidos. Podem ser lidas conclusões semelhantes nos diversos esforços realizados no período moderno para relacionar o raciocínio humano e o alcance da inteligência humana com a fraqueza do instinto, uma ideia que pode ser traçada pelo menos até Herder (cf. Chomsky, 1966, p. 13ff). A psicologia empírica e, mais tarde, a behaviorista estão firmemente baseadas na doutrina de que não existe uma teoria não trivial da natureza humana. Ou, mais precisamente, de que uma teoria desse tipo é limitada aos órgãos físicos do corpo, com a única exceção das partes do cérebro envolvidas nas funções mentais superiores. Voltarei a examinar algumas ramificações dessa doutrina.

Esses pontos de vista empiricistas são mais plausíveis onde somos mais ignorantes. Quanto mais aprendemos sobre um aspecto da cognição humana, menos racionais me parecem esses pontos de vista. Ninguém iria argumentar seriamente hoje, por exemplo, que nossa construção do espaço percepcional é guiada por máximas empiricistas. O mesmo, eu creio, ocorre com a faculdade da linguagem, que se relaciona de forma mais estreita com a natureza essencial da espécie humana. Suspeito que a posição empiricista com relação às funções mentais superiores vá ruir conforme a ciência avançar na compreensão da capacidade cognitiva e suas relações com as estruturas físicas[55].

As afirmações do empiricismo foram muitas vezes apresentadas não como especulações, mas como fatos estabelecidos, como se houvesse a obrigação de ser verdadeiras ou de estar devidamente demonstradas. Essas afirmações precisam ser avaliadas por seus méritos. Se ficar determinado que não têm base, estão completamente erradas ou foram seriamente exageradas, como acredito que seja o caso, será necessário procurar em outros lugares uma explicação para seu apelo e poder.

Em parte, o compromisso com a doutrina empiricista nas ciências humanas é uma reação ao caráter especulativo de obras anteriores e à ausência, nessas obras, de fundamentos empíricos firmes. Isso ocorreu com certeza no estudo da linguagem. Existe, entretanto, um abismo óbvio no raciocínio. Podemos concordar com que as doutrinas racionalistas clássica e empiricista precisam ser reformadas (e talvez substituídas), de forma que sejam mais diretamente suscetíveis ao teste empiricista, e que evidências empíricas sejam apresentadas, até onde for possível, para determinar sua validade. Os criadores das doutrinas tradicionais não teriam questionado esse princípio. Descartes, Hume e Kant estavam lidando com problemas nos limites do conhecimento científico, problemas ao mesmo tempo conceituais e empíricos, e buscavam as evidências que podiam encontrar para justificar suas especulações teóricas (cf. capítulo 4, pp. 237-240). Mas, a partir de uma preocupação justificável pela confirmação empírica, não podemos rebater com uma adesão à doutrina empiricista. Ao contrário, as teorias empiricista e racionalista devem ser colocadas em formas nas quais possam ser submetidas a confirmação, e essa tarefa não parece ser mais difícil em um caso do que no outro. Minha intenção foi a de sugerir como essas teorias podem ser reformuladas, sem cometer violências contra certas ideias básicas de ponta (embora outras precisem ser abandonadas). Além disso, argumentei que, onde temos alguns indícios de entendimento, somos conduzidos a teorias com caráter distintivamente racionalista.

Mas o conflito das doutrinas racionalista e empiricista e o poder da segunda sobre o temperamento moderno não podem ser explicados apenas nas bases "intrínsecas" que acabamos de mencionar. Como Harry Bracken (1973) destacou:

> "Os debates empiricista/racionalista do século 18 *e* de hoje são debates entre sistemas de valores e ideologias diferentes. Daí, o calor que caracteriza essas discussões".

Os temas mudaram do século 17 para hoje, embora possam existir algumas características comuns. Complicando ainda mais o assunto, os debates e os conflitos podem ser percebidos em muitas dimensões e em muitas formas diferentes. O contexto social e ideológico sempre foi crítico, um fato notado com frequência. A epistemologia de Locke, como John Yolton demonstra, foi desenvolvida primariamente para ser aplicada a debates religiosos e morais do período; "o ponto de discussão vital entre Locke e seus críticos (sobre a doutrina do que é inato) era o terreno e as bases da moralidade e da religião" (Yolton, 1956, p. 68). No período moderno, para não falar de épocas anteriores, essas questões caíam no pano de fundo de controvérsias filosóficas um tanto arcaicas, o que muitas vezes ajuda a explicar esse ponto.

O empiricismo clássico britânico se desenvolveu em meio a obscurantismos religiosos e ideologias reacionárias. Seu apelo talvez pareça residir em parte na crença de que oferece uma visão de progresso ilimitado, em contraste com a doutrina pessimista de os seres humanos serem escravizados por uma natureza imutável, que os condena à servidão intelectual, ao prejuízo material e às instituições opressoras, estabelecidas para a eternidade. Assim, pode ser entendido como uma doutrina de progresso e esclarecimento.

Esse pode ser também o motivo para o apelo da ideologia empiricista para o pensamento marxista, um compromisso muitas vezes apresentado nas formas mais extremadas. Gramsci chegou ao ponto de argumentar que "a inovação fundamental introduzida pelo marxismo na ciência da política e da história é provar que não existe uma 'natureza humana' abstrata, fixa e imutável [...] e que essa natureza humana é a totalidade de relações sociais historicamente determinadas" (Gramsci, 1957, p. 140) – uma afirmação seguramente falsa, pois não existe essa prova, e uma leitura questionável de Marx. Em sua introdução ao estudo de Jean Itard do Rapaz Selvagem de Aveyron, Lucien Malson afirma categoricamente que "a ideia de que o homem não tem natureza está agora para além de disputas"; a tese de que o homem "tem, ou melhor, é uma história", sem nada mais, "é agora o princípio explícito de todas as principais correntes do pensamento contemporâneo", não apenas do marxismo, mas também do existencialismo, do behaviorismo e da psicanálise. Malson também acredita estar "provado" que o termo "natureza humana" é "completamente desprovido de sentido". Sua própria crítica da "hereditariedade psicológica" busca "destruir [...] a noção de natureza humana" ao demonstrar que não existem "predisposições mentais (presentes no embrião) comuns à espécie ou ao homem em geral". Melhor, existem características biológicas herdadas, mas não na área na qual o homem "exibe suas qualidades humanas peculiares". "O natural no homem se deve à hereditariedade congênita, ao cultural em sua herança adquirida", sem contribuições da "hereditariedade psicológica" (Malson, 1972, pp. 9-12, 35).

Afirmações assim são típicas da opinião de esquerda, um fato que exige explicações, já que claramente não existe uma argumentação empírica compelindo-o a buscar esse apoio. Acho que a explicação é aquela acabada de demonstrar: partiu-se do princípio de que a doutrina empiricista é fundamentalmente "progressista", como realmente foi, em certos aspectos, em um período anterior.

Existem pontos claramente independentes que precisam ser separados na consideração de uma doutrina apresentada como uma teoria da natureza humana, ou da falta de uma natureza distintiva desse tipo. Ela é correta, ou pelo menos plausível? Quais foram suas implicações sociais e políticas em certos períodos históricos? Como essas implicações foram percebidas? Até que ponto (se é que o foram) essas implicações, como percebidas, contribuem para a recepção da doutrina? O que (se o faz) ela nos diz sobre os compromissos assumidos pelos seus defensores? Todas essas questões surgem no caso da defesa pela esquerda revolucionária dos princípios empiricistas, especialmente da doutrina pela qual a natureza humana não é nada mais que um produto histórico e assim não impõe limites, além de não sugerir direções preferidas para a mudança social.

Vim discutindo até agora somente a questão de ser verdadeiro ou plausível. Em minha opinião, é muito pouco, uma coisa e outra. Como um problema de história intelectual e social, o assunto é complexo. O empiricismo serviu, realmente, como uma doutrina de progresso e esclarecimento. Está claramente muito associado ao pensamento liberal clássico, que foi incapaz de sobreviver à era do capitalismo industrial[56]. Na minha opinião, o que resta dos valores da doutrina liberal clássica pode ser encontrado hoje em sua forma mais significativa nos conceitos socialistas libertários de direitos humanos e organização social. O empiricismo chegou a uma posição elevada associado a uma doutrina de "individualismo possessivo" integral ao capitalismo inicial[57], numa era de impérios, com o crescimento paralelo (pode-se quase dizer "criação") da ideologia racista. Bracken argumentou que

> o racismo surge de forma fácil e pronta ao se pensar na pessoa de acordo com os ensinamentos empiricistas, porque a essência da pessoa pode ser determinada por sua cor, idioma, religião, etc., quando se apresenta o dualismo cartesiano [...] um modesto freio conceitual à articulação da degradação racial e escravidão (1973b). [...] O empiricismo oferece um modelo da pessoa no qual cor, sexo, idioma, religião, etc. podem ser considerados essenciais, sem os embaraços lógicos, como sugestões como a de mentes mestiças, criados no interior do cartesianismo (1974, p.158).

Ele argumentou que "a relação entre o empiricismo e o racismo é histórica", não porque exista uma conexão lógica, mas porque o empiricismo facilitava a expressão da ideologia racista, surgida naturalmente aos filósofos envolvidos em suas vidas profissionais com a criação do sistema colonial (Bracken, 1973b). Ele também desenvolveu o tema, ao escrever que

> o antiabstracionismo e o antiempiricismo do cartesianismo estão ligados à preocupação com a liberdade humana. De maneira mais geral, o modelo racionalista do homem é considerado como dando apoio a uma mente ativa e criativa, que não sofre pressões de "fora" para "dentro", nem é

considerada maleável [...] o pensamento cartesiano constitui um vigoroso esforço para afirmar a dignidade da pessoa [...] (em contraste), a ideia de tábula em branco do empiricismo do aprendizado é um modelo manipulativo [...] (1974, 16, 156; 1973b.)

Acho que essa é uma percepção acurada, tanto em bases conceituais como históricas. Quanto ao último, comentei em outro lugar as raízes no pensamento cartesiano da oposição de Rousseau à tirania, opressão e autoridade estabelecida; e, com um intervalo maior, na defesa da liberdade de Kant, no liberalismo pré-capitalista de Humboldt com sua ênfase na necessidade humana básica de criação em condições de associação voluntária e na crítica de Marx ao trabalho fragmentado e alienado que transforma homensem máquinas, ao privá-los de seu "caráter da espécie" de ter "atividade consciente livre" e "vida produtiva", em associação com seus companheiros (Chomsky, 1973b, capítulos 8 e 9).

Uma linha de argumentação semelhante foi desenvolvida por Ellen Wood. Ela sugere que o ataque de Kant a certos aspectos da doutrina empiricista "não é simplesmente uma ninharia epistemológica, mas uma argumentação ampla sobre a natureza da liberdade humana" e que a obra de Marx pode ser entendida em parte como uma tentativa de "dar expressão concreta à noção de Kant da liberdade como uma auto-atividade". "A controvérsia sobre a natureza da mente", ela observa corretamente, "tem muito a ver com a questão do lugar do homem na ordem natural." A questão de se "a mente humana (deve) ser olhada como um dente sensível na engrenagem da natureza", como na doutrina empiricista, ou "uma força criativa, determinativa", é um ponto crucial, que surge de diversas formas no contexto do debate sobre diversos modelos da mente (Wood, 1972, pp. 28, 29, 174).

Kant descreveu "a inclinação e a obrigação do homem de *pensar livremente*" como "o germe no qual a natureza depositou mais cuidado"[58]. Uma preocupação com essa "característica da espécie" está no centro do pensamento cartesiano e anima a tradição intelectual (não a única) que deriva parcialmente dele, não se limitando, entretanto, à inclinação e obrigação de pensar livremente, mas também afirmando a necessidade de produzir de forma livre e criativa, para concretizar todo o potencial de alguém, para se revoltar contra a opressão e assumir o controle das instituições da vida econômica, política e social.

A doutrina de que a mente humana é inicialmente desestruturada e plástica e que a natureza humana é inteiramente um produto social foi frequentemente associada ao pensamento social progressista e mesmo revolucionário, enquanto as especulações relativas ao instinto humano muitas vezes tiveram um revestimento conservador e pessimista. Pode-se facilmente ver por que reformadores e revolucionários podem tornar-se ambientalistas radicais, e não há dúvida de que conceitos de uma natureza humana imutável podem ser e foram empregados para erguer barreiras contra a mudança social e para defender privilégios estabelecidos.

Mas um olhar mais profundo mostrará que o conceito do "organismo vazio", plástico e desestruturado, além de ser falso, também serve naturalmente de apoio à maioria das doutrinas sociais reacionárias. Se as pessoas são, de fato, seres plásticos e maleáveis, sem uma natureza psicológica essencial, por que não deveriam ser controladas e coagidas por quem afirma ter autoridade, conhecimento especial e uma visão única do que é melhor para os menos esclarecidos? A doutrina empiricista pode ser moldada com facilidade para ser uma ideologia do partido da vanguarda, que exige autoridade para liderar as massas na direção de uma sociedade que será governada pela "burocracia vermelha" sobre a qual Bakunin advertiu. E também é fácil para tecnocratas liberais ou gerentes de empresas que monopolizam a "tomada de decisões vitais" nas instituições das democracias capitalistas de Estado espancar o povo com os cassetetes do povo, na frase cortante de Bakunin.

O princípio de que a natureza humana, nos seus aspectos psicológicos, não é nada mais que um produto da história e relações sociais recebidas remove todas as barreiras contra a coação e a manipulação pelos poderosos. Acredito que esse pode ser também um motivo para a sua popularidade junto aos ideólogos intelectuais, de todas as cores políticas. Discuti em outro lugar[59] a chocante similaridade das doutrinas desenvolvidas pelos socialistas autoritários com as dos ideólogos do capitalismo de Estado, que constituem "uma classe sacerdotal secular exigindo autoridade absoluta, espiritual e leiga, em nome de um conhecimento científico único da natureza dos homens e das coisas" (Berlin,

1972), a "nova classe" da *intelligentsia* técnica, que tem esperanças de evocar "o reinado da *inteligência científica*, o mais aristocrático, despótico, arrogante e elitista de todos os regimes"[60]. A doutrina do "organismo vazio" é, para eles, a mais natural a ser adotada.

A criatividade é atribuída a um sistema de regras e formas, em parte determinadas pelas capacidades humanas intrínsecas. Sem essas restrições, temos comportamentos arbitrários e sem limites, não atos criativos. As construções do senso comum e do inquérito científico não derivam menos dos princípios fundamentados na estrutura da mente humana. De forma correspondente, seria um erro imaginar a liberdade humana apenas nos termos de ausência de restrições. Bakunin certa vez afirmou que "as leis de nossa própria natureza [...] constituem a própria base de nosso ser" e oferecem "as condições reais e causa efetiva de nossa liberdade". Uma teoria social libertária deverá tentar determinar quais são essas leis e encontrar nelas o conceito da mudança social e seus objetivos imediatos e distantes. Se, de fato, a natureza humana é governada pelo "instinto da revolta" de Bakunin ou pelo "caráter da espécie" sobre o qual Marx baseia sua crítica à alienação do trabalho, deve haver uma luta contínua contra formas sociais autoritárias que impõem restrições além das colocadas pelas "leis da própria natureza", como há muito tempo vêm defendendo os pensadores e ativistas revolucionários autênticos.

É razoável supor que, tal como estruturas intrínsecas da mente acompanham o desenvolvimento de estruturas cognitivas, um "caráter da espécie" fornece a estrutura para o crescimento da conscientização moral, conquistas culturais e até mesmo a participação em uma comunidade livre e justa. Trata-se, com certeza, de um grande salto intelectual, a partir de observações sobre a base do desenvolvimento cognitivo, para conclusões particulares sobre as leis de nossa natureza e as condições para que sejam cumpridas; por exemplo, para a conclusão de que as necessidades e capacidades humanas encontrarão sua mais completa expressão em uma sociedade de produtores livres e criativos, trabalhando em um sistema de livre associação no qual "laços sociais" substituirão "todos os grilhões nas sociedades humanas"[61]. Há uma importante tradição intelectual dando origem a algumas afirmações interessantes com relação a isso. Apesar de essa tradição vir do compromisso empiricista com o progresso e o esclarecimento, acho que tem raízes ainda mais profundas, no esforço racionalista para estabelecer uma teoria da liberdade humana. Investigar, aprofundar e se possível consubstanciar as ideias desenvolvidas nessa tradição pelos métodos da ciência é uma tarefa fundamental da teoria social libertária. Se maiores investigações revelarão problemas que podem ser enfrentados, ou mistérios que nos confundirão, só o futuro pode dizer.

Se este empreendimento tiver sucesso, refutarei a especulação pessimista de Bertrand Russell de que "as paixões e instintos" do homem o tornam incapaz de aproveitar os benefícios da "civilização científica" em condições de ser criada pela razão (Russell, 1924), ou pelo menos entender "paixões e instintos" (como Russell fez algumas vezes) para incluir os "instintos" servindo de base para as conquistas do intelecto criativo, além do "instinto de revolta" contra a autoridade imposta – em certa medida, um atributo humano comum. Além disso, o sucesso dessa empreitada pode revelar que essas paixões e instintos podem nos deixar mais próximos do que Marx chamou de "pré-história da sociedade humana". Ao deixarem de ser reprimidos e distorcidos pela competição e por estruturas sociais totalitárias, essas paixões e instintos podem montar o palco de uma nova civilização científica, na qual a "natureza animal" é superada e a natureza humana pode verdadeiramente florescer.

PARTE II

CAPÍTULO 4

Problemas e mistérios do estudo da linguagem humana

Quero fazer uma distinção rápida entre dois tipos de questões que surgem no estudo da linguagem e da mente: as que parecem estar no alcance de abordagens e conceitos moderadamente bem entendidos – que vou chamar de "problemas"; e as que continuam a ser hoje tão obscuras como quando foram formuladas pela primeira vez – que chamarei de "mistérios". Essa distinção reflete em parte uma avaliação subjetiva do que foi obtido ou pode ser obtido nos termos das ideias disponíveis. Outros veem mistérios, incoerências e confusão onde para mim as questões parecem estar bem claras e bem definidas. O contrário também acontece.

Entre os problemas, estão: quais são os tipos de estrutura cognitiva desenvolvidos pelos seres humanos sobre a base de sua experiência, especificamente no caso da aquisição da linguagem? Qual é a base para a aquisição dessas estruturas e como elas se desenvolvem? Sem tentar predizer o resultado dessa investigação, podemos dizer que os seres humanos estão dotados de forma inata com um sistema cognitivo intelectual, chamado de "estado inicial" da mente. Durante a integração com o ambiente e o processo de amadurecimento, a mente passa por uma sequência de estados nos quais estão representadas as estruturas cognitivas. No caso da linguagem, parece ser razoavelmente óbvio que mudanças rápidas e amplas ocorrem por um período no início da vida e, depois que um "estado firme" é atingido, ocorrem apenas pequenas modificações. Abstraindo-nos desses últimos, podemos referir-nos ao estado firme como o "estado final" da mente, no qual o conhecimento da linguagem é de alguma forma representado. Podemos construir hipóteses relativas aos estados inicial e final e a partir daí prosseguir para validar, rejeitar ou aperfeiçoar essas hipóteses por métodos familiares do inquérito. Podemos continuar, em princípio, explorando as realizações físicas dos estados inicial e final e os processos envolvidos nas mudanças de estado ocorridas.

É pouco o que se sabe nesses domínios. Nesse sentido, há muitos mistérios nessas áreas. Mas temos uma certa percepção do problema e podemos progredir apresentando e às vezes respondendo às questões surgidas no caminho, com pelo menos um certo grau de confiança de saber o que estamos fazendo.

Por outro lado, quando nos voltamos para assuntos como o que causa os comportamentos, acho que não fizemos muitos progressos, estamos no mesmo escuro com relação a como prosseguir no qual estávamos no passado, e alguns pontos fundamentais não foram resolvidos.

Resumidamente, quando tratamos de estruturas cognitivas, em um estado maduro de conhecimentos ou crenças ou no estado inicial, encontramos problemas, mas não mistérios. Quando indagamos como os seres humanos fazem uso dessas estruturas cognitivas, como e por que eles fazem opções e se comportam de determinada maneira, mesmo sendo muito o que podemos dizer sobre os seres humanos, com intuição e percepção, acredito ser pouco o possível de ser dito como cientistas. O que chamei em outro lugar de "aspecto criativo do uso da linguagem" continua a ser para nós o mesmo mistério que era quando foi discutido pelos cartesianos, em parte, no contexto do problema das "outras mentes". Alguns podem rejeitar essa avaliação do estágio de nossa compreensão. Não proponho discutir esse ponto aqui, mas sim voltar-nos para problemas aparentemente mais acessíveis ao inquérito.

Imaginemos um cientista, daqui em diante chamado de C, que não esteja tolhido pela bagagem ideológica presente em nossa tradição intelectual e seja assim preparado para estudar os seres humanos como organismos do mundo natural. Vamos considerar um curso do inquérito que poderia ser seguido por C, esboçando conclusões que ele poderia atingir tentativamente ao longo do caminho, e, então, confrontar C com algumas das questões de metodologia e princípio levantadas por diversos filósofos na discussão da natureza e dos objetivos da teoria linguística.

C poderia começar com a observação de que as pessoas parecem agir de formas sistemáticas com relação aos objetos que as cercam e são usados por elas, como resposta a expressões de formas organizadas. Ele poderia concluir que os seres humanos, em um período muito inicial de sua vida, parecem chegar a estados firmes de desenvolvimento nesses aspectos. Os estados são a partir daí modificados apenas em detalhes e fornecem uma base para ações e respostas dos seres humanos. A investigação desses assuntos exige idealizações e abstrações, mas C não seria detido por essa contingência familiar do inquérito racional. C poderia então prosseguir caracterizando esses estados firmes, atribuindo ao organismo duas estruturas cognitivas: (i) um sistema de crenças e expectativas sobre a natureza e o comportamento dos objetos e (ii) um sistema de linguagem. Vamos supor que ele chame o primeiro sistema de "senso comum" e o segundo de "gramática". Seria então possível a C seguir adiante registrando o que as pessoas fazem, talvez em situações concebidas como experimentais, sobre a base dessas duas estruturas postuladas e de outras percepções sobre as capacidades de processamento de informações.

C poderia estudar, por exemplo, a capacidade de seus sujeitos para reconhecer e identificar objetos físicos complexos e predizer seus comportamentos sob diversas circunstâncias. Poderia chegar à conclusão de que existem diferenças qualitativas na capacidade de reconhecer rostos humanos e outros objetos de complexidade comparável. Essa investigação pode levar C a atribuir aos seus sujeitos, como um elemento de seu senso comum, uma teoria abstrata de rostos possíveis e um sistema de projeção que (abstraindo os efeitos das restrições da memória e coisas assim) permite ao sujeito prever como um rosto aparecerá em um conjunto de condições empíricas, partindo de umas poucas apresentações.

C poderia também descobrir que seus sujeitos reagem de forma muito diferente às expressões de 1 a 4:

1. Os amigos de João pareceram a suas mulheres odiar um ao outro.
2. Os amigos de João pareceram a Maria odiar um ao outro.

3. Os amigos de João apelaram a suas mulheres para odiar uma à outra.
4. Os amigos de João apelaram a Maria para odiar um ao outro.

Diante de um pedido para verificar 1 e 2, os sujeitos poderiam inquirir se as mulheres (de forma respectiva, Maria) acham que cada amigo odeia os outros amigos. Diante do pedido para verificar 3, poderiam tentar determinar se cada amigo direcionava a mulher a odiar as outras mulheres. Os sujeitos dariam a 4 uma situação completamente diferente, embora, pressionados, pudessem impor uma interpretação, como a de cada amigo pedir a Maria para odiar os outros amigos. Nos casos de 1 a 3, o problema de "impor uma interpretação" nesse sentido não surge. C poderia optar por diversas técnicas experimentais para aperfeiçoar e esclarecer esses resultados e, com sorte e diligência, poderia chegar a uma teoria plausível: a de que a gramática obtida por esses sujeitos em seu estado final incorpora um sistema de regras que caracterizam 1-3, mas não 4, como bem formadas. O sistema dá a "amigos de João" o papel de sujeito do verbo odiar em 1 e 2, mas não em 3 (onde o sujeito de odiar é suas mulheres).

As conclusões de C sobre esses temas seriam apresentadas em uma linguagem teórica por ele imaginada, incluindo noções como "bem formados", "sujeito" e outras, e mais uma vez seria necessário construir diversas idealizações. Ele iria descobrir que quando expressões se tornam complexas demais de maneiras específicas (por exemplo, com "autoinclusões" demais, uma propriedade abstrata das estruturas que C poderia descobrir se prosseguisse da forma apropriada), os sujeitos respondem de jeitos não previsíveis em termos apenas da gramática, embora, se houver tempo e espaço para computação sob as condições experimentais planejadas, suas respostas possam convergir para aquelas previstas nos termos da gramática. Sobre a base dessas descobertas, C poderia ser levado a distinguir entre a gramática e um sistema de processamento de informações, talvez não específico da linguagem, e explicar o comportamento encontrado em termos da interação desses sistemas.

De forma semelhante, C poderia descobrir que a gramática interage com outros sistemas de conhecimento e crença para determinar como as sentenças são interpretadas. Assim, poderia chegar à conclusão de que a correspondência 1-1 atribuída aos amigos de João e às mulheres em 3 é em parte um assunto da gramática e em parte o resultado de um conhecimento factual. Suponhamos que "suas mulheres" seja substituído por "seus filhos" em 3. As interpretações, então, se multiplicariam. Uma é a de que cada amigo apelou aos seus filhos para que se odeiem mutuamente (mas sem odiar os filhos dos outros amigos). Continua a existir uma correlação 1-1 entre os amigos de João e um conjunto de conjuntos de filhos, mas não entre os amigos e a união desses conjuntos. A correlação 1-1 entre amigos e mulheres deriva parcialmente de percepções factuais sobre a monogamia, o que também elimina interpretações de "um ao outro" do tipo possível (e mesmo, em minha opinião, favorecido) quando "suas mulheres" é substituído por "seus filhos".

Prosseguindo nesse caminho, C poderia desenvolver uma teoria geral de estruturas cognitivas na qual a gramática apareceria como componente específico. Apesar de C continuar apropriadamente cauteloso sobre essas conclusões, não iria, se estivesse agindo de forma racional, afastar-se delas com base na sua complexidade e grau de abstração.

Exemplos como 1-4 revelariam a C que noções como "analogia" e "generalização" não o levariam muito longe no caminho da compreensão das capacidades cognitivas humanas, pelo menos no domínio da linguagem. Assim, embora 1 e 3 sejam muito semelhantes, os falantes dessa língua os entendem de maneiras muito diferentes, ignorando analogias óbvias. Da mesma forma, 4 pode ser interpretado como analogia de 1, 2 ou 3 e os sujeitos, se pressionados, poderiam aceitar essa interpretação. Mesmo assim, a posição de 4 é inteiramente diferente das de suas "analogias" e as generalizações óbvias não são empregadas pelos sujeitos de C para incorporar 4 em seu sistema de gramática. São exemplos típicos, que levariam C a rejeitar a ideia de que um relato da linguagem pode ser baseado em noções de analogias e generalizações, como muitas vezes se fez na tradição intelectual de seus sujeitos. Notando ainda mais a persistência da crença em contrário diante de evidências não-confirmatórias[1], facilmente encontradas, C poderia tentar descobrir fatores ideológicos ou sociais levando seus sujeitos a rejeitar teorias que parecem oferecer um pouco de esperança de sucesso, apegando-se a crenças que parecem não ter consistência, mesmo com as observações mais elementares.

Pondo a investigação sociológica de lado, C poderia continuar a investigar a hipótese de que o estado final de seus sujeitos incorpora uma gramática gerativa incluída e interagindo com outras estruturas cognitivas. Poderia tomar essa gramática como sendo um sistema de regras e princípios que se aplicam a cada parte de um conjunto infinito de expressões e representações semânticas, fonéticas e sintáticas, cada uma delas sendo uma representação em um sistema universal. Existem, logicamente, hipóteses alternativas a ser consideradas; em outras palavras, C está fazendo ciência empírica. Se seguir a abordagem sugerida, várias qualificações serão possíveis e muitas questões surgirão sobre a natureza dessas regras e representações. Essas são as questões a que C procuraria responder ao tentar refinar e elaborar sua teoria do estado final.

Assim, as análises de C teriam continuidade em dois níveis de abstração. Ele se dedicaria a relações entre estímulos particulares e percepções particulares – a relação, por exemplo, entre 1 e uma caracterização abstrata da sentença que serve como base para uma explicação de C sobre como seus sujeitos lidam com ela. As análises de C prosseguiriam até um nível de abstração ainda mais alto, no qual consideraria o sistema geral de regras (gramática) que determina esses relacionamentos particulares. Essa gramática é uma teoria explanatória, indo bem além das evidências disponíveis, podendo ser mostrada como falsa com facilidade por novas investigações. C poderia concluir que seus sujeitos atribuem o "conhecimento de uma língua" a seus companheiros, enquanto ele, C, está atribuindo uma gramática correspondente a esses sujeitos como parte de seu estado final (mais uma vez, sob idealizações apropriadas).

Dando prosseguimento aos esforços para mapear as estruturas cognitivas de seus sujeitos, C poderia concluir que todos eles possuem uma teoria inconsciente comum aos seres humanos, de acordo com a qual eles atribuem o conhecimento de uma língua a outros seres humanos. C poderia também prosseguir com uma investigação sobre a representação física das gramáticas, teorias dos seres humanos, outros sistemas de conhecimento factual e de crença e outras estruturas cognitivas que parecem ser componentes do estado firme atingido. Dessa maneira, desenvolveria uma ciência das estruturas cognitivas humanas e, talvez, das suas bases físicas. Seu inquérito poderia fazer diversos desvios e enfrentar inumeráveis problemas, mas não parece haver motivo para esperar que, nesse domínio, ele encontraria mistérios impenetráveis.

Vamos supor que entre as pessoas investigadas por C existam alguns físicos. Observando seu comportamento com relação a previsão, inquérito, exposição e assim por diante, C poderia atribuir a essas pessoas outra estrutura cognitiva, que vamos chamar de "conhecimento da física". C iria agora postular, *inter alia*, três sistemas cognitivos, todos representados de alguma forma na mente humana: gramática, senso comum e conhecimento da física. Poderia notar que há diferenças gritantes entre esses sistemas. O conhecimento da física é um conhecimento consciente; o físico pode ampliá-lo, expô-lo e levá-lo ao conhecimento de outros. Ao contrário, os outros dois sistemas são em sua maior parte inconscientes e estão além da fronteira do relato introspectivo. Além disso, o conhecimento da física é qualitativamente distinto das outras duas estruturas cognitivas na forma de sua aquisição e desenvolvimento. A gramática e o senso comum são adquiridos por praticamente todos, sem esforço e rapidamente, de maneira uniforme, meramente por viver em uma comunidade em condições mínimas de interação, exposição e cuidado. Não há necessidade de ensinamento e treinamento explícitos e, quando o último ocorre, tem somente efeitos marginais sobre o estado firme atingido. Para uma primeira aproximação muito boa, os indivíduos não podem ser diferenciados (a não ser por deficiências e anormalidades muito grandes) com relação à sua capacidade para adquirir a gramática e o senso comum. Indivíduos de uma determinada comunidade adquirem todos uma estrutura cognitiva rica e completa, essencialmente igual aos sistemas adquiridos pelos outros. O conhecimento da física, por outro lado, é adquirido de forma seletiva e às vezes dolorosa, por meio de gerações de trabalho e cuidadosos experimentos, com a intervenção de gênios individuais e geralmente com a utilização de uma instrução bem executada. Não é obtido de maneira rápida e uniforme como o estado firme, mas transmitido e modificado continuamente, sobre a base do inquérito controlado e de registros explícitos que fornecem as bases para as etapas seguintes da construção.

Descobrindo tudo isso, C deve chegar à conclusão de que os seres humanos são de alguma forma especialmente adaptados à aquisição da gramática e do senso comum, da mesma maneira como estão adaptados para andar, não para voar. Prosseguindo suas investigações até um grau de abstração ainda mais alto, C tentará caracterizar essa adaptação específica. Assim, voltando à teoria dos rostos postulada acima, poderia indagar como essa teoria, com uma caracterização de rostos possíveis e um sistema de projeção, surge no organismo. Por que, especificamente, não existe uma teoria comparável, como parte do senso comum, para certos outros objetos de complexidade comparável? Quais as percepções sobre o estado inicial do organismo e seus processos de amadurecimento determinados biologicamente que podem explicar a construção desse aspecto do senso comum em condições recebidas empiricamente de tempo e acesso a informações? A investigação desse problema pode levar C à hipótese de que os elementos básicos da teoria dos rostos humanos estão representados no estado inicial, como uma propriedade inata biologicamente determinada. Sabendo alguma coisa sobre a evolução dos organismos, C não consideraria essa conclusão estranha ou inesperada. Prestem atenção, por falar nisso, em que sistemas biologicamente determinados podem começar a funcionar somente em um nível particular de amadurecimento, ou depois de uma experiência apropriada. Assim, a teoria dos rostos (como a linguagem) pode ser inata, mas só se torna plenamente funcional em uma etapa particular do desenvolvimento.

Para testar essas hipóteses e outras relacionadas, C pode tentar variar as condições de exposição e estudar os diversos sistemas de senso comum que vão surgindo. Até o ponto em que existam variações simultâneas e sistemáticas, C ajustaria seus postulados relativos à estrutura inata. Dessa forma, desenvolveria uma teoria do aprendizado do senso comum da única maneira racional, ou seja, pela caracterização da maneira mais próxima possível dos estados atingidos pelo organismo – os estados firmes, no caso do senso comum – e a partir daí especificar uma função que dá ao estado firme um valor, diante da caracterização dos dados disponíveis. A teoria do aprendizado do senso comum resultante poderia envolver percepções complexas com relação à interação da maturação e experiência, com sucessão regular de estados de tipos determinados (no sentido, vamos dizer, da teoria de Piaget). Seja qual for a complexidade do problema, ele não parece apresentar mistérios especiais, e podemos ver como seria investigado.

Existem várias abordagens à disposição das explorações de C para construir uma teoria do aprendizado do senso comum. Vamos citar duas. Numa, ele poderia postular uma esquematização inata na mente, refinada e melhor articulada pela experiência. Assim, poderia concluir que o sistema visual contém mecanismos de análise que interpretam representações sensoriais em termos de linhas, ângulos e noções. Esses mecanismos são simplesmente postos em operação quando a pessoa é submetida à experiência apropriada. Dessa maneira, como Descartes e Cudworth propuseram, vemos uma figura que nos é apresentada como uma (talvez distorcida) figura geométrica regular, devido à adaptação inicial da mente para produzir figuras desse tipo como "exemplares" para a interpretação da experiência. Ideias semelhantes podem ser desenvolvidas para explicar o reconhecimento de faces e muitas coisas mais.

Como alternativa, C poderia supor que a mente é uma tela em branco, equipada apenas com a capacidade de registrar impressões e retê-las de forma esmaecida para construir associações entre as impressões apresentadas, combinar impressões (talvez seguindo certas dimensões recebidas de maneira inata), generalizar de acordo com dimensões inatas ou construídas, modificar a probabilidade de resposta em termos de contingências de reforço definidas em termos do espaço do estímulo e assim por diante. Vamos chamar essas duas abordagens, muito diferentes entre si, respectivamente de R e E. Quero sugerir, com essa terminologia, que elas refletem ideias dominantes no racionalismo e no empiricismo. Já discuti a questão histórica em outro local e pretendo voltar a ela mais adiante; no momento, vou só reapresentar minha crença de que essas formulações, na forma como são apresentadas[2], foram muito apropriadas e oferecem uma estrutura esclarecedora para a investigação dos problemas do aprendizado. Como acabei de notar, C não está estritamente ligado a uma versão de R ou de E, podendo desenvolver uma abordagem mais complexa, com etapas sucessivas baseadas na relação de amadurecimento com a experiência e assim por diante.

Ideias semelhantes se aplicam no caso da gramática. C viria a descobrir que existe considerável variedade nas gramáticas obtidas, mas os indivíduos não são especificamente adaptados para adquirir um ou outro desses sistemas. Pelo contrário, eles irão adquirir, com facilidade essencialmente igual, o conhecimento da língua da comunidade onde vivem, dadas condições mínimas de exposição e cuidado[3]. Investigando esse problema, C poderia fazer outra idealização muito apropriada sobre uma comunidade linguística hipoteticamente uniforme e homogênea, abstraindo-se das variedades observadas no interior das diversas comunidades. Ele tentaria descobrir a propriedade da mente P que permite a uma criança dotada de P adquirir a gramática da língua falada sob essa idealização. Como é o caso de todas as hipóteses empíricas, a legitimidade da idealização pode ser contestada, mas nesse caso C agiria bem ao prosseguir com essa idealização para tentar explicar a complexa situação da vida real em termos de P e outras capacidades do ser humano. C não estaria dessa forma ignorando o intrigante problema da variação de dialetos e estilos individuais, como se alegou algumas vezes. Ao contrário, estaria abordando essa questão nos termos de uma teoria específica, preparada para a idealização. Se existe mesmo essa propriedade P e se, como parece provável, ela é um fator fundamental da aquisição da linguagem nas complexas situações da vida real, C se encontraria agora na posição de poder começar uma investigação séria dos problemas mais complexos com alguma esperança de sucesso.

Tendo chegado tão longe, C começaria a investigar a propriedade P. Mais uma vez, pode prosseguir na maneira de R, formulando uma esquematização geral (que vamos chamar de "gramática universal") e um procedimento de avaliação, os quais, ele poderia postular, constituem conjuntamente P ou formam um elemento essencial de P. De posse desses sistemas, em seu estado inicial[4], a criança desenvolve uma gramática empregando o procedimento de avaliação para selecionar entre as gramáticas que estão de acordo com a gramática universal. Se esta última for suficientemente restritiva, uma pequena quantidade de evidências pode levar rapidamente à seleção de uma gramática muito rica e complexa, e que vai bem além dessas evidências; uma gramática oferecendo representações para sentenças não relacionadas por nenhuma noção útil de "analogia" ou "generalização"[5] com as evidências disponíveis. Outra abordagem, seguindo as linhas de E, seria formular certos procedimentos analíticos, mais uma vez atribuídos ao organismo como uma propriedade inata, que podem ser aplicados aos dados obtidos pelos sentidos para produzir uma gramática. Se interpretarmos os métodos da linguística estrutural fundamentados na segmentação e classificação como uma "teoria do aprendizado" (contrariando as intenções daqueles que produziram esses métodos, pelo que sei), seria razoável ver neles um aspecto de E, talvez a versão mais complexa desenvolvida até hoje.

Adotando uma abordagem do tipo R ou E, ou uma combinação das duas, C passaria a tentar desenvolver uma teoria do aprendizado da linguagem, novamente seguindo a única maneira racional. Ou seja, primeiro iria caracterizar da maneira mais próxima possível os estados atingidos e depois, tendo formado algumas ideias sobre o que é aprendido, tentaria especificar uma função capaz de determinar os constituintes apropriados do estado final atingido como valores oriundos da caracterização dos dados disponíveis para quem aprende. Essa função constituiria sua teoria do aprendizado da linguagem.

Para tornar a discussão um pouco mais concreta, vamos considerar mais uma vez os exemplos de 1 a 4. Vamos supor que C tenha passado do estudo da relação entre estímulos particulares e percepções particulares para um estudo da gramática que determina uma classe infinita dessas relações, ao dar uma descrição estrutural a cada expressão, especialmente uma representação em termos de propriedades fonéticas, semânticas e sintáticas. No caso de 1 a 4, podemos dizer que a gramática por ele postulada é uma gramática transformacional familiar do tipo descrito no capítulo 3, que deriva as estruturas superficiais de 1 a 4 a partir dos marcadores frasais iniciais ("estruturas profundas") de 1' a 4' respectivamente (omitindo detalhes):

1' [s (np X] [vp parecia [a suas mulheres] [s [np amigos de João] [vp odiar um ao outro]]]].
2' O mesmo que 1' com "Maria" no lugar de "suas mulheres".
3' [s [np amigos de João] [vp apelaram [a suas mulheres] [s [np X] [vp odiar um ao outro]]]].
4' O mesmo que 3' com "Maria" no lugar de "suas mulheres".

Podemos considerar X como um marcador frasal inicial variável (uma *pro forma* abstrata) que ou é substituído numa derivação ou colocado por uma regra interpretativa ao alcance de uma NP controladora. 1 (respectivamente, 2) deriva de 1' (respectivamente, 2') pela regra de preposição de NP que substitui o sujeito matriz X pela NP incluída "amigos de João". Podemos pensar nessa operação como o aprendizado de um traço *t*, interpretado (por convenção) como controlado pela NP movida de sua posição. No caso de 3, uma regra de interpretação coloca X sob o controle da NP "suas mulheres". O modo de aplicação dessa regra é uma propriedade do verbo "apelar"; compare 5, onde "elas" se refere às mulheres, com 6, onde se refere aos amigos de João:

> 5 Os amigos de João fizeram um apelo a suas mulheres para que elas odiassem umas às outras.
> 6 Os amigos de João prometeram às suas mulheres que odiariam uns aos outros.

Vamos supor que podemos agora aceitar que "relações temáticas", como agente, argumento e assim por diante, são colocadas de forma geral em termos de relações expostas em marcadores frasais iniciais e propriedades lexicais e que outros aspectos da representação semântica (alcance, anáfora, etc.) são determinados pela estrutura superficial[6]. Suponhamos que temos também uma *regra de reciprocidade* dando o significado das estruturas da forma ... NP ... *um ao outro* ..., quando os dois sintagmas em questão são "relacionados anaforicamente". Essa regra tem suas complicações. Assim, comparem "os pais de João odeiam um ao outro", "os avós de João odeiam um ao outro"[7]. Nos casos 3 e 4, a relação anafórica não pode ser mantida entre "os amigos de João" e "um ao outro", embora possa existir entre "suas mulheres" e "uma à outra" e entre "Maria" e "uma à outra" (no último caso, a regra recíproca tem um efeito engraçado, dando conta da situação de 4). A condição que determina como essa relação anafórica pode ser aplicada tem uma generalidade considerável. Diversas formulações podem ser propostas. Vou chamá-la de "condição do sujeito especificado" (a partir de agora CSE) e formulá-la da seguinte maneira:

> 7 Em uma estrutura do formato (... X ... (Z – WYV) ...), nenhuma regra pode relacionar X e Y se Z for o sujeito de WYV e não estiver controlado por X.

Para uma discussão da condição e assuntos relacionados, ver Chomsky (1971, 1973a); também o capítulo 3, páginas 105-107. Essa condição impede que uma relação anafórica se mantenha nos casos indesejados discutidos acima. Ela também se aplica em muitos outros casos. Consideremos o seguinte:

8 Maria pareceu aos amigos de João odiar um ao outro.
9 a Os amigos de João me pareceram odiar-nos;
  b Os amigos de João me apelaram para nos matar;
  c Pareci aos amigos de João nos odiar;
  d Apelei aos amigos de João para que nos matassem.
10 a Os amigos de João viram fotografias um do outro;
  b Os amigos de João viram fotografias um do outro de Maria.
11 a Quem você vê fotografias de?;
  b Quem você vê fotografias de Maria de?.
12 a Não vi fotografias de muitas das crianças;
  b Não vi fotografias de João de muitas das crianças.
13 a Latim é uma perda de tempo para nós – estudar;
  b Latim é uma perda de tempo para nós – para eles nos ensinarem;
  c É uma perda de tempo para nós – estudar latim;
  d É uma perda de tempo para nós – eles nos ensinarem latim.

8 não tem interpretação. "Os amigos de João" não pode ser relacionado anaforicamente com "um ao outro" por causa do CSE, já que o traço deixado pela preposição de NP é controlado por "Maria"; e a regra recíproca não pode destinar uma interpretação ao par *Maria, um ao outro*. 9a e 9d são totalmente gramaticais, mas 9b e 9c apresentam o mesmo aspecto estranho de "Eu nos odeio" e "Eu nos matarei". Uma regra chamada por Postal de "restrição da pessoa desigual" (UP) requer que um par (NP, pronome) tenha referências não conjuntas[8]. A UP não se aplica aos casos 9a e 9d, pois é bloqueada pelo CSE. Se substituirmos "nos" por "lhes" em 9a-9d, gramaticalmente há uma reversão pelos mesmos motivos, se "lhes" for interpretado como anafórico. No caso de 10b, mas não de 10a, o CSE bloqueia as regras recíproca e reflexiva (sob uma definição apropriada de "sujeito", discutida em Chomsky (1972b, 1973a)); assim, 10a é gramatical, mas 10b, não. O mesmo acontece com 11a e 11b. 12a pode ser interpretado como significando que vi fotografias de poucas (não ... muitas) crianças, mas 12b não pode ser interpretado de forma análoga como significando que vi fotografias de João de poucas crianças. O motivo é que o CSE bloqueia a regra que dá o significado de "poucos" a "não ... muitas". Assim, se

12b puder ser interpretada, só pode ser entendida como significando que as fotografias de João de muitas das crianças não foram vistas por mim. 13a é uma paráfrase de 13c, mas 13b não está bem formulada e, particularmente, não é uma paráfrase de 13d, bem formulada. Mais uma vez, o CSE explica a diferença, se tomarmos a estrutura frasal abstrata como sendo a indicada por "—" em 13, uma conclusão para a qual existem evidências independentes. Assim, mais uma vez, as analogias são bloqueadas pela condição geral CSE.

Vale a pena enfatizar que todos esses exemplos dão mais apoio à conclusão de que abordagens do tipo de E, que dão um papel fundamental à segmentação, classificação, analogia e generalização, estão erradas em princípio. Além do mais, nesses exemplos, pelo menos, as "explicações semânticas" parecem estar fora do ponto. Não existem considerações semânticas que bloqueiem a interpretação 13d para 13b, ou capazes de evitar que 8 tenha a perfeitamente plausível interpretação de que "parece aos amigos de João que Maria odeia o (os) outro (outros)", tal como 2 teve a interpretação "pareceu a Maria que todos os amigos de João se odeiam entre si". Nesses casos, poderíamos trivializar a noção "analogia" inserindo uma condição equivalente ao CSE, mas isso está claramente fora do ponto (cf. nota 5). Notem que o CSE pode ter em si uma explicação funcional ou semântica, mas trata-se de um assunto diferente (cf. Chomsky, 1973a, para discussões sobre o assunto).

Esses exemplos poderiam levar nosso cientista C a postular uma gramática contendo regras como preposição de NP, interpretação recíproca, UP, uma regra dando o significado de *não ... muitos* e assim por diante. Essas regras seriam governadas por princípios como o CSE e pelos princípios gerais de interpretação dos marcadores frasais iniciais e de estrutura superficial mencionados anteriormente (cf. nota 6 e capítulo 3, páginas 95-98). Se C estiver inclinado a acreditar que a teoria do aprendizado da linguagem é do caráter de E, tentará montar procedimentos de associação, formação de hábitos, indução ou análise por segmentação e classificação que dará a essa gramática uma "produção" sobre a base de um registro de dados. Um sistema de procedimentos seria testado para verificar se eles são adequados em termos de seu sucesso nessa tarefa. Como acabamos de notar, uma análise das propriedades da gramática sugere que essa abordagem não é possível e uma teoria sobre o caráter de R tem muito maiores possibilidades de sucesso.

Seguindo essa linha de pensamento, C poderia indagar quais os elementos da gramática em condições de fazer parte da gramática universal, a esquematização que constitui um elemento do estado inicial (a propriedade P). As condições empíricas do problema já estão bem claras. A variedade de linguagens oferece uma ligação superior com a riqueza e especificidade das propriedades que ele pode destinar à gramática universal. A necessidade de dar conta da aquisição de gramáticas particulares oferece uma ligação inferior. Entre essas ligações está a teoria do aprendizado da linguagem, que chamamos de LT (H,L) no capítulo 1.

C poderia propor, por exemplo, que o CSE, alguns dos princípios de interpretação dos marcadores frasais iniciais e estruturas superficiais (cf. nota 6), as condições das regras permissíveis da gramática e outros pontos semelhantes são elementos da gramática universal, enquanto regras como a preposição de NP são específicas da língua inglesa ou têm propriedades específicas para a língua inglesa. Assim, poderia chegar à conclusão de que a criança precisa aprender a regra da preposição de NP ou algumas de suas propriedades, mas não precisa aprender o CSE, ou as propriedades gerais da gramática. Mais, ele teria essas informações disponíveis como um elemento de P, uma propriedade de seu estado inicial (embora, como notamos anteriormente, essa propriedade geneticamente recebida possa, como em outros casos familiares, funcionar apenas se determinado estágio de amadurecimento for ativado por certas condições). A criança irá assim escolher uma gramática que atenda a essas condições e contenha a regra de preposição de NP, com suas propriedades particulares. Existem muitas evidências para a última regra, como foi notado no capítulo 3 e em referências citadas.

Já que houve muita confusão sobre esses assuntos, talvez seja útil recorrer a um caso mais simples, que ilustra o ponto geral. Vamos voltar à discussão do princípio da dependência da estrutura das regras, apresentado no capítulo 1, páginas 36-38. Pelas razões expostas ali, C concluiria naturalmente que algum aspecto do estado inicial da criança a leva a rejeitar a hipótese da independência da estrutura 1 para explicar a formação da pergunta, escolhendo em vez disso a mais abstrata e complexa hipótese de dependência da estrutura 2; com base na evidência compatível em ambas⁹, C poderia concluir que a gramática universal oferece uma notação para regras simplesmente não permitindo a formação de regras independentes da estrutura, apesar das vantagens que elas teriam para um organismo ou mecanismo diferente. Essa conclusão constituiria uma parte da teoria do aprendizado de C. Esse exemplo é outro apoio para a conclusão mais geral de que uma teoria de aprendizado da linguagem está mais no caráter de R do que de E.

Se enriquecermos suficientemente o sistema da gramática universal, postulado como um elemento da propriedade inata P, pode ser possível explicar a aquisição da gramática sobre a base limitada das evidências disponíveis. Essa parece ser, pelo menos, uma perspectiva alcançável (mas ver nota 4).

Suponhamos que C consiga desenvolver uma teoria tentativa do aprendizado para o senso comum e para a linguagem. Se minha impressão estiver correta, isso seria do caráter de R; ou seja, a teoria conteria esquematizações fixas e altamente restritivas que entram em operação sob condições limitadas de exposição a dados, determinam a interpretação desses dados como experiências e as levam à escolha de sistemas de regras (gramática, senso comum), postos em uso nos atos e na interação humanos. Não se exclui que as esquematizações para a gramática e o senso comum tenham elementos comuns não triviais e C, naturalmente, irá procurá-los[10]. Eles podem ser "estratégias gerais de aprendizado" que fazem parte ao mesmo tempo das duas teorias empíricas. Por outro lado, parece provável que essas esquematizações terão também elementos únicos, pois o senso comum pode muito bem ter mecanismos especiais para distinguir rostos de outros objetos geométricos. Não há motivo para esperar encontrar na propriedade P analogias significativas com os mecanismos de análise para a identificação de rostos ou determinações de traços, ângulos e movimentos[11]. Não existem motivos para esperar que o princípio da dependência da estrutura ou o CSE apareçam na teoria do senso comum. Em alguns níveis suficientemente abstratos, será possível encontrar analogias; C poderia indagar se o sistema para a identificação de rostos envolve representações ou modelos abstratos e um "sistema transformacional" de projeção. Mas, como cientista, C não teria crenças dogmáticas com relação ao caráter dos diversos sistemas de aprendizado e sua inter-relação. Ao contrário, esse seria um problema empírico que ele tentaria resolver.

Dependendo de até que ponto C tenha sucesso na caracterização das propriedades inatas da mente que tornam possível o aprendizado da gramática e do senso comum, ele poderá ter condições de explicar por que esses sistemas são tão diferentes do ponto de vista qualitativo da terceira estrutura cognitiva que mencionamos, o conhecimento da física. Ou seja, ele passaria a ver as propriedades da mente que destacam a aquisição da linguagem e do senso comum como propriedades biológicas do organismo, a par, nesse aspecto, com aquelas que permitem a uma ave construir um ninho ou reproduzir um canto característico; ou, dessa forma, comparáveis às propriedades que explicam o desenvolvimento dos diversos órgãos do corpo (cf. capítulo 1). Os seres humanos não são especialmente adaptados da mesma maneira para o aprendizado da física.

Abrindo um parêntese, C poderia chegar à conclusão de que algo semelhante também acontece com a física. A mente humana é um sistema recebido biologicamente com certos poderes e limites. Como Charles Sanders Peirce argumentou, "a mente humana tem uma adaptação natural para imaginar teorias corretas de alguns tipos [...] se o homem não tivesse o dom de uma mente adaptada às suas exigências, não teria adquirido nenhum conhecimento" (ed. Thomas, 1957). O fato de "hipóteses admissíveis" estarem disponíveis para esse sistema biológico específico explica sua capacidade de formular teorias explanatórias ricas e complexas. Mas as mesmas propriedades da mente que oferecem hipóteses admissíveis podem excluir outras teorias corretas, como não sendo inteligíveis pelos seres humanos. Algumas teorias podem simplesmente não se encontrar entre as hipóteses admissíveis determinadas pelas propriedades específicas da mente que nos adapta para "imaginar teorias corretas de alguns tipos", apesar de essas teorias serem acessíveis a uma inteligência organizada de maneira diferente. Ou essas teorias podem ser tão remotas que, em uma ordem de acessibilidade, hipóteses admissíveis não poderiam ser formuladas nas condições empíricas existentes, mesmo sendo facilmente acessíveis a uma mente estruturada de outra forma.

Se C considerar os seres humanos parte do mundo natural, essas especulações não serão vistas por ele como estranhas ou incompreensíveis. Ele poderia até mesmo tentar investigá-las e tirar conclusões específicas sobre esses assuntos, com o uso do inquérito científico. Dando prosseguimento a essas tentativas, notaria que, apesar de a mente do homem ser sem dúvida adaptada às suas exigências, não há motivo para supor que a descoberta de teorias científicas em determinados domínios está entre as exigências atingidas por meio da seleção natural. C poderia ir adiante e desenvolver uma teoria de problemas e mistérios para o organismo humano. Haveria problemas em domínios onde hipóteses admissíveis (ou acessíveis com facilidade) estão próximas do correto e mistérios no restante – para esse organismo. Tomando um caso específico, examinemos a questão das causas do comportamento, discutida rapidamente no capítulo 1. Pode ser que nossa incapacidade de tratar essa questão seja um reflexo de uma condição temporária de ignorância, um defeito que em princípio pode ser superado pelo progresso da ciência. Mas C poderia descobrir que esse ponto de vista otimista está incorreto e a mente humana não tem a capacidade de desenvolver a compreensão científica dos processos pelos quais ela própria funciona, em determinados domínios. Kant sugeriu que "a esquematização de nosso entendimento em sua aplicação às aparências e sua mera forma é uma arte escondida nas profundezas da alma humana, cujos modos reais de natureza de atividade muito dificilmente nos será permitido descobrir e estar abertos à nossa visão" (de uma tradução de Kemp, 1958). Talvez isso seja certo, pelo menos em alguns aspectos. Não há nada de contraditório na crença de que a investigação das capacidades intelectuais inerentes a um organismo biológico específico, os seres humanos, possa levar C – mesmo se C for ele próprio um ser humano – a uma demonstração científica de que algumas ciências possíveis estão além do alcance humano, e talvez a ciência dos causadores do comportamento esteja entre elas. Não estou tentando impor essa conclusão; estou apenas notando que ela não pode ser descartada em princípio.

Voltando ao tema mais confortável dos problemas que não parecem ser mistérios, vamos supor que C já tenha determinado as bases para a distinção fundamental entre gramática e senso comum, de um lado, e conhecimento da física, de outro. Embora este último também seja derivado da base das propriedades específicas da mente, não reflete essas propriedades, da mesma maneira que ocorre com a linguagem e o senso comum. Daí a grande diferença qualitativa com relação à acessibilidade relativa.

Acredito que C não possa determinar que a linguagem e o senso comum são qualitativamente diferentes da física, neste aspecto, meramente pela inspeção das três estruturas cognitivas que ele foi levado a atribuir aos seres humanos, dentro desta teoria ampla da organização intelectual alcançada. Se nossas crenças atuais estão próximas do correto, a gramática da linguagem é um sistema muito intrincado de regras e princípios. Não existe um sentido absoluto da noção "simplicidade" nos termos do qual a gramática seja mais simples do que, por exemplo, a física atômica. Apesar de o senso comum não ter sido investigado de forma comparável, acho ser possível dizer o mesmo a seu respeito. As diferenças qualitativas a ser descobertas por C em sua investigação dos seres humanos refletirão, sem dúvida, a estrutura da mente como um sistema biológico contingente. Essa é, em minha opinião, a única conclusão racional.

O ponto de vista de Peirce sobre a aquisição de estruturas cognitivas não deve ser estranho para, pelo menos, os psicólogos fisiológicos (cf. cap. 1, pp. 15-16). Pode-se sugerir que boa parte da teoria do aprendizado foi investigada como um artefato – um aprendizado "não natural", em condições experimentais projetadas de maneira a estarem fora das capacidades inerentes ao organismo. Essas condições oferecem curvas de aprendizado suaves e coisas desse tipo, mas talvez nos digam muito pouco sobre os organismos estudados[12].

Quando uma teoria do aprendizado for formulada com precisão suficiente, tornar-se-á possível indagar se ela é capaz em princípio de explicar a obtenção de um estado de organização intelectual ou estrutura cognitiva que nos dê razões para postular sua presença no organismo maduro. Suponhamos, por exemplo, uma teoria do aprendizado específica com a seguinte propriedade, capaz de ser demonstrada: um sistema, de outra forma desestruturado, que ao ser modificado de acordo com os mecanismos dessa teoria pode abordar, no limite, qualquer dispositivo de estado finito capaz de produzir laços da esquerda para a direita enquanto se desloca de um estado para outro, mas nada fora desse dispositivo. Como já se sabe muito bem, nem mesmo a sintaxe de sistemas extremamente simples (por exemplo, cálculos proposicionais) pode ser representada por dispositivos desse tipo, e a sintaxe da linguagem seguramente não pode. Assim, é possível concluir imediatamente que a teoria do aprendizado é inadequada para ser uma teoria do aprendizado da linguagem[13]. Assim, uma teoria que prediz convergências para sistemas demonstradamente inadequados deve obviamente ser rejeitada, pois não é uma teoria capaz de atingir de verdade sistemas ainda mais ricos. Nesse caso, então, C poderia chegar à conclusão de que as teorias gerais do aprendizado dos tipos conhecidos são completamente implausíveis.

Na verdade, o cientista C, sem estar amarrado por nossa tradição intelectual, dificilmente, em minha opinião, chegaria a considerar a noção de que exista uma "teoria do aprendizado" num sentido interessante. Assim, vamos supor a existência de uma teoria geral do aprendizado capaz de ser aplicada tanto a ratos como a seres humanos, e que a única diferença entre ratos e seres humanos é a de que estes fazem uso dos seus mecanismos de forma mais rápida, completa e eficiente, podendo atingir estados mais complexos com o uso de mecanismos postulados pela teoria. Seria possível, então, chegar à conclusão de que os seres humanos devem ser tão superiores na capacidade de correr em labirintos como o são na capacidade de adquirir a linguagem. Isso, porém, é um erro grosseiro. Observações similares levariam um cientista racional a concluir prontamente que a capacidade humana de aprender uma língua envolve uma capacidade especial ou um sistema cognitivo de um tipo qualquer, diferente do sistema cognitivo que destaca a capacidade de correr em labirintos, inacessível aos ratos e, pelo que sabemos, a qualquer outro organismo[14]. Se a linguagem fosse aprendida simplesmente por uma "estratégia generalizada de aprendizado", se aplicaria também a outros domínios (por exemplo, à capacidade de correr em labirintos) e poderíamos esperar que outros organismos, comparáveis aos seres humanos nesses domínios (e assim, por associação, capazes de usar estratégias similares às usadas pelos seres humanos nesses domínios), tivessem capacidades semelhantes para a aquisição da linguagem (cf. pp. 24-25).

As propriedades do senso comum participantes da capacidade humana especial (se ela existe) de tratar de rostos comparados a outras figuras geométricas, as propriedades da gramática universal, as propriedades que distinguem a gramática e o senso comum do conhecimento da física também levariam C a rejeitar a hipótese da existência de uma teoria geral do aprendizado, comum a todos os organismos, sem diferenciações em um só organismo com relação ao domínio cognitivo. Essas observações levariam C à conclusão natural de que a organização intelectual de um ser humano adulto é um sistema integrado complexo, incluindo estruturas cognitivas adquiridas sobre a base de adaptações iniciais muito específicas. O conteúdo não trivial da "teoria do aprendizado" viria por meio da determinação dessas adaptações iniciais e das maneiras pelas quais elas se modificam pelo amadurecimento e experiência. Os estados firmes obtidos de maneira uniforme e rápida podem muito bem ser o reflexo de propriedades e estruturas fisiológicas diferentes. Há poucos motivos para supor a existência de "leis do aprendizado" com qualquer substância e generalidade capazes de explicar a aquisição desses estados firmes complexos e específicos, ou a integração dos sistemas cognitivos que constituem a mente adulta.

Os problemas da aquisição de conhecimentos e crenças foram de forma geral investigados de uma maneira que um cientista natural provavelmente não aprovaria. Foi dada pouca atenção ao problema de caracterizar "o que é aprendido". Ao contrário, certas suposições sobre como ocorre o aprendizado foram apresentadas *a priori*: princípios de associação, formação de hábitos e coisas semelhantes. Essas suposições prévias foram seguidas por estudos especulativos e experimentais dos sistemas que podem ser adquiridos por esses métodos, com praticamente nenhum esforço sendo realizado para determinar se o sistema que pode ser adquirido é mesmo aquele que é adquirido. Na minha opinião, uma abordagem mais natural seria a esboçada anteriormente: a análise dos estados atingidos, seguida de tentativas para determinar a natureza dos sistemas capazes de atingir esses estados em certas condições de tempo e acesso a informações e uma pesquisa sobre as bases físicas desses resultados.

Os psicólogos às vezes chegam ao ponto de definir sua disciplina de maneira a excluir a consideração dos estados atingidos. Assim, é comum separar a "linguística", considerada como o estudo da gramática, da "psicologia", dedicada ao comportamento e ao aprendizado[15]. Para um cientista que seguisse o curso apresentado para C, essa distinção não faria sentido. A linguística é simplesmente a parte da psicologia que trata de uma classe específica de estados firmes, as estruturas cognitivas empregadas na fala e na compreensão. O estudo do aprendizado da linguagem trata da aquisição dessas estruturas cognitivas e o estudo do comportamento se preocupa com as maneiras pelas quais elas são postas em uso. É lutar para ser derrotado construir uma disciplina que trata do uso e obtenção de algumas estruturas cognitivas excluindo o exame da própria estrutura.

Creio ser igualmente enganosa a tendência na discussão filosófica de especular sobre as formas como a linguagem e seu uso podem ser ensinados. A linguagem, em sua maior parte, não é realmente ensinada. Ela é mais aprendida pela simples exposição às informações. Ninguém foi ensinado sobre o princípio da dependência da estrutura das regras, o CSE, as propriedades específicas nas línguas de regras como a preposição de NP. Nem existe qualquer motivo para supor que os significados das palavras são ensinados às pessoas. Pode ser correto que "ensinar a alguém como usar uma expressão é o solo nativo do qual cresceu a conversa sobre o significado"[16], mas esse comentário histórico oferece poucos motivos para supor que explicações de significado se esgotem, ou mesmo avancem, por conta do ensino. O estudo de como se aprende um sistema não pode ser identificado com o estudo de como é ensinado; nem podemos nós partir do princípio de que tudo o que é aprendido foi ensinado.

Para citar uma analogia talvez não muito remota, vamos considerar o que acontece quando giro a chave de ignição do meu automóvel. Tem lugar uma mudança de estado. Podemos investigar as características do novo estado examinando a fumaça que sai do cano de escapamento, as vibrações, o movimento do carro quando aperto o acelerador e assim por diante. Um estudo cuidadoso da minha interação com o carro que levou à obtenção do novo estado não seria muito esclarecedor. De forma semelhante, certas interações minhas com meu filho levam a seu aprendizado (e daí, ao conhecimento) da língua que usamos. Podemos aprender alguma coisa sobre esse novo estado seguindo as linhas expostas anteriormente[17]. Mas um estudo cuidadoso das minhas interações com meu filho, que resultaram na obtenção desse novo estado por ele, daria poucas explicações sobre aquilo que ele aprendeu ou o tipo de organismo que ele é.

Sem dúvida, John Austin (1940) está correto ao dizer que quando nos perguntam "qual é o significado de (a palavra) rato", podemos responder com palavras ou levar quem faz a pergunta a imaginar uma experiência ou situação na qual a palavra poderia ou não ser usada. Mas, partindo dessa observação, não podemos concluir, como ele fez, que essa descrição nos oferece tudo o que razoavelmente queremos saber sobre o significado da palavra. Parece que ele está confiando na suposição implícita de que, quando descrevemos como podemos ensinar, não precisamos mais indagar o que foi aprendido. Austin se limita a uma descrição do ato de virar a chave do carro, quando o modelo de linguagem por ele condenado nessas observações se destina mais a fazer um relato do estado do sistema posto em atividade por essas manipulações.

Vamos indagar finalmente como C poderia prosseguir para descrever os resultados de suas investigações. Especificamente, considerar a muito debatida questão de se as estruturas cognitivas atribuídas por C ao organismo constituem algum tipo de crença ou conhecimento.

Consideremos, em primeiro lugar, o caso do senso comum. C atribui ao seu sujeito um sistema de regras e princípios relativos à organização e comportamento dos objetos. C afirma que seu sujeito difere de uma pedra ou de uma ave na medida em que essa estrutura cognitiva é um elemento de seu estado final. Desde que o sujeito é um organismo físico, o sistema a ele atribuído deve ter uma representação finita. Evidentemente, existem muitas representações finitas concebíveis do sistema, quer saibamos mais ou menos sobre ele, mas C não vai concluir daí que não existe uma maneira de escolher entre elas em bases empíricas. As evidências empíricas nunca se esgotam. Além disso, descobertas inesperadas no momento podem mostrar a relevância de certos tipos de evidência que parecem agora nada ter a ver com o assunto. C pode chegar a um princípio geral de organização excluindo alguns tipos de representações finitas, mas não outros, e mostrar que a aquisição de estruturas cognitivas neste e em outros casos pode ser explicada pela ideia de que esse princípio geral opera como uma esquematização inata. Uma demonstração desse tipo produziria evidências apoiando uma representação finita capaz de observar o princípio e de se opor a outras representações finitas que o violam. Dessa maneira, e de inumeráveis outras formas, C poderia tentar determinar quais das diversas representações finitas imagináveis do sistema cognitivo são candidatas plausíveis para uma teoria do estado final de seu sujeito. Sobre a base de uma representação postulada de um sistema cognitivo, e de outras suposições sobre o processamento de informações, C tentaria explicar vários fenômenos, como por que seu sujeito toma duas representações como sendo do mesmo rosto, mas não outras duas. C tentará explicar o fato de seu sujeito acreditar que está vendo duas vezes o mesmo rosto. Pode-se imaginar diversas maneiras diretas e indiretas pelas quais podem ser testadas essas crenças e expectativas específicas.

C poderia chamar a estrutura cognitiva postulada de um "sistema de crenças". A representação finita postulada como sendo a caracterização do sistema de crenças e de muitas crenças implícitas do sujeito será inconsciente, sem dúvida, e inacessível à introspecção. Em muitos casos, o sujeito expressa crenças. C explicará o fato ao mostrar como essas crenças se seguem à representação finita. Vamos supor que o sujeito exprima crenças que não segue, rejeite crenças que segue, ou não aceite nem rejeite crenças com uma posição definida sobre essa caracterização, ou aja de tal forma que C se veja obrigado a atribuir-lhe crenças inconsistentes com a caracterização. Então, C tentará explicar esse resultado nos termos da interação de outros sistemas com o sistema cognitivo de crenças; se o esforço não der resultado, se verá obrigado a rever a representação finita.[18]

Pode-se esperar que as crenças conscientes formem uma parte irregular e possivelmente desinteressante da estrutura cognitiva completa. Pelo menos, se isso acontecer, não haverá motivo para surpresas. Nem vejo qualquer objeção à iniciativa de C de referir-se à estrutura cognitiva atribuída ao sujeito como um sistema de crenças.

Vamos considerar agora o caso da gramática. Se C fala inglês, dirá que alguns dos seus sujeitos "aprenderam francês" e agora "sabem francês". Em muitos casos específicos, eles podem articular seu conhecimento de maneira apenas regular. Mas é pouco provável que o conjunto desses casos seja de muito interesse em si. C tentará explicar essas ocasiões mostrando como elas seguem a interação da gramática do francês com outras estruturas cognitivas. Dessa maneira, tentará explicar fatos análogos (para o francês) aos exemplos 1-13. Os problemas de confirmação e escolha de teorias são análogos aos que surgem no caso da investigação do senso comum.

Obviamente, a gramática não é em si mesma uma teoria de desempenho (comportamento). É, no entanto, apropriado para C propor que a gramática faz parte de uma teoria desse tipo e tratar, nesse ponto, da construção de uma teoria de interação de estruturas capaz de servir como uma teoria de desempenho para seus sujeitos[19]. C pode referir-se à gramática atribuída ao orador como uma representação (ou modelo) do seu conhecimento da língua. C pode também querer dizer que o sujeito conhecedor da língua conhece a gramática, e que em seu estado inicial conhecia a gramática universal. Assim, o sujeito de C difere de um falante de inglês, de uma pedra ou de uma ave pelo fato de conhecer a gramática do francês (para usar a terminologia sugerida). Ele é semelhante a um falante do inglês, e diferente de uma pedra ou de uma ave, no fato de no estado inicial conhecer a gramática universal.

Já que alguns podem fazer objeções a essa terminologia, C pode optar por inventar termos técnicos. Vamos dizer que se o falante conhece o idioma L, *tem a cognição* de L. Além disso, tem a cognição de fatos linguísticos por ele conhecidos (em qualquer sentido indiscutível de "conhecer") e tem a cognição de princípios e regras de sua gramática interiorizada, tanto as que podem ser trazidas à conscientização como as que estão para sempre ocultas para a conscientização. Além disso, ele tem cognição dos princípios que destacam em primeiro lugar a aquisição do idioma, os princípios da gramática universal (admitindo que a abordagem apresentada esteja correta). Assim, uma pessoa que sabe inglês tem cognição de certos fatos – por exemplo, que os *bachelors* (solteiros) necessariamente não são casados e que a forma *is* do verbo *to be* é usada apenas na terceira pessoa do singular. Também tem cognição de que regras específicas são ordenadas de certa maneira quando relacionadas entre si. Além disso, a pessoa tem cognição de que as transformações se aplicam em uma ordenação cíclica e obedecem à CSE, que os marcadores frasais iniciais e estruturas superficiais contribuem para a interpretação semântica em formas descritas anteriormente e que as transformações são dependentes da estrutura. Os últimos exemplos constituem parte da "cognição inata" (admitindo-se que a teoria exposta anteriormente esteja correta).

Se decidirmos usar o verbo "conhecer" em um sentido estrito, restringindo-se ao conhecimento consciente de alguma coisa, como essa noção é frequentemente construída, então o "conhecimento de", como em "conhecimento da língua", terá de ser explicado nos termos do novo vocabulário técnico, pelo que parece[20]. Nessa utilização, o que é "conhecido" será mais uma parte mal definida e talvez irregular e caótica dos sistemas e estruturas coerentes e importantes daquilo sobre o que se tem cognição. Para a psicologia, a noção importante será "ter cognição", não "conhecer".

Ou poderíamos tomar a decisão de refinar e talvez ampliar o termo "conhecer", de maneira que tenha as propriedades de "ter cognição", eliminando assim a nova terminologia. Então, teremos condições de explicar conhecimentos explícitos de certos fatos, mostrando como esses casos estão relacionados com o sistema do "conhecimento tácito"[21].

Duvido que essa questão possa ser resolvida pela consideração do "uso comum", que me parece vago e implícito justamente nos pontos cruciais. A tradição filosófica é variada. Leibniz, por exemplo, falou do conhecimento inconsciente, apesar de parecer ter visto todos os conhecimentos como acessíveis à consciência. Hume descreveu os instintos como as partes do "conhecimento" do animal "derivadas da noção original da natureza", em contraste com as "partes do conhecimento" aprendidas pela observação.

Em minha opinião, os princípios determinantes de nossos sistemas de conhecimentos e crenças interagem de maneira tão completa e inseparável com "nosso conhecimento", em todos os sentidos desse termo, que se torna difícil desenvolver uma explicação coerente capaz de isolar o "conhecimento verdadeiro". Entretanto, não está claro se o problema envolve mais do que a terminologia. Assim, C poderia optar por abandonar os termos "conhecimento" e mesmo "conhecimento da língua" (se alguém ficar agastado com ele), notando ao mesmo tempo que há pouca necessidade de ser tomadas essas decisões no uso comum. Se for esse o caso, ele vai falar em adquirir, assimilar e ter competência, no lugar de aprender, saber e conhecer.

Enquanto formos claros sobre o que estamos fazendo, acho boas as duas abordagens. "Desde que concordemos sobre a coisa, não tem sentido discutir os termos" (Hume).

Vamos considerar algumas objeções levantadas contra a abordagem citada acima. Não posso fazer uma pesquisa sobre tudo o que saiu publicado aqui, mas vou mencionar casos que me parecem típicos. Não vou mais considerar uma questão que alguns filósofos consideram crucial, a de se o termo "conhecimento" é usado de forma apropriada nessas explicações.

De acordo com Robert Schwartz, "o fato de podermos especificar a competência (de um sujeito) nos termos de um sistema formal de regras gerativas não implica, em si, que (ele) tenha apresentado nele um sistema *correspondente*"[22]. Essa observação é, com toda a certeza, correta. Nenhuma teoria não trivial "se torna implícita" pelas evidências disponíveis. Mas Schwartz, aparentemente, quer dizer algo que ultrapassa esse truísmo. Sugere o seguinte exemplo para ilustrar "o tema sujo" que, em sua opinião, aparece. Imaginemos um certo mecanismo M que rotula com o sinal + esferas cuja densidade seja superior a 1 e com o sinal − as que têm densidade inferior a 1. Suponhamos que seja proposto um sistema de equações E, envolvendo relações entre volume, densidade, peso e fatores do tipo, para descrever o resultado de M. Mas, como nota Schwartz, M "pode não empregar um conjunto de princípios semelhante ao de E". Assim, pode nunca levar em conta peso, volume e coisas assim, mas pode conter um líquido com densidade 1 e rotular com o sinal + as esferas que afundam e com o sinal − as esferas que flutuam. "Seria racional afirmar que nossas equações E são representadas internamente nessa máquina?" Sua resposta é não, apesar de "num certo sentido o líquido da máquina poder ser considerado como 'estando no lugar' das equações E".

Vamos supor que C, observando M, tenha chegado à conclusão de que seu "estado cognitivo" envolve cálculos do tipo mostrado em E. Investigações posteriores podem convencer C de que essa conclusão estava errada e que é empregado um princípio muito diferente, aquele sugerido por Schwartz. Não seria, assim, "racional" continuar a defender que M "emprega um conjunto de princípios de alguma forma semelhante a E", uma vez que essa conclusão foi refutada. O fato de E continuar a descrever corretamente as relações de entrada e saída não é interessante para C, depois que ele descobriu os princípios verdadeiramente empregados. Não há "tema sujo" no caso.

Naturalmente, se C ficasse satisfeito simplesmente por dizer que E descreve as relações de entrada e saída, não teria realizado outras investigações para determinar se M emprega mesmo princípios do tipo de E. Mas, como cientista, C teria interesse em descobrir o que há em M capaz de fazer de E uma descrição correta. Para determinar isso, poderia apresentar a hipótese de trabalho de que M realmente faz cálculos de acordo com E, ou que E participa de alguma maneira importante no desempenho de M. Tentaria então encontrar evidências para sustentar a hipótese. Teria interesse em descobrir que a hipótese é falsa. Esse tipo de inquérito não ocorreria a alguém cuja falta de curiosidade o fizesse abandonar o assunto com a afirmação de que E descreve corretamente o comportamento regular de M. Mas não parece existir um problema de princípios aí.

Schwartz observa que, no caso de uma pessoa andando de bicicleta, qualquer proposta específica relativa à organização dos hábitos e habilidades envolvidos é "sujeita a dúvida e, no caso de essa dúvida persistir, deve-se tomar cuidado com a interpretação da afirmação de que as leis da física (internamente representadas de alguma maneira específica) modelam as habilidades de andar de bicicleta (do sujeito)". Mais uma vez, a observação é correta. Como teorias não triviais não são "implicadas" pelos dados, deve-se sempre tomar cuidado quando elas são propostas. Não vejo nenhum interesse nessa observação e C também não deve prestar muita atenção nisso. Ele já sabia que está fazendo uma pesquisa empírica. Schwartz parece sentir que há algo mais em jogo, mas não dá indicações do que seja e não faz referência a nenhum trabalho para o qual essas estruturas possam ser relevantes.

O exemplo anterior está relacionado com a teoria do senso comum de C, mas Schwartz também aplica o argumento à teoria da gramática. Ele nota que "qualquer descrição real de regularidades provenientes ou no interior do conjunto de sentenças gramaticais será tautologicamente real para o resultado da competência (do sujeito)". Se encontrarmos uma regularidade específica na linguagem do sujeito, "pode-se dizer que (ele) 'conhece' essa regularidade, mas só no sentido de que ele considerará não gramaticais as ligações que violam essa regra". "Essas regularidades então são regularidades verdadeiras do que (o sujeito) conhece (a classe de sentenças gramaticais) e não as regularidades que conhece." Até agora, como Schwartz está meramente propondo um uso para o termo "conhecer", não vejo interesse em continuar a discussão, exceto para apontar que parece curioso aceitar "X conhece a classe de sentenças gramaticais" (e, suponho, "X aprendeu as regras que determinam esta classe", ou seja, "X aprendeu uma gramática"), mas não "X conhece as regras da sua gramática".

Vamos substituir "conhecer" por "ter cognição" na discussão anterior para evitar as discussões sobre terminologia. Devemos dizer, então, que o sujeito tem cognição das regras e regularidades apenas no sentido de que ele considera não gramaticais os laços que as violam?

Só se estivermos tão destituídos de curiosidade que não queiramos tentar determinar se uma teoria particular sobre o sujeito é, de fato, correta. Se C ficasse satisfeito por dizer apenas que uma teoria descreve regularidades corretas para a classe de sentenças sobre as quais o sujeito tem cognição, ele não faria mais investigações para escolher entre essa teoria e uma outra teoria descrevendo a classe de sentenças nos termos de um sistema diferente de regras. Mas, certamente, existem formas de investigar teorias alternativas. Assim, consideremos a teoria do inglês à qual nos referimos anteriormente. C pode propor que a regra recíproca é uma regra transformacional movendo "each" e "one" para dar "each other" e "one another" a partir dos marcadores frasais iniciais da forma *each of NP ... the other*, *one of NP ... the other*. Seu colega C' poderia propor, em vez disso, que "each other" e "one another" são derivados da base e interpretados por uma regra semântica. C" poderia propor que as estruturas subjacentes são conjunções[23]. Se C' e C" ficarem satisfeitos em observar que suas teorias descrevem corretamente certas regularidades, não farão novas investigações. Se eles prosseguem, na maneira de um cientista, atribuindo estruturas cognitivas que diferem nesses aspectos para seus sujeitos, passarão a buscar mais dados para escolher entre essas hipóteses.

As evidências podem variar muito. Por exemplo, podem derivar de outras línguas. Assim, vamos supor que a postulação de uma regra transformacional viola um certo princípio U e que, ao tomar U (o qual, digamos, foi confirmado de outra forma) como parte da gramática universal, podemos explicar fatos de outras línguas, tal como o CSE serve para explicar certos fatos em inglês. Partindo da suposição empírica de que os seres humanos são uniformes com relação à aquisição da linguagem, essa evidência serviria para contestar a suposição de C' de que sujeitos falantes da língua inglesa estão, de fato, usando uma estrutura cognitiva que envolve uma regra de movimento transformacional. Assim, as teorias contrárias de C' e talvez de C" recebem uma confirmação empírica indireta, mas valiosa. Muitos outros tipos de evidência podem ser buscados.

C, C' e C" têm todas as razões para tomar suas hipóteses como hipóteses de trabalho relativas ao estado firme atingido por seu sujeito e assim submetê-las a confirmações ou desmentidos posteriores. Certamente, não deve existir uma objeção genérica a suposições "realistas" normais de qualquer cientista neste caso (embora, obviamente, se deva agir com cautela, etc.).

Talvez o que Schwartz tenha em mente seja algo diferente. Talvez ele esteja pensando em um caso no qual duas teorias são compatíveis com todas as evidências capazes de ser obtidas em princípio. Se for esse o caso, C pode simplesmente abandonar essa consideração, como qualquer cientista em trabalho faria. A noção "todas as evidências capazes de ser obtidas em princípio" exige seguramente uma explicação. Duvido que qualquer sentido possa ser tirado dela. Além disso, mesmo se aceitarmos que ela tenha significado, nada se segue com relação ao empreendimento de C'. No mundo real, ele nunca terá exaurido todas as evidências e com diligência e imaginação pode procurar novas evidências, para escolher entre teorias distinguíveis empiricamente.

Suponhamos que C apareça com diversas teorias como as melhores que ele pode criar sem examinar as estruturas internas de seus sujeitos. Então ele dirá, com pesar, que não pode determinar, com base nas evidências que lhe estão disponíveis, se alguma (ou nenhuma) dessas teorias caracteriza corretamente a estrutura interna real. No exemplo da esfera de Schwartz, C não será capaz de determinar se E, ou melhor, uma explicação em termos de um líquido de densidade 1, é a teoria correta. Como no caso das esferas, isso ocorre na linguagem: C não ficará perplexo com a natureza das teorias que está propondo e sua relação com os fatos; ao contrário, se sentirá aborrecido pelo fato de não poder (por hipótese) prosseguir para escolher entre as teorias que parecem ser plausíveis. Em qualquer dos casos, não parece haver motivo para C abandonar o procedimento padronizado de todos os cientistas, com suas suposições realistas convencionais, em situações como essa.

Schwartz prossegue levantando certas objeções ao estudo do aprendizado da linguagem da maneira que vem sendo seguido por C. Ele acha que "a questão psicologicamente interessante é se os fatores que moldam o aprendizado da linguagem são específicos para a linguagem ou se são aspectos gerais do aparato do aprendizado". Argumenta que "a criança desenvolve muitas habilidades e competências, adquirindo um conhecimento de relações e regularidades existentes em seu ambiente, aprende brincadeiras e padrões complexos de comportamento social, etc., da maneira essencialmente 'não ensinada' pela qual aprende a língua", e nesses casos também as teorias-padrão sobre o comportamento não parecem ser adequadas. Mesmo assim, na sua opinião, "pareceria implausível atribuir a esquematizações inatas diferentes a responsabilidade por cada um deles". Ele também suspeita que não existirá "uma versão *interessante*" da alegação de que a criança "encontraria enormes [...] dificuldades para aprender uma língua que não da forma predestinada", já que as crianças adquirem sistemas de símbolos complexos que "não se ajustam ao molde natural da língua". Seria, ele argumenta, "circular" afirmar simplesmente que "qualquer sistema de símbolos que viole os cânones de Chomsky não é uma língua e está, assim, fora da abrangência da afirmação".

Ele apresentou essas opiniões em uma crítica à "abordagem do aprendizado da linguagem de Chomsky", ou seja, aquela que resumi anteriormente. Examinando seus comentários, por sua vez, seria certamente interessante determinar se os fatores que moldam o aprendizado da linguagem são específicos ou gerais, embora seja curioso insistir que essa é "*a* questão psicologicamente interessante". Isso supõe que a questão será resolvida por observações elementares como as notadas anteriormente (cf. páginas 24-25, 151-152), as quais sugerem que os fatores que moldam o aprendizado da linguagem são específicos. Ainda resta alguma questão psicologicamente interessante? Talvez isso seja válido para alguém demasiadamente ligado aos dogmas tradicionais, mas certamente ainda há muitas questões a ser respondidas para um cientista interessado em descobrir em detalhes o caráter dos fatores envolvidos na aquisição das diversas estruturas cognitivas.

O malogro de teorias do aprendizado familiares em explicar estruturas cognitivas fora da linguagem é repetidamente destacado na obra criticada por Schwartz. Ao notar que outros sistemas são aprendidos "sem ser ensinados" e têm propriedades complexas, uniformes entre quem aprende, pode-se naturalmente prosseguir da maneira indicada anteriormente para cada um desses domínios: determinar o caráter do sistema adquirido, as evidências com base no que foi adquirido e os fatores inatos que tornam possível a aquisição desse sistema sobre a base das evidências disponíveis. Assim, se os princípios da dependência da estrutura, CSE e assim por diante parecem ser propriedades do sistema adquirido de linguagem, tentaremos explicar esse fato postulando um mecanismo inato capaz de determinar esses princípios sobre a base dos dados disponíveis; por razões que já discutimos, parece plausível considerar esses princípios como comparáveis aos que determinam a natureza e as funções dos órgãos. Em outros domínios, encontramos propriedades muito diferentes e vamos prosseguir de maneira comparável, postulando as estruturas inatas exigidas para explicar os fatos. Schwartz acredita ser "implausível" postular esquematizações inatas distintas para "habilidades e competências" diferentes, mas, como ele não apresenta argumentos, podemos deixar de examinar o julgamento. Ele não tem mais peso do que a crença sem argumentação pela qual os embriões aprendem a ter olhos ou pessoas aprendem a organizar o espaço perceptivo por mecanismos envolvidos na associação de palavras. Não existe lugar para essas afirmações dogmáticas. Schwartz nunca considera as razões óbvias para duvidar da existência de uma teoria do aprendizado sem diferenciações, nem oferece um único argumento a favor de suas opiniões, a não ser a observação de que muitas habilidades e competências são aprendidas sem ser ensinadas, da qual podemos concluir apenas que uma teoria que pressupõe o ensino está errada.

A afirmação de Schwartz sobre o "círculo" está, obviamente, em erro. Ao propor que a gramática universal tem certas propriedades, C está apresentando uma hipótese empírica. Podemos testá-la estudando os fatos da língua. Basicamente, poderíamos testar a hipótese indagando se uma criança usará a língua de acordo com os princípios apresentados, mesmo sem ter evidências da aplicação desses princípios, como nos casos discutidos anteriormente. Assim, ao observar que nenhuma criança jamais comete o erro de produzir 14 no lugar de 15, correspondendo ao afirmativo 16, C pode postular que uma propriedade do estado inicial da criança exclui a hipótese independente da estrutura 1 do capítulo 1 (p. 36) como informulável.

14 É o homem que alto está na sala?
15 O homem que é alto está na sala?
16 O homem que é alto está na sala.

C poderia então prosseguir indagando se outros fenômenos obedecem ao princípio apresentado, ou poderia prosseguir em princípio para construir uma situação experimental apropriada, na qual exemplos como 14 e 15 nunca são apresentados, e indagar se os sujeitos usam invariavelmente a regra dependente da estrutura que produz 15 em vez de 14. Se esse for o caso, ele obteve evidência confirmatória para a hipótese empírica de que o princípio da dependência da estrutura é parte da gramática universal, já que essa suposição oferece uma explicação para os fatos. Considerações semelhantes se aplicam nos casos dos exemplos mais complexos discutidos anteriormente. Na prática, devido a condições de tempo e de praticidade, devem ser feitos testes mais indiretos, mas a lógica da situação está suficientemente clara e até mesmo a existência de testes que podem ser usados em princípio é suficiente para refutar a acusação de circularidade.

Há bons motivos para esperar que novas pesquisas venham a apoiar a conclusão segundo a qual princípios do tipo discutido acima fazem parte da esquematização inata para a aquisição da linguagem. Assim, é certamente implausível supor que nos casos em questão (como 14 e 15) todas as crianças tenham passado por experiências relevantes suficientes com os exemplos apropriados. Ao contrário, frequentemente é difícil até mesmo descobrir exemplos para apoiar a hipótese em questão. Mesmo se descobrirmos que todas as pessoas observam esses princípios, precisamos buscar uma explicação para o fato. A única explicação proposta até hoje, pelo que sei, é a que foi sugerida anteriormente: os princípios pertencem à gramática universal, um elemento do "estado inicial". Mas, esteja essa proposta certa ou errada, não pode haver dúvida de que o projeto apresentado é empírico, em todos os passos. Daí, a acusação de circularidade é seguramente falsa. Se fosse justificada, não haveria razão para testar propostas específicas; por exemplo, que o CSE ou o princípio da dependência da estrutura pertence à gramática universal. Como são tautológicas, as propostas não podem ser falsas.

Por motivos semelhantes, podemos facilmente observar por que pode existir – e, na realidade, existe – uma "versão interessante" da hipótese de que as crianças encontrariam dificuldades consideráveis no aprendizado de línguas contrariando universais postulados, ao contrário da afirmação de Schwartz. Pelo menos, isso ocorre se tomamos uma "versão interessante" da hipótese, de maneira que tenha consequências empíricas de longo âmbito e valor explanatório considerável.

É fácil ver onde a argumentação de Schwartz se perde. Em primeiro lugar, ele não dá a devida atenção ao fato de que temos certos casos antecedentemente claros de falar uma língua ser diferente de correr em labirinto, trançar cestas, ter orientação topográfica, reconhecer rostos ou melodias, usar mapas e assim por diante. Não podemos decidir arbitrariamente que a "linguagem" é em tudo capaz de atender a alguns cânones por nós propostos. Assim, não podemos simplesmente estipular que regras são independentes da estrutura, e a partir daí concluir que exemplos como 14 e 15 não são relevantes para a "linguagem", conforme o determinado por essa estipulação. Naturalmente, também existem casos que não estão claros e existe o constante problema de determinar quando uma teoria deve ser abandonada diante de contraevidências aparentes (ver a nota 18), ou quando domínios cognitivos foram impropriamente delimitados de saída. Mas dificilmente existem novos problemas únicos para esse empreendimento. Ao contrário, problemas assim surgem constantemente em todos os inquéritos racionais.

Além do mais, bem longe do assunto dos casos antecedentemente claros, vamos lembrar que C está tentando mapear todo o sistema de estruturas cognitivas do sujeito, determinando seu caráter e interações, fazendo certas idealizações a cada passo e avançando hipóteses empíricas, dando passos, assim, que não ficam "implícitos" pelos seus dados, naturalmente. Se ele determinar que outros sistemas de símbolos "não cabem no molde da linguagem natural", tentará determinar quais são os moldes nos quais esses cabem. Ele estudará seu caráter e as bases para a sua aquisição, prosseguindo da mesma maneira usada em seu estudo da linguagem, sem se atrapalhar com crenças dogmáticas sobre a "uniformidade" do aprendizado.

No fim, C terá esperanças de determinar que os sistemas de símbolos que obedecem a moldes diferentes também têm representações neurais diferentes e que os diversos fatores inatos postulados para explicar os fatos também terão, onde forem diferentes, representações físicas diferentes. Sabe-se pouco sobre o assunto até agora, mas existem pelo menos indícios de que estruturas e funções linguísticas essenciais são normalmente representadas no hemisfério esquerdo do cérebro, e que alguns dos outros "sistemas de símbolos" irrelevantemente introduzidos por Schwartz (seguindo Goodman) na discussão são primariamente controlados pelo hemisfério direito, talvez em áreas homólogas aos centros de linguagem (sons que não representam palavras, sons de palavras não usados no contexto da fala, melodias, etc.; ver capítulo 2, nota 8). Também parece haver algumas diferenças no estágio do amadurecimento no qual diversos centros são estabelecidos em suas funções (trabalhos recentes de Susan Carey sobre o reconhecimento de rostos são sugestivos com relação ao assunto). Independentemente de essas tentativas de proposta se mostrarem ou não corretas em maiores investigações, claramente são do tipo que deve ser explorado por um cientista preocupado com sistemas de símbolos, seu caráter, interação e aquisição. Schwartz parece acreditar que qualquer afastamento do "molde da linguagem natural" no caso de outros sistemas de símbolos deve ser acidental – ou seja, qualquer esquematização inata para o aprendizado da linguagem precisa ser uma esquematização geral para o aprendizado. Mas ele não apresenta nenhuma argumentação para essa posição e simplesmente ignora os muitos problemas óbvios que ela enfrenta, alguns já mencionados aqui.

As preocupações sobre teoria e evidências apresentadas por Schwartz e suas objeções ao programa apresentado anteriormente são típicas de discussões muito recentes. Mas as objeções não têm fundamentos e as preocupações, quando justificadas, não têm base nos pontos, até onde posso ver, quando são aplicadas de forma comparável a qualquer variedade de investigação empírica. Só merecem ser examinadas em detalhes devido às informações que oferecem sobre suposições empiricistas.

Se as afirmações de Schwartz sobre esses assuntos têm algum mérito, elas devem aplicar-se também ao estudo dos órgãos físicos. Suponhamos que C desenvolva uma teoria T, tratando da estrutura e função do olho humano, e postule os fatores inatos F para explicar o crescimento de um órgão satisfazendo T. Suponhamos agora que ele volte sua atenção para o fígado. Parafraseando Schwartz, poderíamos argumentar ser "implausível" postular fatores inatos distintos F' (que, com F e outros, constituem o código genético que determina a natureza do organismo) para explicar o crescimento do fígado. No fim de tudo, tanto o olho como o fígado são órgãos e seria "circular" afirmar que qualquer órgão não satisfazendo T não é um olho e, portanto, está "fora do âmbito da afirmação" incorporada em F. Ou suponhamos que C decida estudar os olhos dos mamíferos e dos insetos, postulando mecanismos genéticos diferentes para explicar as enormes diferenças nos estados finais atingidos e em seus padrões de desenvolvimento. Seguindo Schwartz, afirmamos que ele cometeu um erro de lógica, já que o olho de um inseto também é um olho e seria circular afirmar que um olho capaz de violar a teoria do olho dos mamíferos não é o olho de um mamífero "e portanto está fora do âmbito da afirmação" com relação às bases para seu desenvolvimento. Claramente, isso não pode ser levado a sério.

É uma questão de fato se a leitura de mapas e o uso da linguagem envolvem o mesmo mecanismo ou mecanismos semelhantes (por exemplo, o CSE, o princípio do ciclo transformacional, etc.) e se as estruturas cognitivas participantes se desenvolvem com base nos mesmos fatores inatos ou em fatores semelhantes. A observação de que chamamos tanto os mapas como a linguagem de "sistemas de símbolos" não contribui mais para uma investigação sobre sua natureza, função e origem do que a observação de os olhos de mamíferos e insetos serem chamados de "olhos" e o olho e o fígado serem chamados de "órgãos". De forma semelhante, a observação de que os dois sistemas de símbolos são aprendidos é tão informativa como a observação de que os dois órgãos se desenvolvem. Nenhuma argumentação conceitual pode determinar que um cientista esteja errado ao postular estruturas cognitivas ou físicas fundamentalmente diferentes, ou tente explicar essas diferenças sobre uma base de fatores inatos distintos. Um argumento empírico deve ser citado, o que Schwartz deixa inteiramente de fazer. Em consequência, sua discussão está simplesmente fora do objetivo.

Argumentos semelhantes são desenvolvidos em Atherton e Schwartz (1974). Grande parte de sua discussão se dedica a refutar posições sobre "o que é inato" nunca aparecidas na literatura, pelo que eu sei. Bem no final, eles apontam que o psicólogo "deve postular a existência de qualquer capacidade que mostre ser necessária para o mistério da linguagem". Mas, eles acrescentam, "argumentar que os aspectos responsáveis pela linguagem natural são tão específicos para a tarefa que podem ser separados da vida cognitiva em geral equivaleria a despir a afirmação de que a linguagem natural é inatamente específica para a *espécie* na maior parte de seu interesse metafísico, além de teórico e filosófico". Essa declaração, que encerra o documento, é a única afirmação feita por eles com algum significado real para o programa de C (ou variações familiares dele em discussões anteriores), fora dos pontos já discutidos.

Mas existe uma escorregadela lógica crucial na sua formulação.

Partem, sem argumentar, do princípio de que, se os aspectos responsáveis pela linguagem são "altamente específicos para a tarefa", esses aspectos "podem ser separados da vida cognitiva em geral". Mas isso não vai adiante. De forma correspondente, a idéia de que o olho usa mecanismos altamente específicos não significa que "os aspectos responsáveis (pelo olho)" podem ser separados do funcionamento geral (físico ou cognitivo) do organismo. Diante do preconceito empiricista, talvez o argumento seja compreensível. De acordo com essas ideias, a "vida cognitiva em geral" é um sistema desenvolvido principalmente por meio de associações, condicionamentos, formações de hábitos, generalizações, induções, abstrações de certos tipos específicos propostos (omito, mais uma vez, formulações vazias da teoria empiricista). Qualquer sistema altamente específico desenvolvido sobre as bases de outros princípios estará assim "separado da vida cognitiva em geral". Abandonando preconceitos empiricistas, vamos explorar diversos domínios cognitivos, tentando mapear suas estruturas, interações e funções e determinar os "aspectos responsáveis" pela estrutura cognitiva que se desenvolve. Como ocorre no caso da estrutura física do organismo, e também no caso de sua organização cognitiva, a descoberta de que alguma estrutura cognitiva se desenvolve sobre uma base de aspectos altamente específicos nada quer dizer sobre suas relações, por mais íntimas que sejam, com outras estruturas participantes do estado cognitivo do organismo.

Quanto à noção de interesse metafísico, teórico ou filosófico, como Atherton e Schwartz não explicam o que querem dizer, vou passar por cima do assunto.

W. V. O. Quine apresenta uma argumentação seguindo linhas de certa forma similares em sua discussão dos problemas metodológicos da linguística, em Quine (1972). Numa terminologia familiar, diz que as gramáticas são "fracamente semelhantes" se elas geram o mesmo conjunto de sentenças e "fortemente semelhantes" se geram também o mesmo conjunto de descrições estruturais. Quine nos pede para considerar a situação que se segue. Vamos supor que duas gramáticas são "extensionalmente equivalentes" com relação à classe de sentenças, ou seja, fracamente equivalentes. Vamos supor também que "os dois sistemas *se encaixam* no comportamento [...] de todos nós que temos o inglês como idioma nativo". Simplesmente, esses sistemas não "orientam" o comportamento no sentido de "quem se comporta conhece a regra e pode expressá-la" e esse conhecimento "causa" o comportamento ("a orientação é um assunto de causa e efeito")²⁴. Mas seria errado, conforme o que Quine sustenta, sugerir que a fala do inglês é "orientada por regras" em algum outro sentido, ou seja, inconscientemente. No seu ponto de vista, não tem sentido dizer que "dois sistemas extensionalmente equivalentes (fracamente equivalentes) de regras gramaticais não precisam ser igualmente corretos" e que "as regras corretas são as regras que os próprios falantes nativos têm de alguma forma implicitamente na mente". Ele rejeita a doutrina que "atribui aos nativos uma preferência inconsciente por um sistema de regras com relação a outro, igualmente inconsciente, e extensionalmente equivalente a ele". Quine aceita a noção de "uma conformidade implícita e inconsciente a uma regra, quando isso é meramente uma questão de caber ou não. Os corpos obedecem, nesse sentido, às leis sobre a queda dos corpos e os falantes do inglês obedecem, nesse sentido, a cada um e a todos os sistemas extensionalmente equivalentes de gramática capazes de demarcar a correta totalidade de sentenças bem formadas em inglês. Essas são disposições aceitavelmente claras por parte de corpos e de falantes do inglês". O questionado por Quine é minha "noção intermediária de regras como atendidas de forma inarticulada".

As mesmas considerações, de acordo com a argumentação de Quine, podem ser aplicadas à doutrina dos universais linguísticos. "Uma reflexão oportuna sobre método e evidências deve tender a sufocar grande parte do que se fala sobre universais linguísticos", ele sugere, pois essa reflexão revelará a existência de gramáticas distintas mas extensionalmente equivalentes e pode ser impossível determinar de maneira inequívoca quando uniformidades aparentes são simplesmente um instrumento do processo de tradução.

Quine julga que existem "tolices" consideráveis na proposta criticada, embora elas possam ser remediadas no passar do tempo por "reflexões conscienciosas sobre o método e as evidências". Ele está disposto a admitir que algum curso do inquérito possa "nos convencer de que existe mesmo um sistema não articulado de regras gramaticais de alguma forma implícitas na mente do nativo de uma forma que um sistema extensionalmente equivalente não esteja". Mas acha que um "esclarecimento de critérios" não foi realizado de forma suficiente para essa "doutrina enigmática".

Não se pode com certeza simpatizar com o "apelo contra o absolutismo" de Quine e seu desejo de esclarecimento de critérios. Mas nada em seu trabalho sugere a existência de qualquer problema que não tenha sido reconhecido até agora ou a permanência de uma tolice a ser remediada. Especificamente, não encontro qualquer argumento contra o procedimento de C (o qual, naturalmente, é familiar a partir de relatos anteriores) ou, com relação ao caso, contra qualquer relato aparecido na literatura.

Consideremos um dos poucos casos concretos relevantes discutidos por Quine, o problema da escolha entre duas gramáticas extensionalmente equivalentes, uma das quais atribui à sentença *ABC* os constituintes imediatos *AB-C* e a outra, *A-BC*. Existe aí algum "enigma"? Acho que não, embora certamente existam problemas. Propostas para resolver os problemas foram apresentadas na literatura sobre a gramática gerativa desde o início e eu acho que elas estão certas em princípio, apesar de às vezes serem difíceis de aplicar na prática.

Suponhamos que C se veja diante de um desses problemas e não dê muita consideração à "sugestão pouco imaginativa" de Quine: pergunte aos nativos. Suponhamos que C tenha indícios sugerindo que os padrões de entonação são determinados pela estrutura gramatical[25]. Os indícios podem vir do idioma em questão ou de outros idiomas, que sejam relevantes por razões já discutidas. Esses indícios podem ter peso na escolha entre as duas gramáticas propostas; assim, podemos descobrir que as regras necessárias para outros casos dão a informação correta se considerarmos os constituintes como sendo *AB-C*, mas não no caso de *A-BC*. Ou suponhamos que C tenha motivos para postular as transformações como dependentes da estrutura no seguinte sentido: uma transformação se aplica a uma ligação dividida numa sequência de ligações, sendo cada uma das quais ou arbitrária ou pertencendo a uma única categoria constante. Suponhamos que transformações específicas – por exemplo, coordenação – observem uma estrutura constituinte nesse sentido. Esses princípios, que podem repousar sobre todos os tipos de evidência, podem levar a uma escolha entre as duas gramáticas nesse caso (por exemplo, se descobrirmos que, quando *ABC* e *ADE* são bem formados, o mesmo acontece com *A-BC* e *DE*; embora, onde *ABC* e *FGC* forem bem formados, *AB* e *FG-C* não o serão. Outros indícios podem aparecer pela aplicação do princípio de que aspectos contextuais dos itens lexicais são internos aos constituintes, ou por considerações semânticas de diversos tipos. Diante de uma rica teoria geral da gramática universal, C pode trazer muitos tipos de indício com influência sobre a questão. Existem exemplos abundantes na literatura.

Há alguma coisa enigmática nisso, a não ser vinda dos problemas inescapáveis da incerteza empírica? Acho que não. Pelo menos, Quine não sugere nada, nem aqui nem em outro lugar.

O único ponto de Quine se reduz à observação de que sempre haverá teorias distintas compatíveis com todas as evidências disponíveis. Isso realmente ocorre se nos restringirmos, como ele às vezes sugere de forma irracional, a considerações de geração fraca de sentenças; e continuarão a ocorrer se considerarmos também uma variedade de outras evidências. Mas a observação não tem interesse. C já sabe que suas teorias não triviais não foram determinadas principalmente pelas evidências. Quine não apresentou motivos para supor que a investigação de C sobre a linguagem está sujeita a algum problema que não apareça em sua investigação sobre o senso comum, ou em qualquer investigação científica sobre qualquer assunto. Daí, suas severas críticas ao método e aos universais linguísticos, e sua acusação geral de "tolices", não têm nenhuma força.

Apesar de Quine não invocar explicitamente seu princípio da "ausência de determinação da tradução" nesse sentido, parece que sua discussão, no caso, está relacionada a esse princípio. Afirmei em outro local[26] que esse princípio equivale a nada mais do que à observação de que teorias empíricas não são determinadas pelas evidências. Uma contra-argumentação é oferecida por Quine (1969a). Ele afirma que "a indeterminação da tradução não é apenas herdada como um caso especial da subindeterminação de nossa teoria da natureza. É paralela, mas adicional". Sua argumentação é mais ou menos a seguinte:

> 17 Considerem realista, a partir desse ponto de vista, a totalidade das verdades da natureza, conhecidas e desconhecidas, observáveis e não observáveis, passadas e futuras. O ponto sobre a indeterminação da tradução é que ela resiste a todas essas verdades, à verdade total sobre a natureza. É isso o que quero dizer quando afirmo que, onde a indeterminação da tradução é aplicada, não existe uma questão

real de escolha correta; não existe o fato de o assunto chegar a *receber dentro de si* a alegada subdeterminação de uma teoria da natureza.

As afirmações de 17 constituem a resposta completa de Quine à minha indagação: em qual aspecto o problema da determinação da verdade no estudo da linguagem difere do problema de determinar a verdade no estudo da física?

O "ponto de vista realista" de Quine toma a teoria na física como o "parâmetro último"; "vamos raciocinando e afirmando da melhor maneira que podemos dentro de nossa subdeterminada e em desenvolvimento teoria da natureza", que inclui "a nós mesmos como objetos naturais". Com isso, nosso cientista C certamente concorda, e ele estuda a linguagem exatamente como estuda a física, tomando os seres humanos como "objetos naturais". A formulação de Quine 17 meramente repete sua crença de que de alguma forma a indeterminação da "tradução" (na verdade, o que está em jogo, no terreno de Quine, é a situação de todas as propostas sobre a linguagem enfrentando mais do que sua "incerteza indutiva ordinária", daí praticamente todos os estudos não triviais da linguagem) atende a todas as verdades sobre a natureza. A afirmação 17 é falsa se o estudo da "tradução" faz parte da teoria da natureza, e verdadeira do contrário. Mas a afirmação 17 de Quine não oferece motivos para duvidar de que a teoria da "tradução" seja parte da teoria da natureza, e daí não determinada pela evidência, apenas da mesma maneira como ocorre com a física. E esse era o único ponto em discussão.

De forma semelhante, quando Quine afirma que não há fatos concretos no assunto, nenhuma questão de escolha correta, está mais uma vez apenas reiterando uma afirmação não discutida, que não se torna mais convincente com a repetição. Se a subdeterminação da teoria da física pela evidência não nos levar a abandonar "o ponto de vista realista" com relação à teoria da física, então a comparável subdeterminação da teoria da gramática pela evidência não apoia a afirmação de Quine de que não há o fato concreto de o assunto nesse domínio estar certo ou errado com relação, por exemplo, no caso da análise constituinte da sentença *ABC*, à regra da preposição da NP, aos princípios de interpretação semântica discutidos no capítulo 3, a uma teoria do significado de uma palavra, ou a qualquer outro. Nem aqui nem em outro lugar Quine apresentou uma argumentação capaz de justificar sua afirmação de que declarações sobre a linguagem indo além de sua noção de "indução ordinária" (com suas incertezas) estão sujeitas a algumas dúvidas metodológicas que não se sustentam (em princípio) em qualquer estudo empírico não trivial. Sua tese de "indeterminação", assim, não encontra apoio além do truísmo de que a teoria é subdeterminada pela evidência na pesquisa empírica.

Um ceticismo consciente nos levará a contestar qualquer afirmação empírica sobre o mundo natural. Assim, ao notar a subdeterminação de uma teoria da natureza, podemos observar que, para qualquer teoria física não trivial, existem alternativas compatíveis com todas as evidências disponíveis. Se estivermos dispostos a seguir Quine na atribuição de algum sentido à noção "totalidade das evidências", a mesma afirmação poderá ser feita com relação a uma teoria compatível com a totalidade das evidências. De maneira correspondente, no caso das proposições da teoria da linguagem não derivadas por "indução ordinária", podemos observar, igualmente, que existem alternativas compatíveis com as evidências.

Quine pede "uma mudança nas atitudes prevalecentes com relação ao significado, ideia, proposição". Devemos abandonar a "convicção [...] de que nossas sentenças exprimem ideias, e exprimem tais ideias ao invés daquelas, mesmo quando critérios de comportamento nunca possam dizer quais são". Dependendo de como interpretarmos "critérios de comportamento", a afirmação de Quine ou é indefensável, no sentido de impor condições ao estudo da linguagem impossíveis de ser de forma geral atendidas no inquérito empírico, ou está correta, mas vai simplesmente mostrar que o estudo da linguagem e da tradução está em princípio a par do estudo da física. Consideremos duas proposições teóricas da teoria da linguagem, P, as quais afirmam que a sentença *s* "expressa tais ideias", e P', segundo a qual *s* "expressa aquelas ideias". Suponhamos que interpretemos a expressão "critérios de comportamento" nas afirmações de Quine como significando "condições necessárias e suficientes apoiadas em termos de observação". Então, não podemos esperar que P e P' sejam diferenciados por critérios de comportamento. Mas a proposta de Quine, assim entendida, não é racional, pois os conceitos e proposições teóricos que vão empregá-la raramente podem ser oferecidos com "critérios" nesse sentido, e não há justificativas para impor essa exigência somente a esse ramo do inquérito empírico. Suponhamos que interpretemos a expressão "critérios de comportamento" como significando apenas "evidências relevantes". Assim, o que se propõe é o abandono da convicção de que P difere empiricamente de P' onde não há evidências relevantes significativas para a escolha entre ambas. Mas o cientista prontamente concordará com essa proposta. A esse respeito, o estudo da linguagem (especificamente, a tradução) está a par de outros ramos da ciência empírica. Para escolher entre P e P', vamos buscar evidências relevantes, que podem ser indiretas e serão de maneira geral inconclusivas, ou seja, não determinantes logicamente, mesmo sendo talvez determinantes. Como veremos diretamente, Quine vacila entre dois sentidos de "critérios de comportamento" (ver adiante, p. 188 e nota 35). Seja qual for a interpretação que escolhermos, as conclusões apropriadas não são surpreendentes e não diferenciam o estudo da linguagem (ou da tradução) do estudo da física, em princípio.

Pode-se argumentar que conceitos como "significado, ideia, proposição" não têm lugar no estudo da linguagem e, a partir daí, argumentar que evidências relevantes nunca existirão para declarações teóricas empregando esses conceitos, ou que exista uma teoria melhor capaz de evitá-los inteiramente, mas sem deixar de explicar as evidências relevantes. Esse tipo de crítica, tenha ou não justificativa, não repousa, porém, em uma nova noção de "indeterminação". Ao contrário, o assunto é em princípio justamente como os que surgem em outros ramos do inquérito empírico.

Quine segue uma linha de argumentação semelhante em Quine, 1968. Destaca corretamente que todos os problemas que atormentam a tradução também aparecem no caso de nossa própria língua: ou seja, se há algum problema de princípio afetando a hipótese de que a palavra nativa *gavagai* se traduza como "coelho", então o mesmo problema vai surgir quando indagamos se "nossos termos 'coelho', 'pedaço de coelho', 'número', etc. se referem respectivamente a coelhos, pedaços de coelho, números, etc. e não a alguma denotação engenhosamente permutada". A questão, pelo que sustenta Quine, "não tem importância", a não ser "com relação a algum idioma de fundo". A solução apresentada por Quine para o dilema é a de que, "na prática, pomos fim ao regresso de linguagens de fundo, em discussões de referência, ao concordar em nossa língua materna e tomar suas palavras pelo valor de face". Mas isso não serve de ajuda, pois todas as questões levantadas por ele podem ser levantadas com relação à "língua materna" e ao "valor de face" de suas palavras. De fato, não existiu um problema interessante, em primeiro lugar, a não ser a subdeterminação da teoria pelas evidências. Quine ainda está para apresentar qualquer problema capaz de perturbar um cientista natural seguindo o curso sugerido para C, um cientista que enxergue as pessoas como "objetos naturais" e seu uso da linguagem como uma parte da natureza, a ser estudada de uma maneira familiar.

No mesmo artigo, Quine argumenta que "a semântica estará viciada por um mentalismo pernicioso enquanto considerarmos a semântica de um homem como de alguma forma determinada em sua mente além do possivelmente implícito em suas disposições para um comportamento aberto". O problema aqui está na referência à "mente" ou na distância entre o que é considerado determinado e o implícito nas disposições? Vamos supor que substituímos "mente" por "cérebro" na formulação de Quine. Ainda resta alguma coisa "perniciosa"? Ou suponhamos que reformulamos a tese de Quine assim: "A ciência estará viciada por um fisicalismo pernicioso enquanto considerarmos o estado (a estrutura) de um objeto como de alguma forma determinado por sua constituição física (corpo) além do possivelmente implícito em suas disposições". Esta última tese deve ser considerada com seriedade? Seguramente, não. Mas, se é assim, a primeira também não, pelo menos sobre as bases sugeridas por Quine.

Até onde posso ver, a tese de Quine sobre a indeterminação da tradução e suas diversas variações (por exemplo, em Quine, 1972) equivale nada mais do que a uma afirmação sem argumentação de que o estudo da linguagem enfrenta alguns problemas situados acima e além da familiar subdeterminação da teoria não trivial pelas evidências. Mas creio que a posição de Quine sobre esse assunto não está somente desorientada, tem consistência duvidosa. Assim, consideremos a seguinte formulação (em Quine, 1969b):

> O aprendizado pela ostensão é o aprendizado por indução simples, e o mecanismo desse aprendizado é o condicionamento. Mas esse método é notoriamente incapaz de nos

levar muito longe na linguagem. Isso acontece porque, no lado traducional, somos rapidamente levados para o que chamei de hipótese analítica. As estruturas inatas ainda desconhecidas, somáveis a mero espaço qualitativo, necessárias para o aprendizado da linguagem, são necessárias especificamente para levar a criança a superar essa grande elevação que se encontra além de ostensão, ou indução. Se o antiempiricismo ou antibehaviorismo de Chomsky diz meramente ser o condicionamento insuficiente para explicar o aprendizado da linguagem, então a doutrina é de um tipo condizente com minha doutrina da indeterminação da tradução.

Vamos considerar as "estruturas inatas ainda desconhecidas" mencionadas nesse trecho. Já que são "ainda desconhecidas", pressupõe-se que "possam ser conhecidas", ou, em uma apresentação mais apropriada, as hipóteses relativas a essas estruturas inatas têm exatamente o mesmo status de proposições das ciências naturais que são, na verdade, simplesmente parte da biologia. Consideremos, então, um conjunto de hipóteses H1 relativas às estruturas inatas necessárias ao aprendizado da linguagem para permitir à criança passar pelas limitações da ostensão ou indução. Ao examinar essas hipóteses, o cientista C pode fazer derivar um novo conjunto de hipóteses H2, relativas à classe de sistemas que podem ser obtidos por um organismo equipado com as estruturas inatas caracterizadas por H1 (ele poderia aperfeiçoar as hipóteses H2 pelo exame da natureza das evidências disponíveis, mas, para simplificar, vamos deixar essas considerações de lado). As hipóteses H2 cairão estritamente no interior das ciências naturais e não levantam novas questões de "indeterminação".

Claramente, não podemos assumir *a priori* suposições sobre as hipóteses H1 e H2; elas devem ser descobertas, experimentadas, aperfeiçoadas pelos métodos das ciências naturais. Especialmente, é com certeza possível que as hipóteses H2 tenham importância para a escolha de análises alternativas sobre estruturas frasais (por exemplo, *A–BC* contra *AB–C*), sobre os princípios CSE, sobre a teoria da interpretação semântica da estrutura superficial, sobre a teoria dos traços das regras de movimento, ou sobre a natureza e propriedades dos objetos "nomeáveis" (por exemplo, coelhos e etapas-coelho) e todos os tipos de outros assuntos.

As hipóteses H2 exprimem propriedades da linguagem que não podem ser determinadas (pela criança, pelo linguista) por métodos de "ostensão ou indução". Mas, olhando outra vez para o relato anterior de Quine, foram precisamente hipóteses desse caráter as alegadamente submetidas à "indeterminação da tradução"[27], um problema novo que não se apresenta nas ciências naturais. Presumivelmente, é precisamente esse o motivo que leva Quine a notar que a doutrina em discussão é "de um tipo condizente com minha [de Quine] doutrina da indeterminação da tradução". Lembremos, entretanto, que "onde a indeterminação da tradução se aplica, não existe uma questão real sobre se a escolha é correta; não existe fato do assunto, nem mesmo *no interior* na admitida subdeterminação de uma teoria da natureza". Aparentemente, então, as hipóteses H1 e H2 não têm nada para se considerar certo ou errado sobre elas e não podem ser selecionadas, confirmadas, aperfeiçoadas ou rejeitadas da forma usada pelas ciências naturais, embora sejam, como vimos, hipóteses perfeitamente comuns da biologia humana, tratando de estruturas biológicas inatas (ainda desconhecidas e, portanto, que podem vir a ser conhecidas) e com as restrições e limites inclusos relativos ao que pode ser aprendido. Em resumo, parece que Quine está comprometido com a crença de que essa parte específica da biologia está submetida a alguns novos problemas de princípio que não aparecem em outros pontos das ciências naturais, apesar de sua afirmação anterior de que "toda a verdade sobre a natureza" era imune a essa estranha "indeterminação". É difícil ver como se pode conciliar essas diferentes afirmações. Comentarei outras contradições internas aparentes nas doutrinas de Quine sobre esses temas daqui a pouco.

Consideremos finalmente a afirmação de Quine de que os falantes da língua inglesa obedecem a todos e quaisquer sistemas extensionalmente equivalentes da gramática, no mesmo sentido pelo qual os corpos obedecem à lei sobre os corpos que caem (ver a página 169)[28]. Trata-se de uma analogia singularmente errônea. As regras da gramática inglesa não determinam o que os falantes farão nem remotamente no sentido pelo qual a lei dos corpos que caem determina que, ao pular do alto de um edifício, a pessoa atingirá o solo em um tempo capaz de ser calculado[29]. Tudo o que as regras da gramática nos dizem é que a pessoa (idealmente) entenderá e analisará uma sentença de certas maneiras e não de outras – uma questão muito diferente. Mas, mesmo deixando de lado essa diferença fundamental, para ser consistente Quine deveria, eu creio, reformular sua afirmação: todos os falantes de inglês obedecem a todas e quaisquer gramáticas do inglês extensionalmente equivalentes (considerando equivalências fortes ou fracas, ou uma noção ainda mais robusta envolvendo condições empíricas mais ricas), no mesmo sentido pelo qual corpos obedecem à lei sobre corpos que caem ou às leis de outro sistema da física extensionalmente equivalente (com relação a uma determinada classe de evidências). Colocada dessa forma, a afirmação se torna bastante desinteressante, pelos motivos já discutidos. Físicos não precisam ser curados da "bobagem" de partir do princípio segundo o qual as leis que postulam são verdadeiras e de buscar evidências para escolher entre sistemas alternativos que sejam (até o momento) compatíveis com as evidências. Nem C precisa ser curado de uma "bobagem" análoga quando estuda um organismo em particular como parte do mundo natural.

Parte do interesse do estudo da linguagem, se conduzido da maneira indicada para C, é mostrar a inadequação das noções de Quine "se encaixarem" e "orientarem" para o estudo do comportamento humano. O comportamento de uma pessoa não é, de maneira geral, guiado por regras no sentido usado por Quine para o termo, e podemos ir bem além da afirmação de que simplesmente "se encaixa" em regras, no sentido usado por Quine. Em vez disso, o cientista pode prosseguir, da maneira normal, postulando que sua teoria sobre os seres humanos é de fato verdadeira, que os seres humanos têm as características, a organização mental, os sistemas cognitivos a eles atribuídos pela melhor teoria capaz de produzir. E nessa suposição "realista" padrão, justamente a suposição adotada pelo físico de Quine, C continuará a buscar provas que confirmem ou desmintam suas teorias sobre a natureza e as competências dos seres humanos. Ele tentará escolher entre teorias alternativas compatíveis com as evidências existentes no momento. Por último, esperamos, a investigação chegará ao ponto de indagar se sua teoria é confirmada pelo estudo do sistema nervoso central, mais uma vez, sem estar perturbado pelas inevitáveis subdeterminações da teoria pelas evidências.

Prosseguindo na discussão metodológica de Quine um degrau

a mais, consideremos mais uma vez o citado em Quine (1972). Aqui, Quine se coloca contra o que chama de "atitudes niilistas com relação a disposições" e contra "a rejeição de disposições". Isso parece ser tão estranho para ele que acrescenta: "Gostaria de pensar que estou perdendo alguma coisa". Na verdade, ele está. Um passar de olhos em minhas declarações por ele citadas parcialmente deixa bem claro o que ele está perdendo. Sua crença de que eu "rejeito disposições" se baseia em minha crítica sobre sua definição da língua como um "complexo de disposições presentes para o comportamento verbal, no qual falantes da mesma língua têm por força de vir a se parecer entre si" (1960, p. 27). Eu apontei (em Chomsky, 1969a):

> Presumivelmente, um complexo de disposições é uma estrutura capaz de ser representada como um conjunto de probabilidades para declarações em certas "circunstâncias" ou *"situações"* defíníveis. Mas deve-se reconhecer que a noção "probabilidade de uma sentença" não tem qualquer utilidade, *sob qualquer interpretação conhecida do termo*. Em termos empíricos, a probabilidade de que eu venha a produzir uma sentença determinada do inglês [...] é a mesma de que eu venha a produzir uma determinada sentença em japonês. *A introdução da noção de "probabilidade relativa a uma situação" não muda nada, pelo menos se as "situações" são caracterizadas em qualquer terreno objetivo conhecido...*

Quine cita essas afirmações, omitindo as partes que grifei. Então, se manifesta "intrigado pela rapidez com que ele (Chomsky) virou as costas para a parte crucial em certas 'circunstâncias' definíveis" e acrescenta que disposições verbais ficarão inativas se não estiverem definidas em termos de circunstâncias específicas. Sua confusão vem do fato de ter omitido a última sentença do trecho citado, o qual nota que a introdução de "circunstâncias" de forma alguma ajuda o seu caso.

Quine acrescenta mais adiante ter "falado principalmente de disposições verbais em uma circunstância bastante específica: uma circunstância de questionário, a circunstância de ter recebido uma sentença para concordar ou discordar, ou indecisão ou reação à bizarrice". Mas, como se nota em Chomsky (1969), isso apenas torna as coisas piores. Simplesmente, uma língua não é o complexo de disposições para responder sob um conjunto particular de *Gedankenexperiments,* como Quine considera, nem Quine fez essa afirmação patentemente falsa no trabalho que eu estava discutindo (Quine, 1960).

Já que Quine insiste no mesmo ponto em outro lugar (em Quine, 1974, p. 14 ff), talvez seja necessário juntar mais uma palavra. Quine está preocupado aqui em proclamar uma "crítica curiosa", ou seja, minha crítica de sua caracterização de uma língua como um complexo de disposições para o comportamento verbal. Ele cita o mesmo comentário de Chomsky 1969a, mais uma vez omitindo a sentença final, que nota que seu caso de nenhuma forma fica melhor se considerarmos "a probabilidade com relação a uma situação" e a discussão posterior sobre esse ponto. Ele faz, então, o seguinte comentário:

> Não vamos esquecer que as disposições têm suas condições. A probabilidade de que uma determinada quantidade de sal vá se dissolver em um tempo t é o que pode ser, mas a probabilidade de que ela vá se dissolver se imersa na água é alta. A preocupação de Chomsky poderia ser uma dificuldade mais específica: a de dispor as condições para dar partida às disposições verbais. Esse é um problema importante e, felizmente, existe uma solução fácil – uma solução, aliás, que apareceu com destaque no livro comentado por Chomsky. É o procedimento de indagar e concordar, do qual tratarei em §12.

A seção 12 é uma elaboração do procedimento de indagar e concordar de Quine (1960). Nessa versão, ele discute o "empenho contínuo do aprendizado ostensivo", chamado por ele de "aprendizado da declaração". Ele está preocupado com o "aprendizado de concordar"; por exemplo, a maneira pela qual uma criança aprende "a dizer sim" na presença da cor vermelha e o som "vermelho".

Infelizmente, esse procedimento – mesmo se aceitarmos ter um papel no aprendizado da língua na maneira proposta por Quine – não tem qualquer significado para as questões levantadas por mim. Uma língua, na opinião de Quine, é "um complexo de disposições presentes para o comportamento verbal". Se nos permitirmos supor que um complexo de disposições pode ser representado como um conjunto de probabilidades para declarações em certas circunstâncias especificáveis – uma suposição aparentemente aceita por Quine –, ficamos diante de uma série de problemas que apontei. Não há maneira de destinar probabilidades para declarações em bases empíricas relativas a situações que ofereçam qualquer esperança de salvação da caracterização de Quine da língua como um complexo de disposições para o comportamento verbal. Notei, ainda, que "claramente, entretanto, a disposição total da pessoa para uma resposta verbal sob condições de estímulos arbitrários não é a mesma coisa que suas disposições para ser levada a concordar ou discordar da sentença sob as condições particulares do procedimento de indagar e concordar de Quine". A afirmação de Quine de que o problema de "dispor as condições para dar a partida às disposições verbais" é resolvido pelo procedimento de indagar e concordar pode significar apenas que ele está deixando de fazer essa distinção crucial. Tomando sua proposta literalmente, devemos concluir que uma língua é um complexo de disposições para indagar e concordar nas condições do procedimento de indagar e concordar. Mas, simplesmente, não é esse o caso. Não vejo outra interpretação para a sua afirmação de que os problemas para caracterizar a probabilidade de declarações em situações, salvando assim sua definição de "língua" como um complexo de definições para responder (lembremos que é isto que está em discussão), "tem uma solução fácil" nos termos de seu procedimento de indagar e concordar.

Suspeito que o malogro de Quine em tratar dos numerosos e fundamentais problemas surgidos para o avanço de suas propostas resulta da crença, por ele ainda mantida, de que "a criança aprende a língua, na maior parte, por ouvir e emular os adultos" (Quine, 1974). Se a criança aprende a linguagem em sua maior parte por audição e emulação e – como Quine insiste em outro local – se aprender uma língua é uma questão de aprender sentenças, então a criança deve aprender a maior parte de suas sentenças por audição e emulação. Mas isso é tão grosseiramente falso que só se pode imaginar o que Quine tinha em mente. Especialmente quando ele observa em outro lugar, de maneira correta, que a linguagem é um sistema infinito caracterizado por uma gramática gerativa e, mais ainda, o condicionamento, a indução e a ostensão não bastam para o aprendizado de uma língua. O problema da interpretação é análogo aos mencionados na nota 30 adiante.

Talvez o que Quine queira dizer é apenas o truísmo de que falantes (adultos) abastecem a criança com os dados para o aprendizado do idioma. Mas, nessa interpretação, a criança aprende todo o idioma (não a maior parte) ao ouvir os adultos (ou outros falantes). E o comentário, entendido dessa forma, perde qualquer relevância para a discussão na qual aparece.

Os comentários de Chomsky (1969a) se aplicam, sem qualquer modificação, às formulações mais recentes de Quine. Ali, vou além para destacar o ponto óbvio de que, "se a língua é um complexo de disposições para responder sob um conjunto de circunstâncias normais, este seria não somente finito (a menos que incluísse todas as línguas) como também extremamente pequeno", por motivos explicados ali. Também destaquei que Quine evita a multidão de problemas levantados se seu relato for tomado seriamente como transferindo seu campo da "totalidade das disposições da fala" para "disposições a ser consultadas para concordar ou discordar da sentença", um conjunto de disposições que, ele afirma, constitui todas as evidências disponíveis em princípio para o linguista. Em meus comentários, não existe uma "rejeição de disposições", mas sim de afirmações falsas ou vazias sobre disposições; por exemplo, a afirmação de que um idioma é um complexo de disposições para o comportamento verbal presentes. A resposta de Quine (Quine, 1969a e outros locais) não trata de nenhum dos pontos levantados. Ele responde que disposições para concordar ou discordar estão certamente dentro da totalidade das disposições da fala (correto, mas irrelevante) e que o recurso a esse subconjunto não evita os problemas e sim os resolve (seguramente falso); ele nota que o problema de distinguir o inglês do japonês em bases empíricas não interfere em suas experiências relativas a disposições para concordar e discordar (verdadeiro, mas irrelevante). Obviamente, esses comentários, quando corretos, não têm relação com nenhum dos pontos levantados em minhas apreciações[30].

Em Chomsky (1969a) apontei que Quine, em um trabalho anterior, também usou de forma errada a noção de "disposição", ao afirmar em sua proposta que sinonímia "consiste mais ou menos de uma semelhança aproximada nas situações que evocam duas formas e semelhança aproximada no efeito sobre o ouvinte" (Quine, 1953). Essa proposta é indefensável. Comparemos as declarações "cuidado, você pode cair na escada" com "cuidado, você pode cair na sequência de degraus arranjados acima e abaixo um do outro, de maneira a permitir subir ou descer de um andar para outro". Consideremos as situações evocando essas duas declarações sinônimas e seu efeito nos ouvintes. Quine não é o único a ter recorrido a essa espécie de formulação errônea. William Alston (1963) sugere que "uma declaração da forma x significar y se justifica até o ponto em que, quando x é substituído por y numa ampla variedade de sentenças, e vice-versa, as disposições dos membros da comunidade linguística com relação ao emprego das sentenças para o desenvolvimento de ações linguísticas são, em todos os casos, aproximadamente as mesmas para as sentenças produzidas pela alternância e para a sentença que foi alterada". Mais uma vez, o exemplo que acabei de citar e inumeráveis outros como ele mostram que a declaração está muito longe do alvo. Está tudo muito bem em tentar relacionar comentários sobre significado, atos da fala e assim por diante com o comportamento, mas não à custa da veracidade dos fatos. Realmente, para tratar desses assuntos, acredito que a pessoa precise seguir o curso descrito anteriormente para o cientista C, abstraindo para a competência existente debaixo do uso da linguagem. Na teoria da competência, pode ser possível tirar sentido de alguma noção de "sinonímia", mas a análise direta em termos de proposições, até onde posso ver, não levanta muitas esperanças.

Mais uma vez, sublinho que estes comentários não implicam uma "rejeição das disposições". Pelo contrário, sugiro que tomemos seriamente a noção de "disposição para responder", concluindo assim que as formulações propostas por Quine estão erradas por larga margem, na minha opinião irremediavelmente.

Meus comentários (Chomsky, 1969a) sobre os esforços para definir "língua" em termos de disposições para responder e na probabilidade de declarações em circunstâncias definíveis também são discutidos em Suppes (1973). Ele os contesta dizendo que esses comentários foram "escritos sem familiaridade com a maneira pela qual conceitos de probabilidade são realmente usados na ciência". Seu motivo é de que, ao considerar mesmo "os fenômenos probabilísticos mais simples", como jogar uma moeda para o alto, estamos tratando com a probabilidade de resultado próximo a zero, mas em nenhum sentido se depreende que o conceito da probabilidade não possa ser aplicado de maneira significativa ao ato de jogar uma moeda para o alto. De forma semelhante, "existem muitas previsões probabilísticas que podem ser feitas sobre o comportamento verbal, indo de previsões triviais sobre se um determinado falante expressará sentenças em inglês ou em japonês a previsões detalhadas sobre a estrutura gramatical ou semântica". Assim, "nossa incapacidade para prever o fluxo único do discurso não invalida mais uma definição do idioma como um complexo de disposições para comportamentos verbais do que nossa incapacidade para prever a trajetória de um elétron livre solitário por um curto período de tempo invalida a mecânica quântica ...".

Essas informações caem completamente fora do alvo. Suppes não conseguiu de nenhuma forma entender as questões que faziam parte da discussão à qual se refere. É correto que, diante de uma gramática, podemos desenvolver "aplicações sofisticadas da teoria das probabilidades" sem sermos atrapalhados pelo fato de "os objetivos básicos da investigação terem ou probabilidades extremamente pequenas ou probabilidades de estritamente zero". Feita a caracterização do inglês e do japonês por uma gramática, podemos fazer previsões sobre se um determinado orador vai pronunciar uma sentença em inglês ou japonês, caracterizados dessa maneira. Mas é igualmente correto que a ausência de caracterização de um idioma por um sistema gerativo (ou uma aproximação na mesma direção) pode tirar pouco sentido de observações empíricas sobre a probabilidade de declarações (seja em circunstâncias definíveis empiricamente, ou em algum grupo de declarações). Em particular, não podemos fazer previsões bem fundamentadas sobre se a próxima declaração virá em inglês ou em outra coisa.

A analogia com a mecânica quântica é totalmente falsa. Os físicos não caracterizam a teoria da mecânica quântica como um complexo de disposições de elétrons para mover-se em uma direção ou outra quando observados experimentalmente. Ao contrário, desenvolveram uma teoria sobre esses movimentos e os relacionaram com a observação das experiências, algo completamente diferente.

Se um idioma é definido como "um complexo de disposições para o comportamento verbal", determinado simplesmente em termos de probabilidades de respostas em determinadas situações, sem referência a qualquer teoria postulada de competência, ficaremos diante da massa de problemas que mencionei. Se, por outro lado, o "complexo de disposições" é apresentado nos termos de uma teoria postulada de competência, todas as questões colocadas são dadas como provadas.

No mesmo trabalho, Suppes se manifesta contra "as ambições imperialísticas [...] que muitos linguistas parecem ter com relação a uma teoria da competência" diante da teoria do desempenho, e defende que "as duas podem prosseguir de forma independente". Ele não explica o que tem em mente ao se referir a essas "ambições imperialísticas", mas presumivelmente se refere à afirmação de que o estudo do desempenho – o uso da linguagem – pode progredir apenas até o ponto em que tenhamos uma certa compreensão do sistema usado. Essa afirmação, contudo, dificilmente seria "imperialística". Ao contrário, está perto de ser um truísmo. Assim, se tudo o que sabemos sobre a linguagem é ser ela composta de palavras, podemos estudar o uso das palavras e construir modelos probabilísticos para sequências de palavras. Por outro lado, se sabemos alguma coisa sobre "estruturas gramaticais ou semânticas", podemos prosseguir, como Suppes propõe, construindo modelos probabilísticos capazes de oferecer previsões detalhadas sobre essas estruturas postuladas. A gramática probabilística discutida por Suppes usa uma classificação de questões em bases sintáticas e semânticas; ou seja, pressupõe uma teoria parcial de competência capaz de oferecer essa classificação. Seus próprios exemplos ilustram o truísmo de que a teoria do uso da linguagem não pode de forma sensível progredir independentemente da teoria da competência. Nenhuma "ambição imperialística" foi apresentada além desse truísmo.

Com relação à afirmação de Suppes de que nenhuma dessas teorias "precisa anteceder" a outra, se por "anteceder" ele quer significar "anteceder temporariamente", logicamente não há objeções. O estudo da linguagem trata do sistema e seu uso. O linguista, assim, trata da competência adquirida e de modelos de desempenho capazes de incorporar essa competência e seu uso. É impossível estabelecer condições *a priori* com relação aos pontos desse sistema complexo sobre o qual novas descobertas serão feitas. Não consigo enxergar nenhum problema com relação a isso (ver nota 19). Suppes apropriadamente endossa "o apelo contra o absolutismo" de Quine, mas parece não ter uma concepção muito clara da natureza do trabalho do qual está tratando.

Já que Quine foi talvez o principal crítico do projeto sugerido anteriormente para o cientista C, pode ser útil examinar mais um pouco seus comentários sobre o estudo da linguagem. Ao ler Quine, é preciso distinguir entre duas doutrinas diferentes e, na minha opinião, inconsistentes. A primeira é encontrada em Quine (1960). Aqui, aparece uma teoria pela qual um idioma[31] é um "tecido de sentenças associadas de forma variável uma com a outra e com estímulos não verbais pelo mecanismo da resposta condicionada". Quine prossegue especificando três mecanismos pelos quais "sentenças podem ser aprendidas": associação de sentenças com sentenças, associação de sentenças com estímulos e "síntese analógica", uma noção deixada obscura a não ser por um único exemplo, um caso de substituição de uma palavra por outra em um determinado contexto[32]. Ele também define um idioma como "um complexo de disposições presentes para um comportamento verbal, no qual falantes do mesmo idioma têm necessariamente de vir a parecer um com o outro", uma formulação que, como já notei, é ou vazia ou errada, dependendo de como apresentamos "situações".

O aprendizado também envolve um "espaço de qualidade" capaz de dimensionar e uma medida de distância a ser determinada experimentalmente.

"De fato, os aspectos do espaço de qualidade são expressamente estímulos, [...] nenhum dos quais com imposição anterior de dimensões. Quaisquer aspectos irrelevantes dos estímulos irão em princípio desaparecer por si mesmos no curso da determinação experimental do espaço de qualidade ... [que pode ser] ... explorado e medido por testes de comportamento no condicionamento diferencial e extinção de suas respostas."

"A dimensionalidade final do espaço de qualidade de alguém será determinada somente depois que todas as comparações simplesmente ordinais de distância tiverem passado pelo condicionamento diferencial e testes de extinção", por "considerações da mais simples acomodação", nas linhas de Goodman (1951)[33].

Examinemos agora as propostas de Quine no fim da década de 1960 (Quine, 1969a, b). Ele afirma que o método do condicionamento "é notoriamente incapaz de nos levar muito longe na linguagem" e considera sua "doutrina da indeterminação da tradução" como sendo "idêntica" à doutrina de que "o condicionamento é insuficiente para explicar o aprendizado da linguagem". Insiste em que "a gramática gerativa é aquilo que principalmente diferencia a linguagem dos sistemas de comunicação subumanos" e fala das "estruturas inatas ainda desconhecidas, a ser somadas ao mero espaço de qualidade, necessárias no aprendizado da linguagem [...] para conduzir a criança sobre esse grande obstáculo que fica além da ostensão ou indução. Acrescenta "uma palavra explícita de boas-vindas para qualquer mecanismo inato de aptidão para a linguagem, seja qual for sua elaboração", que possa ser tornado inteligível e plausível. Enquanto em 1960 Quine seguia o padrão de Skinner, como afirma repetidamente, em seu trabalho posterior define "behaviorismo" meramente como o ponto de vista de que todos os "critérios" devem ser expressos em termos de observação e todas as conjeturas devem "eventualmente receber um sentido em termos de observação externa" – de forma que "behaviorismo" passa a ser apenas outro nome para mau verificacionismo.

Não vejo forma de conciliar as visões antiga e mais recente. Se o condicionamento é insuficiente para explicar o aprendizado da linguagem (1960), um idioma não é um tecido de sentenças associadas por respostas condicionadas (1960) e as sentenças não são "aprendidas" pelos três mecanismos de 1960. Se a gramática gerativa é a característica essencial para a definição da linguagem humana, então, mais uma vez, o texto mais antigo pode ser desprezado, pois uma gramática gerativa não pode ser descrita nem como um tecido de sentenças e estímulos associados pelo condicionamento nem como um complexo de disposições para responder. Se mecanismos inatos de complexidade arbitrária são permitidos, desde que as conjeturas venham a fazer sentido nos termos de observações externas, não há motivo para atribuir um espaço especial a estruturas dimensionais como um "espaço de qualidade", nem a estruturas determinadas pelo condicionamento diferencial e testes de extinção (diferentes, digamos, de testes de memória ou reconhecimento)[34].

Os pontos de vista mais recentes de Quine me parecem ser um abandono quase completo do behaviorismo e de todas as suas armadilhas – na minha opinião, uma mudança bem-vinda. Digo "quase completo" porque na versão mais recente da noção "resposta condicionada" ele ainda está presente, numa questão que me parece ser altamente duvidosa (ver mais adiante). Mas pode ser mais interessante notar que os pontos de vista mais recentes de Quine não caem na classe de sistemas E (conforme a página 141 anterior), apesar de na versão anterior isso ter ficado claro. Assim, se estamos preparados para dar as boas-vindas a qualquer mecanismo inato, por mais elaborado que seja, não estamos obrigados a aceitar procedimentos do caráter de E, podendo explorar teorias mais ricas e, acredito, mais adequadas.

A discussão desse importante assunto por Quine obscurece os pontos centrais. Quine sugere (1969b) que por "racionalismo" quero significar simplesmente o princípio de que estruturas inatas devem ser suficientemente ricas para explicar a aquisição da linguagem, mas não tão ricas a ponto de ser incompatíveis com os dados disponíveis. Ele expressa sua concordância com esse "ponto indiscutível sobre a linguagem". Mas acrescenta a seguir que "resistências e disposições inatas são a pedra fundamental do behaviorismo" e que, além do "espaçamento qualitativo dos estímulos", "são necessárias inquestionavelmente muitas mais estruturas inatas, também, para explicar o aprendizado da linguagem". Seu "empiricismo" ou "behaviorismo" aparentemente receberá com agrado qualquer explicação desses dons inatos, enquanto, como conjeturas, "possam eventualmente fazer sentido nos termos da observação externa"[35]. Assim, seu "behaviorismo" ou "empiricismo externalizado" pode certamente acomodar minha alternativa "racionalista".

Mas em nenhum lugar sugeri que o "racionalismo" deve ser construído da forma proposta por Quine. Ao contrário, sugeri a existência de duas abordagens gerais R e E (conforme a página 141), as duas postulando mecanismos inatos, mas mecanismos de tipos bastante diferentes, como expliquei com alguma extensão. Obviamente, R e E (como qualquer investigação racional) precisam atender ao "ponto indiscutível sobre a linguagem" citado por ele. Sugeri ainda mais que essa exigência não pode ser atendida por qualquer abordagem do caráter de E, em particular pela abordagem de Quine (1960), a qual, argumentei (em Chomsky, 1965, 1969a), pode ser incluída em E desde que tenha alguma substância. A resposta de Quine de que o behaviorismo também postula mecanismos inatos é claramente irrelevante para todos os assuntos em discussão.

Consideremos agora os papéis ainda atribuídos ao condicionamento nas sugestões mais recentes de Quine. Eles são dois:

18 Um espaço de qualidade deve ser determinado por experiências de condicionamento (1969a).

19 "A resposta condicionada mantém um papel importante no aprendizado da linguagem. Ela é a via de acesso a qualquer léxico particular, pois é assim que aprendemos termos de observação (ou melhor, sentenças de observação simples) por ostensão. O aprendizado por ostensão é aprendizado por indução simples e o mecanismo desse aprendizado é o condicionamento", o qual é "notoriamente incapaz de nos levar muito longe na linguagem"(1969b).

Com relação a 18, é duvidoso que um "espaço de qualidade" possa ser determinado de qualquer maneira sensível isolado de outras estruturas cognitivas inatas. Experiências de condicionamento podem ser planejadas para mostrar que as pessoas podem associar figuras geométricas pela forma, pela área, pela posição no espaço visual e, pelo que eu sei, até pela hora do dia em que são apresentadas. Provavelmente, podem ser planejados experimentos para mostrar que pessoas generalizam a partir da apresentação de rostos para outros que não "combinem" no sentido dado por Goodman (1951) – por exemplo, perfis de esquerda ou de direita –, ou que generalizam nos termos de dimensões determinadas por uma noção de combinação (de rostos) no sentido de Goodman. Além do mais, ao contrário do que Quine defende (conforme a nota 33), não há justificativa para a crença de que os métodos de Goodman, por mais interessantes que sejam em si mesmos, tenham uma posição privilegiada na investigação de um espaço de qualidade.

Um cientista investigando as estruturas cognitivas do ser humano pode construir um espaço de qualidade abstrato como parte da totalidade do sistema integrado. Mas não vejo razões para supor que ele tenha um caráter mais primitivo do que os outros componentes do sistema, que possa ser determinado isoladamente ou que por uma hipótese racional sobre um espaço de qualidade vá estar menos infectado por considerações teóricas com suas "indeterminações" que outros componentes da estrutura cognitiva inata. Ou, ainda, que experiências relevantes para a dimensionalidade determinante possam ser selecionadas isoladamente da teoria geral da estrutura cognitiva inata. Assim, tanto o compromisso com uma classe particular de experiências (condicionamento e extinção) como o compromisso com um espaço de qualidade capaz de ser isolado com algum caráter privilegiado me parecem ser bastante questionáveis.

Vamos considerar 19. Em primeiro lugar, não vejo maneira de tirar sentido da afirmação de que o mecanismo do aprendizado por indução simples é condicionante. Mas vejo problemas mais sérios. Lembremos que, de acordo com a teoria de 1960, a indução leva a "hipóteses genuínas" com incertezas "indutivas normais", diferente da hipótese analítica de que "supera qualquer coisa implícita de qualquer disposição do nativo para o comportamento da fala"; e, além disso, no uso dessas hipóteses analíticas – digamos, em propor que elas constituem parte de uma gramática gerativa – "imputamos nosso senso de analogia linguística sem verificações à mente do nativo". (Lembremos que praticamente toda a sintaxe e a maior parte da semântica consistem de hipóteses analíticas; 1960, p. 68ff.) Essa imputação não pode ser verificada, devido a alegados problemas de indeterminação.

Como já notamos, Quine parece agora ter implicitamente rejeitado toda ou parte dessa doutrina. Mas parece que, nos pontos de vista atuais de Quine (ou seja, o condicionamento), essa explicação para o aprendizado dos termos de observação ainda é qualitativamente diferente dos pontos envolvidos em outros aspectos do aprendizado da linguagem. Entretanto, não vejo razões para supor a existência de qualquer diferença fundamental a esse respeito. Pondo agora de lado as preocupações de Quine sobre "indeterminação", consideremos o que é talvez a noção mais "elementar" que temos, a noção "objeto físico", a qual, suponho, tem um papel nos processos mais elementares de aprendizado por ostensão, indução ou condicionamento. Mas a noção "objeto físico" parece ser bastante complexa. No menor dos mínimos, alguma noção de contiguidade espaço-temporal parece estar envolvida. Não consideramos um rebanho de vacas um objeto físico, mas um conjunto, apesar de não haver incoerência lógica na noção de um objeto disperso, como Quine, Goodman e outros deixaram claro. Mas mesmo a contiguidade espaço-temporal não é suficiente como condição geral. A asa de um avião é um objeto, mas sua metade esquerda, apesar de ser igualmente contínua, não é um objeto. Claramente, alguma propriedade *gestalt* ou alguma noção de função toma parte nisso. Além do mais, entidades dispersas podem ser aceitas como objetos físicos únicos sob certas condições: consideremos uma cerca de madeira com intervalos, ou um móbile de Calder. O móbile é uma "coisa", mas um conjunto das folhas de uma árvore não é uma coisa. O motivo, aparentemente, é que o móbile foi criado por um ato de vontade humana. Se isso estiver certo, crenças sobre a vontade humana e a ação e a intenção têm papel crucial na determinação até mesmo dos conceitos mais simples e elementares. Se esses fatores estão envolvidos nas etapas iniciais do amadurecimento, não sei, mas é claramente um assunto empírico, no qual não cabem suposições dogmáticas. Pode ser que uma esquematização de considerável complexidade e nível de abstração participe dos processos de aprendizado que possam ser considerados muito "elementares", seja qual for o sentido capaz de ser tirado dessa noção; muito pouco sentido, na minha opinião. Somos levados de volta, pelo que penso, ao ponto de vista de Peirce que já mencionamos. E eu acho que nem mesmo as doutrinas mais recentes de Quine envolvem afirmações empíricas de tipo tão duvidoso (ver também capítulo 2, p. 43).

Tratei desses temas em tamanha extensão por achar que o problema da escolha entre os sistemas de caráter geral de R e E, ou alguma doutrina combinada, tem muita importância. Argumentei em outro local (por exemplo, Chomsky, 1965) que essas duas abordagens exprimem as principais ideias das especulações racionalista e empiricista. Quine acha que há bem pouco em jogo, mas, pelas razões acabadas de explicar, acredito que ele esteja errado.

Outros apresentaram pontos de vista semelhantes. Jonathan Cohen sugere que os argumentos por mim apresentados contra E mostram apenas que "técnicas de simples enumeração" são inadequadas para o aprendizado da linguagem (ou a construção de teorias científicas, etc.), mas esses argumentos não se aplicam às "técnicas de indução eliminativa". Essas técnicas "são adequadas para a descoberta científica" e "também podem ser adequadas para o aprendizado da linguagem". Assim, não precisamos "aceitar a relativamente extravagante suposição de universais linguísticos inatos"[36].

O problema da proposta de Cohen é a não-existência de "técnicas de indução eliminativa" em qualquer sentido relevante. Para que a "indução eliminativa" possa ir adiante, precisamos de alguma especificação das classes de hipóteses admissíveis, no sentido de Peirce, ou pelo menos uma certa ordenação de admissibilidades, talvez parcial. A teoria da gramática universal, como esboçada aqui e nas referências mencionadas, é uma dessas especificações, no caráter de R. Mas os sistemas que caem em E, como eu os apresentei, não conseguem oferecer uma especificação de hipóteses admissíveis capaz de dar qualquer esperança de uma explicação dos fatos[37]. Se o método da "indução eliminativa" for suplementado por uma esquematização inicial capaz de limitar a classe de "gramáticas possíveis para os seres humanos", cairá dentro de R; se não houver essa suplementação, será vazio. Se for suplementado dessa forma, expressará "a suposição de universais linguísticos inatos", não só "extravagantes" como, pelo que sei, inevitáveis.

Cohen apresenta diversos argumentos contra a suposição de universais inatos. Aponta analogias entre a aquisição da linguagem e a descoberta científica, concluindo que, por paridade de raciocínio, se a suposição de universais linguísticos inatos for exigida para a primeira, uma suposição análoga deve ser exigida para a segunda. Ele toma a conclusão como sendo mais ou menos um *reductio ad absurdum*. Para explicar a descoberta científica, na sua opinião, é suficiente postular "a capacidade geral para a indução eliminativa". Por que, então, não supor que essa capacidade não é também suficiente para a aquisição da linguagem?

Os argumentos de Cohen falham por razões já discutidas. O cientista C, lançando uma rede com malhas mais finas que a de Cohen, nota as analogias entre a aquisição da linguagem e a descoberta científica, e também nota diferenças qualitativas fundamentais, já discutidas. Essas o levariam, como defendi, a postular um sistema de universais linguísticos inatos. Mas, como C leva adiante o trabalho de mapear todo o sistema cognitivo de seus sujeitos, também tentará desenvolver princípios capazes de explicar a descoberta científica. Reconhecendo que "uma capacidade geral para a indução eliminativa" é totalmente vazia e não leva a nenhum lugar sem uma especificação da classe de hipóteses admissíveis ou uma certa ordenação de admissibilidades, tentará determinar essa especificação. Por motivos já comentados, provavelmente será muito diferente do sistema de universais linguísticos que caracteriza as gramáticas admissíveis; se os sistemas fossem únicos e iguais, as diferenças entre a aquisição da linguagem e o senso comum, de um lado, e o conhecimento da física, do outro, seriam inexplicáveis. É bem possível que C viesse a postular uma teoria do caráter de R, com universais inatos, para explicar a capacidade de obter conhecimento científico. Não conheço nenhuma alternativa coerente com isso.

Basicamente, os argumentos de Cohen pecam por ser vagos. O conteúdo substantivo de uma teoria do aprendizado é bastante determinado pela especificação de hipóteses admissíveis, se minha teoria estiver correta. Como não sabemos nada sobre as bases da descoberta científica, só podemos especular. Mas, no caso de "a paridade do raciocínio" ter alguma força, ela nos deverá levar a suspeitar que nesse domínio também o conteúdo substantivo de qualquer teoria adequada será dado por uma caracterização das hipóteses admissíveis, como Peirce defendeu. Certamente, não se ganha nada ao evocar o vazio conceito de "indução eliminativa". A falta de substância dessa proposta pode ser vista logo, ao fazermos a mais simples das perguntas: como, em princípio, podemos programar um computador para realizar a "indução eliminativa" nos casos da aquisição da linguagem ou da descoberta científica, na ausência das restrições das hipóteses admissíveis? A discussão de Cohen de "indução eliminativa" concede tacitamente este ponto, ao pressupor, como um elemento desse método, "uma concepção do que deve ser contado como hipótese", *inter alia* (p. 51).

Cohen passa então a sugerir outra linha de argumentação. Afirma que "a postulação de uma capacidade inata para fazer x como explicação de como a criança tem a capacidade de fazer x alegadamente sem aprendizado a partir da experiência" é uma "pretensão tautológica" e que, para evitar essa "trivialidade", é necessário descobrir "consequências que podem ser testadas de forma independente dos fatos do aprendizado da linguagem que ela se propõe explicar – por exemplo, consequências para a fisiologia do cérebro ou para o tratamento de distúrbios da fala (alternativamente, devemos abandonar a hipótese de que existem mecanismos específicos da linguagem). "Mas, desde que a teoria de Chomsky não tem consequências que podem ser testadas de forma independente (deste tipo), parece que o progresso teórico na explanação do aprendizado da linguagem não deve ser buscado na direção de teorias cada vez mais ricas de universais inatos, como Chomsky sugere, mas na direção de teorias cada vez menos específicas do que é recebido de forma inata, capazes de explicar esses universais linguísticos como parecem ser."

Ninguém duvida da importância de procurar consequências da

teoria da linguagem além dos "fatos do aprendizado da linguagem". Mas vamos considerar o argumento de Cohen, repousando na suposição de que postular uma capacidade inata para fazer x a fim de explicar como as crianças têm a capacidade de fazer x é uma pretensão tautológica. A suposição de Cohen está correta? Suponhamos que o cientista C apresente a propriedade de regras dependente da estrutura (SDP) ou o princípio SCE como um elemento da gramática universal; assim, ele defende que as crianças não aprendem esses princípios, mas constroem um sistema linguístico observando esses princípios. Assim, C está apresentando uma "capacidade inata para observar esses princípios" para explicar como as crianças obedecem a esses princípios "sem aprender a partir da experiência". Pela suposição de Cohen, a hipótese de C é uma pretensão tautológica e assim não pode ser demonstrada como falsa. Mas, de fato, ela pode ser demonstrada como falsa, até facilmente, digamos, por mais investigações que demonstrem ser SDP e SCE violados em outra questão da língua ou em outra língua. De fato, propostas relativas à gramática universal – e daí, na interpretação sugerida acima, propostas relativas às capacidades inatas – têm sido constantemente revistas justamente por esses motivos. Assim, a suposição inicial de Cohen é falsa e seus argumentos desabam[38].

As teorias da gramática universal propostas até agora, apesar de não serem pretensões tautológicas como Cohen sugere, ainda estão longe de ser suficientemente ricas e restritivas para explicar a aquisição da linguagem; não limitam suficientemente a classe de hipóteses admissíveis. Assim, ao contrário do que Cohen afirma, parece que o progresso teórico na explicação do aprendizado da linguagem deve ser buscado na direção de teorias mais ricas de universais inatos, pelo menos até ser sugerida outra abordagem com algum grau de plausibilidade. A sugestão de Cohen para que busquemos cada vez menos teorias específicas de recursos inatos, incluindo universais linguísticos, só exprime, mais uma vez, a crença convencional de que a faculdade da linguagem não tem propriedades especiais, que é apenas uma capacidade de aprendizado geral. Mas, como outros compromissados com essa crença, não oferece nenhum argumento plausível em sua defesa e não enfrenta os problemas óbvios que surgem da manutenção desse ponto de vista.

Seria necessário, mais do que simplesmente desejável, buscar evidências em outro domínio (por exemplo, a neurofisiologia) somente se tivéssemos alcançado o ponto de construir teorias adequadas[39] que não podem ser distinguidas empiricamente sem essas evidências adicionais. Essa afirmação é mesmo uma "trivialidade", mas uma que não tem significado no caráter não-tautológico de hipóteses explanatórias formuladas nos termos apontados anteriormente, ou seja, nos termos de uma esquematização postulada da gramática universal.

Observemos que, se fossem possíveis experiências com seres humanos, C poderia obter evidências relevantes para as teorias da gramática universal de muitas outras formas. Assim, poderia testar sua suposição de que SDP e CSE fazem parte da gramática universal ao expor crianças a sistemas inventados violando as condições propostas e determinando como ou se elas conseguem adquirir esses sistemas. Se a aquisição desses sistemas é possível, mas qualitativamente diferente da aquisição do idioma natural – se, vamos dizer, tiver as propriedades da descoberta científica –, C aceitará isso como evidência confirmatória de sua teoria de que SDP e CSE fazem parte da faculdade da linguagem, que é uma das diversas faculdades da mente. O fato de que procedimentos experimentais como esse são possíveis em princípio demonstra mais uma vez o caráter não-tautológico das teorias explanatórias em questão.

Nesse sentido, Cohen argumenta que se uma língua marciana violasse uma teoria proposta da gramática universal, mas pudesse ser aprendida por seres humanos, o resultado mostraria que a gramática universal não espelha as capacidades linguísticas dos seres humanos. Assim, ele conclui, ao aceitar a suposição de que existem universais linguísticos inatos, torna-se necessário "vasculhar todo o Universo, não apenas a Terra, na busca de idiomas exóticos inteligíveis". O projeto, dessa maneira, não pode ser concretizado[40].

O argumento é falho por dois motivos. Primeiro, está baseado em um mal-entendido fundamental da natureza do inquérito científico; segundo, a formulação é, mais uma vez, bastante imprecisa para ter significado real nos assuntos tratados. Vamos considerar o primeiro erro. Notamos imediatamente que não é feita distinção entre a "língua marciana" e uma língua inventada. Assim, não precisamos "vasculhar o Universo" para descobrir possíveis contraexemplos a uma teoria proposta, a ser apresentada a sujeitos humanos em um teste de aprendizado. Ao contrário, podemos livremente inventar esse material. Diante de uma teoria proposta de gramática universal que ofereça um sistema de universais linguísticos inatos, podemos imediatamente construir idiomas que violem os princípios postulados e tentar determinar, de uma maneira ou outra, se eles são acessíveis aos seres humanos, da mesma forma que os idiomas naturais. Podemos continuar essa busca por evidências não confirmatórias indefinidamente, e de diversas maneiras. Se isso torna o projeto original impraticável, como Cohen afirma (eliminando agora a referência irrelevante sobre "vasculhar o Universo"), então qualquer projeto empírico será impraticável exatamente pelos mesmos motivos. A discussão de Cohen sobre "línguas marcianas" meramente ajuda a apoiar o óbvio: teorias empíricas não triviais não são determinadas pelas evidências.

Além do mais, a discussão de Cohen é crucialmente imprecisa sobre o tema da "capacidade de ser aprendido". Suponhamos que temos uma teoria GU da gramática universal. Suponhamos que temos um sistema L (marciano ou inventado, a diferença não interfere) violando os universais linguísticos inatos postulados em GU. Suponhamos que descobrimos ser L capaz de ser aprendido por seres humanos exatamente da mesma forma que idiomas humanos reais, isto é, em condições comparáveis de tempo e exposição aos dados, com sucesso comparável, e assim por diante. Então, rejeitamos GU, exatamente da mesma forma que viríamos a rejeitá-la se encontrássemos evidências de idiomas humanos reais contradizendo suas suposições. Suponhamos, porém, que venhamos a descobrir ser L "aprendível" apenas da mesma maneira como se aprende física. Essa descoberta não refuta GU, da mesma maneira que GU não é refutada pela observação de que estudantes são capazes de aprender física teórica, uma teoria que sem dúvida viola os princípios da GU. Obviamente, a mente tem capacidades que ultrapassam a faculdade da linguagem e o fato de que a física (e o marciano) podem ser aprendidos não prova nada sobre a capacidade da linguagem.

Finalmente, Cohen sustenta que abordagens mais simples são suficientes para explicar a aquisição da linguagem e rascunha algumas possibilidades. Infelizmente, suas sugestões nem começam a tratar das mais elementares propriedades da linguagem que foram discutidas na literatura; por exemplo, a propriedade da dependência da estrutura. Consequentemente, suas propostas não podem ser levadas a sério da forma como são apresentadas. Quanto às maiores possibilidades de que a capacidade do uso das transformações possa simplesmente ser um caso especial de "alguma habilidade genérica", trata-se de uma proposta inteiramente vazia até que a "habilidade genérica" em questão seja especificada; e a proposta não é particularmente plausível, por motivos já mencionados.

A discussão de Cohen é uma das melhores e mais acuradas que encontrei, mas acho que ele não apresentou uma argumentação séria a favor de nenhuma de suas conclusões[41]. Cohen aponta que se a abordagem por ele criticada for razoável e suas conclusões específicas receberem alguma confirmação, "o caso para uma abordagem *de jure* para a semântica das línguas naturais será consideravelmente fortalecido", em um sentido de abordagem *de jure* que ele desenvolve e rejeita. Como seus argumentos contra a abordagem geral são destituídos de vigor e desde que há pelo menos uma certa confirmação para ela, segue-se que "a abordagem *de jure* para a semântica das línguas naturais está consideravelmente fortalecida", ao contrário de suas intenções, se seu raciocínio sobre o assunto estiver correto.

O malogro de Cohen em confrontar as únicas questões interessantes surgidas no caso do aprendizado da linguagem é revelado de forma ainda mais clara na sua discussão mais elaborada da questão em Cohen (1970). Ali, ele sugere mais uma vez que, com um conceito apropriado de indução eliminativa, é possível superar a argumentação de que um sistema de aprendizado da linguagem deve ter o caráter de R, como defendido em Chomsky (1965) e em outros lugares; e argumenta mais, sobre as mesmas bases, que "uma estratégia geral de aprendizado" deve ser capaz de "fazer o trabalho". O método de indução por ele proposto pressupõe "em primeiro lugar um certo conjunto de hipóteses universais materialmente semelhantes, no qual a similaridade material é definida sobre um tema relativo a um assunto [...] e, em segundo lugar, um conjunto de variáveis naturais [...] que são indutivamente relevantes para essas hipóteses" (e, além disso, ele pressupõe a existência de um método para modificar hipóteses, para elevar hipóteses a uma ordem superior e para rejeitar alguns dados; esses métodos não foram enumerados). Mas, infelizmente para a sua argumentação, a questão em jogo era a natureza e a fonte do conjunto inicial de hipóteses universais e as "variáveis naturais", e, sobre essa questão, Cohen nada tem a dizer[42]. Em Chomsky (1965) e em outros lugares argumentou-se que a delimitação dessas hipóteses deve ser feita nos termos dos princípios do caráter de R, não de E, e muitas propostas específicas foram apresentadas. A abordagem de Cohen é tão vaga e pouco explícita que não podemos dizer se está em R ou E; nem podemos descobrir nenhuma de suas propriedades relevantes a partir de seu relato; ele meramente estipula que sua "estratégia geral de aprendizado" se baseia em um conjunto inicial não especificado de hipóteses, uma técnica (não especificada) para modificar hipóteses, uma escolha (não especificada) de variáveis relevantes, uma limitação inicial a "relativamente poucos conceitos" (também não especificados) e assim por diante.

Não pode haver objeções a um "dispositivo indutivo de aprendizado da linguagem" que seja "um formulador e responsável por testar hipóteses", com uma "tendência para a generalização (que) o levará a formular hipóteses sobre relações entre variáveis (relevantes) destinadas a classificar e explicar as hipóteses mais elementares que já foram organizadas". Nenhuma das questões que nos preocupam é esclarecida por essas afirmações ou pelas referências à "continuidade da metodologia indutiva, a partir de generalizações elementares, de primeira ordem, até generalizações teóricas, de terceira ordem", ou por aceitar um "dispositivo (que) sempre formula hipóteses tão limpas como é possível sobre os dados notados inicialmente [...]". Ao contrário do que Cohen afirma, nenhuma "luz parece ser lançada pelo relato proposto de raciocínio indutivo", pelo simples motivo de o relato proposto omitir-se em todos os pontos cruciais.

Na opinião de Cohen, "o número de variáveis relevantes na sintaxe é muito menor, e seu tamanho muito menor, e as hipóteses são testadas com muito maior facilidade que na maioria dos campos das ciências naturais". Esta, ele afirma, é a razão pela qual as crianças aprendem uma língua com mais rapidez do que resolvemos problemas das ciências naturais. Duvido que ele mantenha essa tese se tentar formular os princípios governando a linguagem e seu uso. Ele também sugere que, "quanto mais abstratos os conceitos evocados (na teoria linguística), mais plausível é a suposição de que, se forem mesmo inatos, esses conceitos representam certas habilidades gerais com indefinidamente muitas aplicações", mas não oferece nenhuma argumentação forte para essa tese[43], a não ser afirmações como a seguinte: "certamente não é óbvio [...] que a dependência da estrutura de, por exemplo, uma transformação interrogativa é substancialmente diferente da dependência da estrutura de um salto individual na brincadeira infantil da amarelinha". Mas parece ser óbvio, por diversos motivos, que os dois são "substancialmente diferentes", já que nem mesmo a noção de "estrutura frasal abstrata" aparece na brincadeira infantil, de forma que a noção de "dependência da estrutura" não tem aplicação não trivial no caso.

Cohen também observa que "deve-se ler – na literatura psicológica – acerca de um falante do inglês sobre o qual existam evidências atestadas de forma adequada de que ele conheça tal aspecto sintático e nunca experimentou qualquer evidência sobre ele". Isso está correto, mas por razões de pouco interesse. Ninguém jamais coletou toda a experiência linguística de um falante; consequentemente, não podemos ter certeza de que falantes particulares, respeitando o princípio da dependência da estrutura, por exemplo, não foram explicitamente ensinados de que devem produzir 15 no lugar de 14 (ver a página165), embora a crença de que foram eferecidas instruções ou evidências relevantes para todos os casos certamente chega aos limites da credibilidade. O problema é claramente empírico e se alguém quiser assumir o tedioso trabalho de demonstrar que os falantes observam os princípios, sem ter sido instruídos de que 14 e casos semelhantes não são apropriados, certamente saberá como agir.

Em resumo, a crença de Cohen de que mostrou "a importância da lógica indutiva para uma teoria da linguagem adequada", ou de que ofereceu alguma argumentação contra teorias do aprendizado na forma de R, ou alguma argumentação apoiando estratégias de aprendizado gerais, está claramente sem fundamentos. Ele simplesmente evitou todas as questões que estavam em discussão. As argumentações tratando da escolha de uma abordagem no caráter de R ou E, ou apoiando a teoria de que a gramática universal especifica universais linguísticos inatos do tipo amplamente discutido, permanecem intocadas pela sua discussão. Podemos, sem dúvida, definir "empiricismo" como uma abordagem capaz de incluir teorias de todos os tipos imagináveis, especialmente teorias tanto do caráter de R como de E. Mas essa sugestão sobre termos não tem interesse. Continua a ser verdadeiro que as teorias substantivas discutidas no interior da estrutura empiricista são da forma de E e são inadequadas, por razões amplamente debatidas na literatura e em discussões anteriores aqui. Incidentalmente, o menosprezo explícito de Cohen pela abordagem de Hume equivale a nada mais do que uma preferência por sugestões vazias sobre propostas razoavelmente concretas (mas erradas).

Cohen afirma que "a discussão real" não é o debate entre "humenismo, de um lado, e racionalismo, do outro" (isto é, entre E e R, no sentido explicado acima); ao contrário, "a discussão real é sobre o alcance e a natureza de estratégias gerais de aprendizado contra estratégias específicas". Mas, se essa é a "discussão real", podemos apenas concluir que a discussão real ainda precisa ser formulada em termos significativos. Nenhuma "estratégia geral de aprendizado" foi formulada capaz de ter mesmo uma relação remota com os problemas concretos surgidos quando se tenta explicar o aprendizado humano em domínios como a aquisição da linguagem, embora existam umas poucas "estratégias específicas" apresentadas que parecem ter uma certa plausibilidade e apoio empírico. Por motivos já discutidos, parece ser duvidosa a existência de estratégias gerais de aprendizado com muito interesse e significado, embora naturalmente se deva manter a mente aberta com relação ao assunto. A afirmação de Cohen de que a discussão real é sobre o alcance e a natureza das estratégias gerais de aprendizado reflete novamente crenças dogmáticas sobre a estrutura das capacidades cognitivas humanas, incrustadas na tradição empiricista. Não vejo nada nesse debate capaz de sugerir a existência de poder de convicção ou plausibilidade nessa doutrina tradicional.

John Searle também sugeriu que não há nada demais em jogo na oposição R-E apresentada por mim como uma espécie de "reconstrução racional" de certos pontos de vista tradicionais e modernos (em Searle, 1972). Referindo-se a uma passagem de Leibniz citada por mim, comenta que se esse é o "modelo correto" de estrutura inata, como dou a entender, "então pelo menos parte da disputa entre Chomsky e os teóricos do aprendizado empiricistas se dissolverá como a névoa em uma manhã de calor, [pois] muitos dos mais ferozes partidários das teorias do aprendizado empiricistas e behavioristas estão dispostos a conceder que a criança tem capacidades de aprendizado inatas no sentido de ter disposições, inclinações e potencialidades naturais inatas".

Deve ter ficado claro, a partir da discussão precedente, que Cohen também deixou passar o ponto central. Ao propor duas abordagens conflitantes, deixei bem evidente que as duas postulam disposições, inclinações e potencialidades naturais inatas. As duas abordagens diferem no que consideram ser esses atributos. No caso de E, as disposições são os mecanismos de processamento de dados que relatei, dando algo semelhante à "hipótese genuína" de Quine; no caso de R, as "disposições" (*et al.*) especificam a forma do sistema de conhecimento e crenças resultante – mais ou menos, estão relacionadas com "hipóteses analíticas" no que parece ser o sentido de Quine.

O ponto básico, na minha opinião, parece estar razoavelmente claro nas passagens de Leibniz por mim citadas. Como Alan Gewirth apontou em resposta a Searle, "Leibniz traça duas distinções onde os empiricistas traçam apenas uma" (em Gewirth, 1973). Especificamente, Leibniz distingue "forças", que são "passivas, indeterminadas e remotas", de "disposições", que são "ativas, determinadas e próximas":

"Forças requerem por si mesmas o estímulo de objetos externos, tanto para ser ativadas como para receber seus conteúdos percepcionais ou ideacionais; daí, não têm conteúdos específicos próprios. Disposições, por outro lado, sempre têm conteúdos determinados que podem ser ativados apenas pela mente, diante de condições externas apropriadas. Forças e disposições podem ambas ser chamadas de "capacidades", mas são capacidades de dois tipos muito diferentes. [...] De acordo com esse modelo (de Leibniz), então, ideias serem inatas como disposições significa que a mente tem conteúdos próprios bastante determinados, os quais ela, por si própria, pode ativar e perceber; enquanto ideias serem inatas apenas como forças significaria que a mente tem apenas mecanismos difusos, cujos conteúdos são exaustivamente derivados do impacto de estímulos externos. Como Leibniz frequentemente destaca, o último modelo, ao contrário do anterior, é incapaz de explicar como a mente pode atingir a espécie de verdades necessárias e universais encontrada na lógica, na matemática e em outras disciplinas. E uma espécie comparável[44] de necessidade e universalidade é atribuída por Chomsky às regras básicas da gramática. [...] Longe de ser compatível com as teorias do aprendizado empiricistas e behavioristas, como Searle e Quine afirmam que é, a doutrina de Leibniz mostra como a mente pode em si mesma ser a fonte exaustiva de sua competência linguística, para a qual estímulos externos servem apenas como ocasiões para ativar o que já é contido disposicionalmente na própria estrutura da mente. A doutrina de Leibniz explica, assim, como a teoria behaviorista não consegue, a necessidade e a universalidade das regras linguísticas para a formação e interpretação de sentenças. [...]"

Os comentários de Gewirth vão exatamente ao ponto. A questão crucial não é a de se existem potencialidades inatas ou estrutura inata. Nenhuma pessoa racional desmente isso, nem o assunto está em discussão. A questão crucial é de se a estrutura tem o caráter de E ou de R: se ela tem o caráter de "forças" ou "disposições"; se é um sistema "passivo" de processamento de dados com incrementos, formação de hábitos e indução, ou um sistema "ativo", que é a "fonte da competência linguística", além de outros sistemas de conhecimento e crença[45].

Uma distinção semelhante é feita por Descartes, em passagens por mim citadas (em Chomsky, 1966, p. 78). Ele aceita a "força cognitiva" como uma faculdade não puramente passiva e é "apropriadamente chamada de mente quando, ou forma novas ideias por si mesma, ou utiliza as já formadas", agindo de uma maneira que não está inteiramente sob o controle dos sentidos, imaginação ou memória. Existe nos seres humanos, ele defende, uma "faculdade passiva de percepção" e uma "faculdade ativa capaz de formar e produzir [...] ideias"[46].

Searle argumenta que tanto a minha "afirmação histórica de que (meus) pontos de vista sobre a linguagem foram esboçados pelos racionalistas do século 17, especialmente Descartes", como a minha "afirmação teórica de que a teoria do aprendizado empiricista não pode explicar a aquisição da linguagem" são mais tênues do que (Chomsky) sugere. A afirmação teórica é mais tênue porque os teóricos do aprendizado empiricistas também aceitam disposições inatas; ele cita especialmente Quine (1969a), já discutido. Espero que agora esteja claro como a argumentação de Searle com relação à minha afirmação teórica está fora do ponto.

Quanto à afirmação histórica, Searle oferece dois motivos para a sua conclusão. Primeiro, Descartes não sugeriu que "a sintaxe das línguas naturais seja inata", mas sim "parece ter pensado que a língua é arbitrária". Segundo, "Descartes não abre espaço para a possibilidade do conhecimento *inconsciente*, uma noção crucial ao sistema de Chomsky".

Mas Searle se enganou com relação à afirmação histórica. Nunca sugeri que os pontos de vista de Descartes sobre a linguagem "esboçaram" os meus em nenhum dos aspectos mencionados por Searle[47]. Ao contrário, abri minha discussão de Descartes notando que "faz poucas referências à linguagem em seus escritos". Meu ponto de vista era o de que as investigações de Descartes sobre "o aspecto criativo do uso da linguagem" prefiguram ideias atuais (Searle concorda) e que certas ideias cartesianas foram desenvolvidas nos estudos subsequentes da linguagem por outros. Além disso, a psicologia "cartesiana" contribui para uma doutrina coerente que pode ser retirada de trabalhos revistos por mim.

Quanto à segunda objeção, a noção de "cognização inconsciente" é crucial para meu sistema (e estou preparado para usar "conhecimento inconsciente" nesse sentido; ver acima, pp. 155-158), mas não tenho tanta certeza assim de que Descartes fecharia espaços para essa noção, embora eu lembre de não ter assumido posição sobre o assunto. É verdade que Descartes parece insistir que o conhecimento é acessível à consciência, mas sobre esse ponto essencialmente diferente expliquei repetidamente que em minha opinião devemos separar-nos da tradição clássica. Assim, as objeções de Searle à minha "afirmação histórica" não têm força.

Objeções a essas afirmações históricas foram apresentadas por outros autores (ver nota 2). Vou discutir apenas um dos últimos exemplos, Barnes (1972), pois ele levanta questões relacionadas com o debate em curso. Infelizmente, Barnes não é muito cuidadoso sobre suas referências. Assim, ele afirma que "Chomsky sustenta de forma frequente e enfática que sua adoção da hipótese do inato endossa o racionalismo de Descartes e Leibniz e afasta o empiricismo de Locke", citando partes de Chomsky (1965, 1966). Minhas referências a Descartes, Leibniz e outros estão adequadamente qualificadas, em minha opinião (Barnes não cita contraexemplos, o que, até onde sei, também aconteceu com outros autores), e não há nenhuma discussão nas referências citadas ao "empiricismo de Locke". Em Chomsky (1966), Locke não é mencionado e em Chomsky (1965) há apenas duas referências a Locke, uma dizendo que ele não refutou a doutrina das ideias inatas na forma como foi apresentada por Descartes e outra pela qual as afirmações de Locke sobre a origem das ideias parecem semelhantes, em vários aspectos indicados, às de Cudworth. De fato, nunca discuti – nem, muito menos, "afastei" – "o empiricismo de Locke".

A única outra evidência citada por Barnes em sua apresentação é de que dou apoio frequente e enfático ao racionalismo de Descartes e Leibniz em minha afirmação (Chomsky, 1968a) de que "pesquisas contemporâneas apoiam uma teoria de princípios *a priori* psicológicos espantosamente semelhante à doutrina clássica das ideias inatas". Barnes não tem o cuidado de acrescentar o fato de, ao elaborar a afirmação, ter notado explicitamente que minhas conclusões estavam, em minha opinião, "totalmente de acordo" apenas com certos aspectos específicos da doutrina, ou seja, a teoria de Descartes sobre a percepção de figuras regulares e as afirmações de Leibniz sobre princípios, ideias e verdades inatos e inconscientes que são inatos como inclinações, e assim por diante. E essa posição adequadamente qualificada é, até onde sei, bastante correta. Barnes também se refere a essa ligação em Chomsky (1969c, p. 59), onde o único comentário, mesmo marginalmente relevante, é o seguinte: "acho que se pode construir um caso com certas conclusões bem fundamentadas sobre a natureza da linguagem estar incluída em questões filosóficas tradicionais", especificamente "as conclusões relevantes para o problema de como o conhecimento é adquirido e de como o caráter do conhecimento humano é determinado por certas propriedades gerais da mente". Mais uma vez, não vejo nenhum apoio enfático do tipo sugerido.

Barnes também sustenta que uso termos "de maneira promíscua"; assim, concorda com a conclusão de que minha teoria é "essencial e irreparavelmente vaga". Seus exemplos sobre o uso "promíscuo" de termos são os seguintes: Chomsky (1965, p. 25), "que maquia '*gramática* inata' como '*predisposição* inata a aprender um idioma'; Chomsky (1969c, p. 88), "que explica '*gramática* inata' como 'esquematização inata'". No entanto, nenhuma dessas duas citações existe. Ao contrário, no primeiro caso afirmo que uma "teoria linguística inata [...] oferece a base para o aprendizado da linguagem" e que podemos usar o termo "teoria da linguagem" com ambiguidade sistemática para se referir à "predisposição inata da criança para aprender um idioma de certo tipo e a sua explicação linguística". A teoria linguística "especifica a forma da gramática de um idioma humano possível", mas não é uma "gramática", muito menos uma "gramática inata". A segunda referência citada por Barnes afirma que "a criança faz uso de uma esquematização inata restringindo a escolha de gramáticas". Prosseguindo, "não há razão pela qual não devamos supor que a criança nasce com um conhecimento perfeito da gramática universal, a qual, com uma esquematização fixa usada por ela, é usada, nas formas descritas anteriormente, para a aquisição da linguagem". Em nenhum lugar usei a expressão "gramática inata".

Notemos que a "gramática universal" não faz parte do conjunto de gramáticas tornadas disponíveis pela teoria linguística (cf. Chomsky, 1965, capítulo 1 e outros locais). Ao contrário, é uma esquematização que determina a forma e o caráter das gramáticas e os princípios pelos quais as gramáticas operam. As referências de Barnes sugerem que pode estar fazendo confusão sobre esse ponto. Entretanto, se esse engano for corrigido, não existe, pelo que posso ver, nenhum "uso promíscuo" de termos e não posso considerar vagas ou confusas as consequências da tese de que uma esquematização inata do tipo discutido determina uma predisposição inata para aprender um idioma de certo tipo.

Barnes sustenta que "em ocasiões" usei "a linguagem do inatismo bruto, envolvendo princípios inatos e mesmo gramáticas inatas...". Mas nunca defendi a existência de "gramáticas inatas" (a não ser no muito apropriado sentido que acabei de mencionar, ou seja, a gramática universal inata), e meu uso de "princípios inatos" e "gramática universal" como uma esquematização inata não deve, até onde posso ver, ser submetido às críticas desenvolvidas por Barnes em sua discussão sobre "inatismo bruto".

Barnes então destaca três alegadas "divergências importantes entre Chomsky e seus predecessores clássicos". A primeira é a de que nem "Leibniz nem outro inatista clássico" mostraram "interesse particular em declarar os princípios da gramática como inatos". Com relação a Leibniz, a afirmação é irrelevante, uma vez que o citei apenas referindo-me a outros aspectos do conjunto geral de doutrinas sobre o qual me pronunciava. Mas, se Cordemoy, Arnauld e outros sobre os quais me expressei são "inatistas clássicos", acho que podemos organizar um bom caso sobre se eles consideram inatos certos princípios que poderíamos considerar princípios da gramática, apesar de eu ter desenvolvido esse ponto de vista, novamente, de uma maneira que me parece ser suficiente e adequadamente qualificada. Barnes acrescenta que, diferentemente de meus "predecessores clássicos", não estou "preocupado em estabelecer as bases da ciência, religião e moral". Isso também não é correto. Estou muito interessado em estabelecer bases para a ciência e a moral, pelo menos, embora lamente ter pouca coisa interessante a dizer sobre essas questões.

A segunda das "divergências importantes" é a de que Leibniz usa argumentos muito diferentes dos meus. Essa observação é irrelevante se for mesmo verdadeira. Citei Leibniz onde ele era relevante para minhas preocupações, e também citei uma ampla variedade de argumentos diferentes dos usados por Leibniz, embora eles caiam nas tradições racionalistas clássicas por mim pesquisadas sob o título de "linguística cartesiana", como definida em Chomsky (1966, n. 3).

A terceira "divergência" mencionada por Barnes é de que os "inatistas clássicos" tomam P como sendo "inato na mente de x se x tem uma disposição inata para conhecer este P", enquanto meu ponto de vista é "P ser inato na mente de x se x tem uma disposição inata para Φ e estar disposto a Φ é, ou inclui, conhecer aquele P". Ele não explica por que eu estou comprometido com o último ponto de vista e rejeito o primeiro. De fato, sob qualquer noção sensível de "disposição" e em qualquer escolha não trivial de Φ (isto é, a menos que Φ seja considerado algo no sentido de "aprender um idioma" com "inclusões" apropriadamente qualificadas em sua formulação), não vejo razões para tomar seriamente qualquer uma dessas formulações. Barnes parece estar impelido a oferecer uma caracterização quase operacionalística do conceito "inato na mente de x", mas não vejo motivos para esperar que uma abordagem desse tipo tenha mais sucesso no domínio do que no restante do inquérito científico. Além do mais, a formulação de Barnes não engloba todos os casos discutidos pelos "inatistas clássicos". Especialmente, não se aplica aos casos por mim citados como particularmente interessantes, como a teoria de Cudworth sobre a percepção. Mas, mesmo se houver algum ponto escondido aí, não vejo sua importância para nada que discuti ou propus. Destaquei repetidamente afastamentos muito mais radicais e significativos dos pontos de vista dos "inatistas clássicos" na reconstrução que sugeri.

Barnes então levanta a questão de "se a existência desses mecanismos inatos exige a existência de *conhecimentos* inatos a aprendizes potenciais do idioma". Já expliquei por que considero sem cabimento as suas intervenções nesse assunto. Mas ele acrescenta alguns erros novos, que talvez mereçam uma palavra de esclarecimento. Ele interpreta a afirmação de que alguns princípios (vamos dizer, o princípio das regras cíclicas, SDP ou CSE) são inatos, como na afirmação de que "a criança tem uma *disposição inata* para falar como é exigido pelos princípios", e argumenta que, a partir do fato de um organismo ter uma disposição inata para agir de acordo com certa regra ou princípio, não podemos inferir que tenha conhecimento da regra ou princípio. É errado, ele argumenta, identificar "itens de conhecimento ou crença com disposições". Minhas "disposições", ele afirma, não são nem "disposições para certos tipos razoavelmente elementares de comportamento" nem "disposições para concordar com uma proposição" – os únicos dois casos nos quais alguém pode identificar concebivelmente itens de conhecimento ou crença com disposições, pelo que ele defende.

A discussão desse ponto por Barnes está viciada por não conseguir, do começo ao fim, distinguir competência de desempenho. Um princípio como o citado por ele (aplicação cíclica das regras), tomado como parte da gramática universal, não é uma disposição para falar da forma requerida pelo princípio, mas uma "disposição" (se alguém insistir em usar esse termo) para adquirir uma certa competência (isto é, uma certa estrutura cognitiva, uma gramática, conhecimento do idioma). Depois de adquirir essa estrutura cognitiva, uma pessoa pode estar disposta a falar de certas maneiras, embora, como indiquei, há pouco de substancial que possamos tratar sobre esse assunto.

É perfeitamente verdadeiro, como aponta Barnes, que, se uma ave estiver disposta a voar de acordo com as leis da aerodinâmica, não precisamos atribuir ao fato o conhecimento dessas leis, por motivos como os seguintes: (i) temos (ou acreditamos que podemos construir) uma explicação para seu comportamento em termos de estruturas reflexas e coisas semelhantes; e (ii) a organização estrutural que atribuímos dessa forma à ave não tem papel na explicação de seu conhecimento de qualquer coisa em particular. No caso das "disposições linguísticas", nem i nem ii se mantêm. Podemos ver a gramática universal como uma "disposição" para adquirir uma certa competência, mas não como uma disposição para se comportar de certas maneiras. A gramática universal, como tenho defendido, é embutida de forma intrínseca e inseparável no sistema maduro do conhecimento da linguagem; sobre a base do sistema da gramática universal, o organismo passa a conhecer a linguagem e a saber fatos linguísticos particulares. Admitindo a existência desse sistema inato, podemos explicar esse conhecimento. Barnes pergunta: "O que, então, existe sobre disposições *linguísticas* inatas que pode elevar seu status ao nível de conhecimento?". Reconhecendo que existam disposições para adquirir um sistema de conhecimento (conhecimento do idioma, que acompanha o conhecimento de fatos linguísticos particulares), a resposta parece ser evidente, embora, como já observei, existam características vagas e imprecisas no uso normal de "conhecer" que podem nos levar a substituir a expressão por termos mais técnicos durante a discussão, um assunto em minha opinião de pouca urgência.

Barnes tem muita razão ao observar que minhas "disposições" não cabem em nenhuma das categorias por ele sugeridas, mas esse fato simplesmente ilustra mais uma vez como é inadequada uma análise de disposições desse tipo, com seu malogro em distinguir competência de desempenho, em reconhecer o componente intelectual em casos não triviais de "saber como" (cf. Chomsky, 1975a), e suas limitações com a inadequada estrutura de "saber" e "orientar" e assuntos relacionados que já discutimos. Quando consideramos "disposições" que estão além da empobrecida estrutura de Barnes, por exemplo a "disposição" para adquirir o conhecimento da linguagem, acredito que possam ser adiantados motivos para chamar elementos dessas "disposições" de "itens de conhecimento, ou crença" (a diferença sendo irrelevante no caso da linguagem, por razões familiares).

Ao propor que R e E constituem duas formas fundamentalmente diferentes de abordar os problemas do aprendizado (e, de maneira correspondente, a origem e a natureza do conhecimento), sempre insisti em que vejo a questão como empírica: é o problema de determinar quais são, de fato, as propriedades específicas da mente humana, especialmente as propriedades do que pode ser chamado de "faculdade da linguagem". Diversos críticos afirmaram que, ao apresentar a questão como uma hipótese empírica, elimino todo o "interesse filosófico" e retiro todo o assunto das preocupações das tradições clássicas que discuti neste esforço de reconstrução teórica. Quanto ao tema do "interesse filosófico", não tomo posição. O termo é vago demais e as atitudes entre aqueles que se chamam "filósofos" variam muito. O que venho defendendo é que as hipóteses empíricas que investigo têm relação com o dito pelos filósofos, tanto no passado (por exemplo, Hume) como no presente (por exemplo, Quine, que certamente rejeitaria qualquer distinção muito pronunciada entre temas "filosóficos" e "científicos").

Mas sobre a questão mais interessante, a de se, ao formular a questão explicitamente em termos de hipóteses empíricas conflitivas, eu estou removendo a discussão, até o ponto de ser impossível reconhecê-la, do terreno do debate tradicional? Posso apenas fazer um rápido comentário sobre o assunto, mas penso que a crítica está muito errada. É um erro ler Descartes, os cartesianos menores, Hume e outros como se tivessem aceito alguma distinção moderna entre áreas "científicas" e "filosóficas", ou como se eles fizessem uma distinção entre "necessário" e "contingente" nas linhas de grande parte das discussões atuais.

Vamos examinar Hume[49]. Ele compreende "filosofia moral" como sendo "a ciência da natureza humana" (p. 5). Sua preocupação era descobrir "as fontes e princípios secretos pelos quais a mente humana é feita para atuar em suas operações" e comparou essa tarefa àquela do "filósofo" que "determinou as leis e forças pelas quais as revoluções dos planetas são governadas e dirigidas" (p. 14). Ele queria realizar "um escrutínio acurado nas forças e faculdades da natureza humana" e descobrir "as operações da mente", sendo isso "uma parte não pouco considerável da ciência" (p. 13). "Não se pode duvidar", Hume insistiu, "que a mente é dotada de várias forças e faculdades, que essas forças diferem entre si, que aquilo realmente diferente da percepção imediata pode ser distinguido pela reflexão; e, consequentemente, que existem verdades e falsidades em todas as proposições sobre esse assunto, situadas não fora do compasso da compreensão humana" (pp. 13-14). Ele faz afirmações interessantes e substanciais com relação a esses assuntos empíricos – por exemplo, que "a força criativa da mente compreende não mais que a faculdade de computar, transpor, argumentar ou diminuir os materiais a nós oferecidos pelos sentidos e pela experiência" (p. 19) e que "os únicos três princípios de conexão entre idéias são '*Semelhança*, *Contiguidade* em tempo ou lugar e *Causa* ou *Efeito*'" (p. 24). "Os raciocínios vindos da experiência [...] da qual depende quase todo o conhecimento" envolvem "um passo dado pela mente" sobre a base do costume ou hábito, "um princípio da natureza humana" (pp. 41-43). Essas operações da mente "são uma espécie de instintos naturais", um "instinto ou tendência mecânica";

assim, se tornam "inevitáveis" quando a mente é colocada em certas circunstâncias (pp. 46-47, 55).

Em toda a extensão do trabalho, Hume se coloca estudando a relação do conhecimento com a experiência e o princípio empírico que determina essa relação. Ele observa que, "embora os animais obtenham muitas partes de seu conhecimento pela observação, há também muitas partes que obtêm da mão original da natureza [...] estes são os por nós denominados instintos"[50]. De forma semelhante, "o próprio raciocínio experimental, que possuímos em comum com as bestas e do qual depende a própria condução da vida, é nada além de uma espécie de instinto ou força mecânica, que age sobre nós de maneira que desconhecemos", sem estar dirigida por nossas "faculdades intelectuais" (p. 108). Em consequência desses instintos, a experiência "é o alicerce do raciocínio moral" (que diz respeito à "matéria do fato e da existência", p. 35), que "forma a maior parte do conhecimento humano" (p. 164).

Hume vai oferecendo, no decorrer do trabalho, propostas substantivas sobre questões que podemos considerar com certeza "questões científicas" (como ele também considerou, como parece claro). Ele está discutindo as bases instintivas do conhecimento (incluindo o inconsciente e até mesmo o conhecimento inato), certamente um assunto empírico, como corretamente entendeu a questão.

De forma similar, Descartes não teria podido responder à pergunta de se era "cientista" ou "filósofo" no sentido da terminologia usada por muitos contemporâneos, a qual restringe a filosofia a algum tipo de análise conceitual. Ele era, simplesmente, as duas coisas. Sua abordagem da mente e das ideias inatas é um exemplo. Como cientista, achou que poderia explicar uma grande parte do comportamento humano, e de tudo o mais, nos termos de princípios mecânicos. Mas se sentiu compelido a postular uma segunda substância, cuja essência pensou ser capaz de explicar observações sobre seres humanos (sobre si mesmo e os outros). Não é de maneira nenhuma correto sustentar, como muitos fazem, que sua doutrina de ideias inatas é simplesmente uma tentativa de explicar "verdades necessárias", da maneira como essa noção é entendida em discussões contemporâneas. No interior da estrutura de uma teoria das ideias inatas, Descartes desenvolveu uma teoria da percepção, por exemplo, mas obviamente essa teoria da percepção ou a teoria de Cudworth da "força cognitiva inata", com suas propriedades *gestalt* e estrutura relacionada, vão bem além do domínio de verdades necessárias, como é entendido no presente – embora fossem um tema diferente para o homem que acreditava ter provado a existência de um Deus infalível e, portanto, acreditava assim que poderia demonstrar a necessidade de todas as leis da natureza. O conceito de "necessidade" de Descartes era claramente muito diferente, pelo menos em extensão presumida, do nosso.

É muito errado afirmar que a tradição era "paradigmaticamente filosófica" nos campos de atuação[51], principalmente se "paradigmaticamente filosófico" deve ser interpretado como o contrário de "científico". De forma semelhante, creio ser inteiramente apropriado sugerir as reconstruções racionais R e E, como eu fiz, como expressões de algumas das ideias mais aceitas das especulações racionalista e empiricista sobre "a ciência da natureza humana", sobre a aquisição do conhecimento, sobre as partes do conhecimento derivadas da mão original da natureza e assim por diante. Venho repetidamente destacando que R e E, da forma como as discuti, saem de algumas das ideias centrais da tradição (por exemplo, a crença de que o conteúdo da mente está aberto à introspecção); além disso, essas ideias mais adotadas interpenetram frequentemente na obra de uma pessoa de maneiras complexas, e não estamos sob a compulsão de aderir estritamente a uma estrutura ou outra (cf. Chomsky, 1965, 1966). Mas acredito que, ao aperfeiçoar essas concepções opostas e explorá-las à luz da pesquisa empírica, estaremos caminhando no rumo da solução de problemas que podem agora sensivelmente ser colocados com relação à natureza e aquisição das estruturas cognitivas. E, ao mesmo tempo, poderemos obter indicações sobre as razões pelas quais tentativas anteriores muitas vezes não chegaram a nenhum resultado.

Notas

PARTE 1 AS PALESTRAS WHIDDEN

CAPÍTULO 1. SOBRE A CAPACIDADE COGNITIVA

1. Aristóteles, *Posterior Analytics* 2, 19 (ed. McKeon, 1941), pp. 184-186.
2. Cudworth (1838), p. 75. A não ser se identificadas de outra maneira, as citações que se seguem nesse parágrafo são da mesma fonte, respectivamente pp. 65, 51, 49, 87, 122-123.
3. Leibniz, *Discourse on Metaphysics* (trad. Montgomery, 1902), p. 45. Para uma opinião semelhante, ver Cudworth (1838), p. 64. Para citações e uma discussão mais ampla, ver Chomsky (1966), § 4.
4. Cudworth, *True Intellectual System of the Universe*, citado por Lovejoy (1908).
5. Lovejoy (1908).
6. Henry More, "Antidote Against Atheism", citado por Lovejoy (1908).
7. Gregory (1970). Gregory também sugere que a gramática dos idiomas "tem suas raízes nas regras do cérebro para ordenar padrões da retina em termos de objetos", ou seja, "uma operação de tomada, na qual o homem se aproveitou" do desenvolvimento do sistema visual nos animais superiores. Isso parece ser questionável. Estrutura, uso e aquisição da linguagem parecem envolver propriedades especiais não encontradas, pelo que se sabe, em nenhum outro lugar. A linguagem se baseia em propriedades do hemisfério dominante, que podem ser também bastante especializadas. Não parece existir uma relação óbvia com a estrutura do córtex visual em aspectos relevantes, embora saibamos tão pouco sobre o assunto que só podemos especular. Não está claro por que alguém poderia esperar encontrar uma explicação evolucionária do tipo sugerido por Gregory. Para conhecer mais sobre esse assunto, consultar os capítulos de R. W. Sperry, A. M. Liberman, H.-L. Tauber e B. Milner em Schmitt e Worden (1974).
8. Esse ponto de vista, popularizado nos últimos anos por B. F. Skinner, parece ser estranho à ciência ou a qualquer inquérito racional. As razões para a sua popularidade devem ser explicadas por motivos extracientíficos. Para mais discussões, consultar "Psychology and Ideology", de

minha autoria, reeditado em Chomsky (1973b); Chomsky (1973c); e a discussão sobre liberalismo e empiricismo em Brecken (1972, 1973a).
9. Antoine Arnauld (1964), p. 36. Sobre a importância de considerar "a linguagem como um fenômeno biológico, (comparável) a outros fenômenos biológicos" e algumas implicações para a epistemologia e a filosofia da linguagem e da mente, ver Moravcsik (1975b).
10. Ver, por exemplo, as referências da nota 8. Voltarei ao assunto no capítulo 3.
11. Não se deve confundir ser apropriado com controlar, nem as propriedades do uso da linguagem notadas aqui (o que chamei em outro local de "o aspecto criativo do uso da linguagem") devem ser identificadas com a propriedade recursiva das gramáticas. Não manter separados esses conceitos muito diferentes conduziu a muitas confusões. Para uma discussão sobre o aspecto criativo do uso da linguagem na teoria racionalista, ver Chomsky (1966) e (1972a).
12. Por TA quero significar aqui o sistema (TA(O,D)s, O fixo, D um domínio arbitrário. Na terminologia sugerida, cada TA(O,D) constrói uma estrutura cognitiva. Operando em conjunto e interação, os TA(O,D)s para um determinado O formam um estado cognitivo.
13. Não vou levantar aqui nem mesmo a questão de se há alguma coisa a dizer sobre M2(CE, condições de estímulo), ou seja, um mecanismo geral possível pairando sobre estados cognitivos que podem ser chamados de uma "teoria geral do comportamento".
14. Ver Eimas et al. (1971) e as referências da nota 7 acima.
15. Assim, consideramos capacidade cognitiva um conjunto de tais domínios, incluindo qualquer outra estrutura que esses complexos possam ter.
16. Consideremos o argumento de Bourbaki de que, "como um assunto de fato empírico, a grande maioria das noções matematicamente significativas pode ser analisada com proveito nos termos de umas *poucas* estruturas básicas como grupos ou espécies topológicas. Eles consideram esse fato uma descoberta sobre nosso pensamento..." (Kreisel, 1974).
17. Anthony Kenny, "The Origin of the Soul", em Kenny et al. (1973).
18. Vamos imaginar uma forma hipotética de afasia na qual o conhecimento não tenha limites, mas onde estejam destruídos todos os sistemas envolvendo desempenho, ou seja, a colocação em uso do conhecimento. Para uma discussão sobre este tema, ver Stich (1972) e Chomsky e Katz (1974).
19. Assim, meu uso do termo "capacidade cognitiva " (p. 27) pode ser enganoso, embora eu não tenha encontrado outro termo menos propício a interpretações errôneas.

20. Discuti em outro local por que considero as críticas modernas ao "mito de Descartes" por Ryle e outros simplesmente fora do ponto central do problema. Chomsky (1966), p. 12; (1972a), p. 13; (1975a).
21. Sobre esse assunto, ver o capítulo 4. Também Chomsky (1972a), p. 90ff; (1971), p. 20ff.
22. Para evitar mal-entendidos, não estou fazendo a sugestão absurda de que a ciência deve estudar apenas o familiar e corriqueiro, no lugar de buscar dados talvez exóticos capazes de lançar luz sobre princípios mais profundos. No estudo da linguagem, não menos do que no da física, isso seria um programa destinado ao fracasso certo. Uma cobertura grosseira de fenômenos familiares pode ser obtida por teorias muito diferentes; normalmente, é necessário buscar dados incomuns para distinguir entre elas. Para citar um exemplo, idiomas na linguagem natural são (por definição) anormais, mas a capacidade de diversas teorias linguísticas para tratar de seu caráter e peculiaridades muitas vezes mostrou ser relevante para distinguir empiricamente entre essas teorias.
23. Notem que as noções "razoável" e "adequado" ainda precisam ser tornadas precisas, como propriedades biológicas dos seres humanos, embora não haja muitos problemas em colocar algumas ligações racionais.

CAPÍTULO 2. O OBJETO DO INQUÉRITO

1. Podem-se levantar questões interessantes sobre quais são os tipos de conhecimento envolvidos no conhecimento da linguagem. Para uma discussão sobre o assunto, ver o capítulo 4, pp. 155-158, e as referências ali listadas.
2. Há uma valiosa revisão crítica das evidências disponíveis em Fodor, Beaver e Garrett (1974). Ver também Fodor, Fodor e Garrett (a ser publicado) para uma discussão do possível significado dessas evidências na decomposição lexical.
   Este não é local apropriado para tratar do assunto em detalhes, mas alguns dos argumentos apresentados no primeiro livro referentes ao assunto aqui discutido não chegam a ser esmagadores. Assim, os autores consideram uma abordagem a TA (H,L) estipulando que a gramática adquirida deve atender a (pelo menos) duas condições: conformidade com a GU e conformidade com uma base de dados composta de sentenças representadas foneticamente. Eles afirmam (i) que a condição não é suficiente e (ii) que um "paradoxo" impede o enriquecimento da base de dados até chegar à suficiência. Mas (i), embora possa ser verdadeiro, só ocorre como resulta-

do de entendimentos não expressados sobre o alcance das gramáticas permitidas; não há dificuldade em formular restrições sobre a GU suficientes para deixar de fora os alegados contraexemplos citados, e os autores não apresentam nenhuma argumentação geral da qual (i) possa ser depreendido. Quanto a (ii), existe um problema, mas não um paradoxo. Além do mais, o problema se apresenta exatamente da mesma forma para qualquer outra teoria do aprendizado da linguagem. Daí, não vejo nenhuma força nessas ressalvas, a não ser pela observação, certamente correta, de que a teoria por eles discutida é demasiadamente fraca em sua forma atual.
3. Conforme, por exemplo, Braine (1974). Braine afirma que as teorias da representação fonológica abstrata exigem "suposições sobre a memória e o aprendizado humanos que estão quase certamente erradas" e assume ser "autoevidente" que elas impõem uma "carga extraordinária" sobre qualquer teoria da aquisição. Mas a única coisa certa sobre esse assunto é que pouco se sabe sobre a memória e os aprendizados humanos em condições de influenciar, mesmo remotamente, esse assunto. Em termos simples, não se pode tirar conclusões do fato de não existirem teorias com substância sobre memória ou aprendizado. Quanto à "carga extraordinária" imposta sobre uma teoria da aquisição, nada se pode dizer da ausência de evidências psicológicas ou neurológicas substanciais sobre a representação e aquisição de estruturas cognitivas (a não ser teorias explanatórias abstratas apresentadas e alguns trabalhos experimentais sugestivos do tipo discutido em Fodor, Beaver e Garrett (1974)). A certeza de Braine sobre o que não se sabe reflete, mais uma vez, o dogmatismo que tanto prejudicou a teoria psicológica no passado.
4. Consultar Kramer, Koff e Lauria (1972) para conhecer alguns dados interessantes e relevantes. Além disso, o conhecimento da linguagem obtido por um indivíduo em uma comunidade linguística real é bem mais complexo do que na idealização que estamos considerando, pois envolve muitos estilos de fala e possivelmente um grupo de gramáticas em interação. A complexidade do mundo real merece ser estudada e é razoável supor que esse estudo fará uso essencial dos resultados obtidos sob a idealização. Evidentemente, a complexidade do mundo real não oferece motivos para duvidar da legitimidade da idealização.
5. Taxonomias desse tipo podem ter interesse considerável, apesar de suas limitações. Ver, por exemplo, Austin (1962), Vendler (1967), Fraser (1974), Searle (1975).
6. Para conhecer noções semelhantes em etologia comparativa, ver Chomsky (1972a), p. 95ff; e o capítulo 3 seguinte, pp. 119-120.
7. Antoine Le Grand, *An Entire Body of Philosophy, According to the Prin-*

ciples of the Famous Renate Des Cartes, citado em Watson (1978).
8. Ver as referências da nota 7 do capítulo 1. Também Wood et al. (1971), onde se informa que "eventos neurais diferentes ocorrem no hemisfério esquerdo durante a análise de parâmetros linguísticos versus não-linguísticos do mesmo sinal acústico" e o trabalho posterior reportado em Wood (1973). Para saber mais sobre esses assuntos, consultar Lenneberg (1967), Millikan e Darley (1967) e Whitaker (1971).
9. Capítulo 4, nota 14. Ver também o relato dos experimentos realizados por E. H. Lenneberg sobre o treinamento de seres humanos normais por técnicas usadas em chimpanzés, em Ettlinger et al. (1975). Ainda, Fodor, Bever e Garrett (1974), pp. 440-462, para uma revisão de todo o assunto.
10. Partindo agora do princípio de que a sugestiva metáfora de Quine ("Dois dogmas do empiricismo", reproduzido em Quine (1953)) pode ser desenvolvida em uma teoria substantiva. Seus próprios esforços nessa direção me parecem levantar mais problemas do que resolvê-los. Ver o capítulo 4 e as referências ali sugeridas.
11. Ver Putnam (1962, 1975). Também Kripke (1972). Para uma análise crítica de algumas dessas noções, ver Dummett (1973), capítulo 5, apêndice; e Katz (1975). Para críticas sobre a noção "representação semântica" a partir de outros pontos de vista, ver Fodor, Fodor e Garrett (a ser publicado) e Harman (1973).
12. Katz (1972) e trabalhos anteriores citados ali.
13. Isto é, sob idealizações que me parecem ser legítimas, senão essenciais, para o estudo sério dos problemas do mundo real.
14. Mesmo se o conteúdo semântico de um item lexical não estiver totalmente especificado pela gramática, ainda podem existir algumas conexões analíticas. Assim, sugeriu-se plausivelmente que propriedades lexicais, como "causa", "tornando-se", "agência" e "objetivo" abstratos, são tiradas de um conjunto universal de marcadores semânticos, disponíveis para representação semântica no léxico. Se for assim, então mesmo se palavras como, por exemplo, "persuadir" e "pretender" não estiverem totalmente caracterizadas pela gramática em isolamento de outras estruturas cognitivas, ainda pode ser verdadeiro que a conexão de "Eu o persuadi a ir embora" e "Ele pretende ir embora" (com as qualificações de tempo apropriadas) seja analítica, em consequência da subestrutura de aspectos lexicais e suas propriedades gerais.
Pode-se comparar as propriedades lexicais utilizadas na descrição semântica com "os termos mais simples" de Leibniz, pelos quais outros termos podem ser definidos. Para discussões sobre o assunto, ver Ishiguro (1972), p. 44ff.

15. Chomsky (1965), capítulo 1. Como notei ali, é necessário um processo de avaliação do que vimos chamando de TA (H,L), se as condições de compatibilidade forem insuficientes para estreitar a classe de gramáticas consideradas como a que foi ou foram aprendidas. Se conseguirmos imaginar outros dispositivos para a seleção de gramáticas, um procedimento de avaliação será parte essencial de TA (H,L) ou não, dependendo, mais uma vez, da variabilidade da classe de gramáticas atendendo a outras condições dessa teoria. Houve quem argumentasse que há mais a ser considerado sobre esse tema, mas não consigo imaginar qualquer ponto de discussão.
16. Um ponto de vista desse tipo é atribuído a Leibniz por Ishiguro (1972), p. 65ff. Ela argumenta que, na teoria de Leibniz, "a individualização dos objetos e a compreensão das condições de satisfação para os predicados já envolvem um grande número de suposições sobre as leis da natureza...".
17. Sobre esse tema, ver Kripke (1972).
18. Dummett (1973), p. 76: "para entender um nome próprio, precisamos conhecer qual é o tipo ou a categoria do objeto que vai ser usado como o nome". Kripke (1972), n. 58, para comentários sobre uma noção semelhante de Geach.
19. Exemplos de Kripke (1972), p. 268ff. Como Kripke nota, "a questão das assim chamadas propriedades essenciais [...] é equivalente [...] à questão da identidade entre mundos possíveis", e assim entra na questão da aplicabilidade da semântica modelo-teórica ao estudo da semântica das línguas naturais. Na argumentação de Kripke, a ideia de que "uma propriedade pode ser essencial ou acidental a um objeto de forma independente de sua descrição" não é uma invenção do filósofo, mas uma ideia de que tem "conteúdo intuitivo" para o "homem comum". Apesar de seus exemplos e discussões terem, com certeza, força intuitiva, é menos claro que estejam incluídos na questão das propriedades essenciais a um objeto de forma independente de sua descrição ou categorização. Na minha opinião, não são suficientes para estabelecer a plausibilidade da ideia.
20. Sobre o assunto, ver Quine (1969c), p. 343.
21. Ver as referências da nota 11.
22. Sigo aqui a exposição existente em Moravcsik (1975a).
23. Kripke cita substância, origem, função ("ser uma mesa" – comparar a caracterização de Aristóteles da "essência de uma casa" em termos de "objetivo ou fim" em contraste com a descrição do físico em termos materiais: *De Anima* 403b). Consultar nota 14.
24. Moravcsik argumenta que essa é a generalização apropriada para a noção aristotélica "x é a aitia (causa) de y".

25. Em Miller (1974). Miller contrasta algumas das especulações empiricistas de Quine sobre o aprendizado dos termos das cores pelo condicionamento com o "desenvolvimento conceitual" real que parece seguir um curso bastante diferente, envolvendo não um condicionamento em um "estágio primitivo", mas a abstração do domínio da cor, o emprego de um sistema inato de "cores focais" e a localização de outras cores em relação às existentes no sistema determinado logisticamente. Existem duas "linhas de desenvolvimento", como Miller sugere: "uma envolve o aprendizado para abstrair o atributo apropriado e para ancorar as percepções das cores a uma estrutura de referências internas, a outra envolve a descoberta de que palavras são importantes para essa estrutura e o aprendizado de qual localização na estrutura acompanha qual termo". A análise de Miller parece ser bem compatível com a explicação geral que estamos considerando.
26. A crença de que estruturas cognitivas precisam ser ensinadas e aprendidas está tão espalhada que a citação dificilmente se torna necessária. Para mencionar apenas o exemplo mais recente de que tive conhecimento, D. D. Weiss (1975) argumenta: "estamos tão equipados que podemos *herdar* (as competências e conquistas complexas constituindo todo o edifício da civilização), mas apenas usando a *comunicação* – por meio do ensino, instrução)". Para outros exemplos sobre o ensino da linguagem, ver as notas 38 e 39, mais adiante, e o capítulo 4, p. 154-155.
27. Searle (1972). Apesar de eu não concordar com algumas das conclusões de Searle, como indico mais adiante, o grosso de suas conclusões me parece estar correto e convincente, incluindo muitos dos seus comentários críticos. D. M. Armstrong (1971) sugere que a teoria de que a comunicação oferece "*a* chave para uma análise da noção do significado linguístico" pode ser traçada até Locke.
28. Por exemplo, Chomsky (1957), capítulo 9; e Chomsky (1975b).
29. Ver referências da nota anterior. Também Miller e Chomsky (1963); Chomsky (1965), capítulos 1 e 4; e muitas outras referências. Tenho certeza de que a mesma observação é válida para outros que buscaram "propriedades essenciais" da linguagem em seus aspectos estruturais. Assim, A. M. Liberman (1974) sugere que "a característica distintiva da linguagem não é o significado, pensamento, comunicação ou vocalização, mas, mais especificamente, uma gravação gramatical que muda a forma da informação linguística de maneira a combiná-la aos diversos componentes originalmente não-linguísticos do sistema". Mas ele, sem dúvida, concordaria em que existem ligações íntimas entre estrutura e função. Como isso pode não ser verdadeiro? Quem já duvidou disso?

30. Chomsky (1966); também Chomsky (1964), capítulo 1.
31. Ver capítulo 1, nota 7, para um possível exemplo.
32. Moravcsik (1975a) argumenta que, "para Aristóteles, divergências funcionais nunca podem ser definitivas; deve-se demonstrar que elas sejam dependentes de divergências constitutivas ou estruturais". Ele sugere ainda que o princípio aristotélico de que a explicação funcional é derivativa nesse sentido "tem relações cruciais com explicações" nas ciências sociais. "No fim, disposições linguísticas precisam ser explicadas nos termos da estrutura da mente e do cérebro. Isso já está claro na biologia. Ninguém tentaria explicar os detalhes da anatomia humana em termos de valor de adaptação ou valor para a sobrevivência..." Isso parece ser muito correto.
33. Em Stampe (1968). Stampe apresenta uma argumentação geral contra "a busca pela natureza dos significados". Ele sustenta que uma pessoa, ao acreditar que os significados são entidades de algum tipo, assume um compromisso com o ponto de vista de que, na sentença "o significado de x é obscuro", o trecho "o significado de x" é uma expressão de referência, de forma que a sentença signifique "o y que é o significado de x é obscuro". Ele sustenta que essa conclusão leva a uma situação absurda; não existe uma entidade y que seja obscura. Mas o argumento não é muito convincente. Alguém pode considerar a expressão "a fonte da luz na Terra" como sendo uma expressão de referência, mas não na sentença "a fonte da luz na Terra é obscura" (o Sol não é obscuro). De maneira semelhante, pode-se argumentar que exista um y de tal forma que y seja o número de planetas, mas negar que "o número de planetas" seja uma expressão de referência em "o número de planetas é desconhecido" (na realidade, é conhecido). Pode-se argumentar que expressões como "o número de planetas" não são expressões de referência em nenhum contexto; para algumas observações interessantes sobre o assunto, ver Higgins (1973), capítulo 5. Seria apressado defender, sobre essa base, que é incoerente postular a existência de números. Filósofos que postularam a existência de significados agiram assim na crença de que podem montar com sucesso uma teoria explanatória nesses termos. Sua crença, certa ou errada, parece ser imune aos tipos de argumentação desenvolvidos por Stampe.
34. Se existe mesmo uma "circularidade", como se alega, é outra questão. As críticas de Searle são na realidade dirigidas contra a teoria semântica de Katz, apesar de Katz mal ser mencionado. Katz argumentou que não existe circularidade (Katz, 1972, 1975). Searle não explicou por que não aceitou a argumentação de Katz. Vamos ver agora a crítica de Katz a Searle e sua tentativa de incorporar uma teoria dos atos da fala em uma "teoria semântica" do tipo que ele desenvolveu (Katz, a ser publicado).

35. A expectativa era apenas parcialmente correta. Vinte anos depois de serem completadas, partes daquele manuscrito se encontram na gráfica (Chomsky, 1955-1965).
36. Notem que todos esses são casos nos quais o "declarante" entende que não há audiência. Armstrong (1971) afirma que uma análise do significado em termos de comunicação não precisa exigir que o falante definitivamente acredite na existência de uma audiência (ou mesmo se importe com isso), mas "claramente ele não pode acreditar que definitivamente não exista audiência", neste e em indefinidamente muitos outros casos. Se ele estiver correto, a análise do significado em termos de comunicação por ele apresentada se torna impossível apenas por esse motivo.
37. A questão foi retomada por Schiffer (1972), p. 76ff. Ele considera o caso de alguém escrevendo sem pensar em uma audiência potencial e, afirma, parece ser "essencial" para estes exemplos que o "declarante" tenha a intenção de "*dar a si mesmo* diversos argumentos, explicações, etc.". Assim, "em todos os casos nos quais é ao mesmo tempo o caso de estarmos inclinados a dizer que S quis significar um *p* ao declarar *x* e S aparentemente não tem a intenção de dirigir-se a uma audiência, a declaração *x* de S será parte de uma atividade dirigida a obter uma resposta cognitiva em si mesma, e que isso ocorre em consequência dessa semelhança significativa ao caso padrão pelo qual classificamos esses casos como exemplos de significado-S". Mas, no caso padrão, a "resposta cognitiva" no ouvinte é a de que ele vai acreditar em alguma coisa das crenças do falante. Assim, se vamos assimilar o caso atual no caso padrão, como Schiffer sugere, pareceria estarmos considerando que S quis significar *p* ao declarar *x* para significar que S declarou *x* com a intenção de levá-lo a acreditar que ele acredita naquele *p*. Mas isso está certamente longe do ponto. Além disso, em casos perfeitamente normais, S pode não ter pensado em usar possivelmente mais tarde aquilo que escreve (e certamente não precisa, quando fala ou escreve em palavras). Parece que isso não nos leva a lugar nenhum.
38. Para uma discussão de certas noções desenvolvidas no trabalho mais recente de Wittgenstein, que Strawson considera ser a fonte da teoria da comunicação-intenção, ver Chomsky (1964), p. 24, e (1969b), p. 275ff. O último contém algumas qualificações explícitas e importantes, ignoradas por diversos críticos, para os quais elas dão uma explicação incorreta do quadro geral de Wittgenstein. Em sua forma atual, tratando de questões particulares como trata, minha opinião é a de que a discussão está totalmente correta. Sobre o assunto, ver também Moravcsik (1967), pp. 227-229 (que também inclui algumas observações relevantes sobre a teoria do ato da fala).

39. Strawson aceita sem comentários a suposição comum, mencionada acima, de que a linguagem deve ser não somente aprendida, mas também ensinada. Para ele, "é um fato sobre os seres humanos que eles simplesmente não irão adquirir o domínio (de um idioma) se não estiverem expostos, quando crianças, ao condicionamento ou ensino por membros adultos de uma comunidade". Ele parte do princípio de que "o procedimento do ensino" é orientado por uma preocupação pelos fins e objetivos da linguagem. Para quem está aprendendo, é "uma questão de responder vocalmente a situações de uma forma que lhe valerá recompensas ou evitará punições, mais do que uma questão de *exprimir suas crenças*". Não há motivo para crer que essas afirmações factuais sejam verdadeiras.
40. Na verdade, mais argumentos são apresentados, mas são todos inconvincentes. Assim, Strawson pergunta por que, na área do teórico semântico, uma pessoa deve observar suas próprias regras, ou quaisquer regras: "Por que ele não deve exprimir qualquer crença da maneira que lhe agrada mais, quando parece ter o impulso para exprimi-la?" Suponhamos, Strawson defende, que o teórico semântico fosse responder que a pessoa quer registrar suas crenças para referências futuras. Argumenta então que "o teórico está impedido de dar essa resposta porque ela introduz, embora de forma atenuada, o conceito da comunicação-intenção: o homem anterior se comunica com o ele mesmo posterior". Mas a discussão inteira se afasta do ponto. Existem duas questões, (i) qual é a natureza das "regras determinantes do significado" e (ii) por que uma pessoa segue as regras por ela (de alguma forma) adquiridas? Pelo que se imagina, a resposta a ii envolve referir-se à intenção-comunicação, mas isso não significa que a "comunicação-intenção" participa de qualquer forma na explicação do significado e como ele é determinado pela regra (questão i). Além do mais, seria suficiente para o teórico semântico responder a ii afirmando que se trata simplesmente de uma lei natural, que tende a ser seguida pela pessoa de acordo com as regras aprendidas. A resposta não é interessante, mas não incorreta por esse motivo.
41. Em Grice (1968). Este é o único artigo de Grice citado especificamente por Strawson e presumivelmente é (ou pelo menos parte dele) o que tem em mente ao referir-se à obra de Grice como dando motivos para acreditar que uma teoria da intenção-comunicação pode ser desenvolvida "de maneira a ser uma prova contra objeções e sem pressupor a noção do significado linguístico".
42. Para uma crítica da teoria de Grice seguindo linhas parcialmente semelhantes, ver Ziff (1967).

CAPÍTULO 3. ALGUNS ASPECTOS GERAIS DA LINGUAGEM

1. Ver Chomsky (1972b), capítulo 3; e vários capítulos em Parret (1974). Grande parte do que vou descrever aqui recapitula ou é um desenvolvimento de ideias apresentadas em Chomsky (1973a). Ver Postal (1974a) para uma crítica dessas últimas e Lightfoot (a ser publicado) para uma argumentação, que considero correta, de que a crítica está fora do ponto, muito distante de questões sobre se é falso ou verdadeiro. O debate, naturalmente, continua e há outras coisas que gostaria de dizer sobre o assunto, mas este não é o local apropriado para isso.
2. Menos do que se acredita de maneira geral, na minha opinião. Várias posições apareceram, mas seus proponentes divergem não só em alguns pontos substantivos, mas também sobre quais são esses pontos. Vamos considerar apenas três posições: a "teoria padrão" (TP), a "teoria padrão estendida" (TPE) e a "semântica gerativa" (SG). Os defensores da SG geralmente consideram a principal bifurcação como sendo entre TP-TPE e SG e argumentam que há muita coisa em jogo. Mas muitos proponentes da TP e da TPE, entre os quais me incluo, argumentam que o ponto substantivo central da teoria é o que divide TP de TPE-SG (ou seja, o papel das estruturas superficiais na interpretação semântica), e que SG difere de TPE primariamente por relaxar algumas das condições sobre as gramáticas impostas pela TPE. Parte da confusão dos debates recentes talvez resulte de percepções muito diferentes sobre quais são os pontos. Para mais discussões, ver as referências da nota anterior.
3. Sobre o assunto, ver Aronoff (a ser publicado).
4. Chomsky (1965) e, para um sumário, Chomsky (1972a), capítulo 5. As regras que inserem itens lexicais são "transformações" no sentido técnico de que levam em consideração propriedades globais dos marcadores frasais aos quais se aplicam. Mas essas transformações lexicais têm propriedades distintas, não partilhadas pelas operações do componente transformacional da gramática.
5. Sobre as regras e princípios que atribuem representações fonéticas a estruturas sintáticas e os elementos fonológicos que neles aparecem, ver Chomsky e Halle (1968), Bresnan (1973b) e muitas outras fontes.
6. Aronoff (a ser publicado). Sobre a estrutura do componente categorial, ver Chomsky (1972), capítulo 1, e outros trabalhos de Dougherty, Bresnan, Jackendorff, Selkirk, Milner, Vergnaud, Haliysky, Siegel e outros.
7. Essencialmente, a teoria apresentada em Katz e Postal (1964) e Chomsky (1965). Ver Katz (1972) para uma versão recente.
8. Minha própria versão da teoria padrão foi qualificada quanto a isso. Su-

geri que alguns aspectos do significado são determinados pela estrutura superficial. Na época em que Chomsky (1965) apareceu, eu estava convencido de que isso é verdadeiro numa extensão significativa, em parte com base no trabalho de Jackendoff.
9. Sobre esse assunto, consultar Jackendoff (1972), Chomsky (1972a, b) e muitas outras fontes.
10. Para mais discussões sobre essa questão, ver Chomsky (1969c), reimpresso em Chomsky (1972a).
11. Sobre as razões para supor que os indefinidos destacam essas questões, ver Chomsky (1964), Postal (1965). Notar que a discussão atual conduz a uma direção errada, já que passa por cima do fato de que os marcadores frasais em questão são estruturas abstratas incluídas nas sentenças, e não sentenças em si.
12. Aqui e na discussão subsequente, passo por cima das distinções entre "who" e "whom" e outras questões de morfologia.
13. Pode ser que uma transformação seja aplicada de fato de maneira não vazia a apenas uma subparte de uma categoria cíclica. Williams (1974) sugere que transformações com domínios menores, neste sentido, se aplicam antes daquelas com domínios maiores, generalizando assim a noção da aplicação cíclica. Se essa teoria estiver correta, a importância do que designamos aqui como "categorias cíclicas" está em seu papel na determinação de condições sobre a aplicação das regras (ou seja, com relação à subjacência, "comando" na anáfora, etc.).
14. Ross (1967) lança a hipótese de que as regras do movimento para a direita são "ligadas" neste sentido. Vou partir do princípio, ao lado de Ross, de que isso esteja correto. Um contraexemplo aparente no idioma navajo é apresentado por Kaufman (1975). Sua análise, que trata do movimento de uma enclítica para o que ela considera ser uma posição de complementação, sugere que o princípio de Ross e a condição mais geral de subjacência discutida aqui devem ser de alguma forma qualificados. Pode-se pensar em diversas possibilidades, mas, enquanto não aparecerem novos estudos, pretendo simplesmente deixar a questão em aberto.
15. Esta análise deriva de Rosenbaum (1967). Sigo aqui uma reanálise de Bresnan (1972).
16. Seguindo Bresnan (1972), entendemos que existem estruturas subjacentes correspondendo a (i) "é certo (provável) que João vá vencer" e (ii) "Y está certo (de que João vai vencer)", mas não (iii) "Y é provável (que João vá vencer)". O exemplo (i) não passa por preposição de NP por motivos muito gerais.

17. Omito um exemplo ilustrativo, já que surgem temas mais complexos que não desejo desenvolver aqui.
18. Exemplos desse tipo foram discutidos em primeiro lugar em Baker (1970), em um sistema ligeiramente diferente.
19. Para uma explicação possível, ver Chomsky (1973a). Para outras, ver as referências citadas ali.
20. Sobre o assunto, ver Emonds (a ser publicado), Bresnan (1972), Chomsky (1973a) e Vergnaud (1974).
21. Podemos indagar por que 13" não pode ser derivado diretamente de 13, já que não haveria violação da subjacência. Há, creio, bons motivos, com base em outras condições sobre as transformações. Cf. Chomsky (1973a) e também a discussão que se segue sobre a condição do sujeito especificado, a qual garante que a operação será sempre realizada no "domínio mínimo", em um sentido apropriado.
22. Sobre esse assunto, ver Erteschik (1973).
23. Suponhamos que em 16 substituímos "acreditar" por "considerar" e "afirmação" por "questão". Podemos então derivar "João considerou a questão de quem João viu". Cf. Chomsky (1973a). Omitimos aqui a consideração de "questões eco" como "João acreditou que Maria disse que José viu *quem?*" ou "João acreditou na afirmação de que José viu *quem?*".
24. Suponhamos que em 16 substituímos "acreditar" por "fazer". Então, no lugar de 16', teríamos "quem João fez a afirmação de que José viu?". Muitos falantes acham isso muito mais aceitável do que 16'. Uma explicação plausível é a de que "fazer a afirmação" é reanalisada por uma norma da formação do idioma como um verbo complexo, significando, essencialmente, "afirmar", de forma que – depois da reanálise – a subjacência não é violada pela aplicação do movimento-*wh*. Por outro lado, uma reanálise desse tipo não é possível no caso de "acreditar na afirmação".
25. Ross (1967). Para uma discussão, ver Chomsky (1973a). Este último partiu do princípio de que a subjacência só pode ser aplicada às regras de extração e não se aplica a regras rebaixando elementos em categorias cíclicas embebidas, regras de anulação ou regras de interpretação. Um problema é o de que a explicação proposta para certas restrições-ilha é a de que essas também parecem recorrer, em certos casos pelo menos, a regras que podem ser consideradas de anulação ou de interpretação. Sobre esse assunto, ver a discussão sobre "anulação comparativa" em Chomsky (1973a), Vergnaud (1974) e Bresnan (1975). Também Postal (1974b), M. Liberman (1974), Liberman e Prince (a ser publicado). Minha opinião é a de que a explicação apresentada em Chomsky (1973a) e aqui vai comprovar ser o subcaso de algo mais geral. Sobre subjacência, ver também Akmajian (1975).

26. Chomsky (1973a). Ver também referências da nota 1.
27. Como é notado em Chomsky (1973a), a anáfora pronominal viola esses princípios. A violação foi ali apresentada como representando um problema, mas maiores reflexões mostraram que isso não acontece. A anáfora pronominal pertence a um sistema inteiramente diferente de regras, que dizem respeito a condições muito diferentes (por exemplo, comando), totalmente fora da teoria das transformações e nem mesmo restrita à gramática das sentenças. Existe, de fato, uma análise muito natural das regras em diversas categorias nos termos de sua posição no sistema das regras linguísticas e as condições que se aplicam a elas. Para algumas discussões sobre o assunto, ver mais adiante, pp. 102-103.
28. Falta explicar apenas o que essa expressão significa, como funciona na inferência, etc. Isso levanta um problema interessante de semântica descritiva, que não vou explorar mais aqui.
29. Sobre o assunto, ver Jackendoff (1972), Chomsky (1972b) e as referências ali mencionadas.
30. Lembrem que estamos considerando a sentença ao ser analisada como COMP Sred, conforme a p. 89. Eliminei da consideração a transformação de raiz da inversão do sujeito auxiliar, para facilitar a exposição.
31. Existe, em minha opinião, uma motivação independente para a suposição de que os princípios gerais da anáfora se aplicam a formas lógicas e não diretamente a estruturas superficiais, mas não vou tratar mais aqui dessa interessante questão.
32. Chomsky (1973a). Também capítulo 4, p. 144 (7).
33. Em 29, a regra é bloqueada não apenas pela condição do sujeito especificado, mas também (de maneira independente) pelo que é chamado de "condição da sentença tensionada" em Chomsky (1973a).
34. Parto aqui de uma noção abstrata de "sujeito", de acordo com a qual "José" é o sujeito das sentenças embebidas 29-30 e também do sintagma nominal "ódio de José pelos outros" em 31. Chomsky (1972b), capítulos 1 e 3.
35. Um caso especial de anáfora ligada é a reflexivização, como se defendeu, de forma persuasiva, em Helke (1970). Para uma teoria da anáfora do tipo aqui discutido de forma imprecisa, Lasnik (1974) e Reinhart (1974). Para uma discussão geral dos problemas relacionados, Fauconnier (1974) e Wasow (1972, a ser publicado) e referências mencionadas nesses trabalhos, particularmente Dougherty (1969).
36. Keenan e Comrie (1973), para a discussão de uma noção geral de "precedência" das relações gramaticais e seu papel na determinação do domínio

das regras sintáticas. Ross discutiu uma noção relacionada de "primazia" em trabalhos não publicados.
37. Fiengo (1974), onde há também uma discussão mais detalhada de outros tópicos mencionados.
38. Para a noção geral "anáfora", ver as referências da nota 35.
39. Para prevenir uma irrelevância, não há "condição de cláusula companheira" na regra que relaciona recíprocos a seus antecedentes. Ver Chomsky (1973a). Assim, a alegada existência de uma regra elevando sujeitos embebidos à posição de objetos na sentença matriz está fora do ponto. Ver referências da nota 1.
40. Chomsky (1965), capítulo 1, e referências anteriores mencionadas nesse trabalho.
41. Emonds defendeu que uma regra diferente de preposição de NP está envolvida (Emonds, a ser publicado), notando que existem diferenças no domínio da regra. Assim, a preposição de NP se aplica ao sintagma nominal "the lecture yesterday", em inglês, dando "yesterday's lecture" (a aula de ontem), mas não à sentença "he lectured yesterday" (ele deu aula ontem), dando "yesterday was lectured by him". Eu acho que em muitos casos, talvez em todos, as discrepâncias podem ser atribuídas a outros fatores. Assim, como se mencionou anteriormente, a relação sujeito-predicado é definida nas estruturas superficiais das sentenças (mas não sintagmas nominais), e pode-se defender de maneira plausível a ideia de que "was lectured (por NP)" não é um predicado possível de "yesterday", explicando o fato de não ser gramatical. Sobre se o desvio da sentença em questão é "semântica" ou "sintática" na origem, ver a p. 94 e a referência ali mencionada. Notem que não explicamos o possessivo em 50iii; sobre esse assunto, ver Siegel (1974).
42. Trato aqui apenas do caso mais simples. Para uma discussão mais geral, consultar Fiengo (1974).
43. Há muitos exemplos semelhantes nos quais a preposição de NP é aplicada a estruturas reanalisadas por regras de formação do idioma, destinando sintagmas à categoria verbo: por exemplo, em inglês, "the argument was taken exception to", "John was taken advantage of", etc. Naturalmente, os exemplos variam quanto à aceitabilidade. Ver também a nota 24. Em passivos ordinários como em 55, a regra de preposição de NP não leva em consideração a relação gramatical entre o verbo e a NP que o segue, pelo menos quando usamos o termo "relação gramatical" em algo semelhante ao seu sentido tradicional. Assim, em 55, a regra move o objeto direto, mas em casos como "John was told to leave" ou "John was promised that he would get the job" é o objeto indireto que é preposto.

(Por exemplo, "John was told a story", "a story was told to John", etc.; "our promise to John...", não "our promise of John..."; comparar também "John was told about the accident", ou simplesmente "John was told".) Assim, não surpreende que em 57, por exemplo, a regra de preposição da NP se aplica a uma NP sem nenhuma relação gramatical com o verbo precedente. Para uma discussão sobre o assunto, ver Chomsky (1973a) e as referências citadas na nota 1 acima. Algumas discussões sobre o assunto surgidas recentemente na literatura levam à direção errada, pois não conseguem deixar clara a existência de uma concordância geral de que a regra em questão não se limita aos objetos diretos, onde a noção "objeto direto" é compreendida da forma convencional.

44. Exemplos que vêm à mente são as regras (possíveis) relacionando causativos a intransitivos correspondentes (por exemplo, "X quebrou o copo", "o copo quebrou"; "X derreteu a cera", "a cera foi derretida"; consultar Fiengo (1974) para uma discussão) e a chamada regra do "movimento através" relacionando "João era fácil de agradar" e "X era fácil de agradar João" (Lasnik e Fiengo (1974) defendem que a regra do "movimento através" de fato apaga, em vez de mover, o objeto embebido, mas sua argumentação só se aplica a uma análise dentro da teoria padrão); ver Jackendoff (a ser publicado).

45. Em Aronoff (a ser publicado). Outro fenômeno significativo na base de uma regra do passivo em inglês, mas não em muitas outras línguas – por exemplo, as do tipo discutido aqui –, é a aplicação da preposição de NP a "agrupamentos idiomáticos de palavras (*idiom chunks*)", como em *tabs were kept on them* (para uma discussão sobre casos onde isso é ou não possível, ver Fiengo (1974)), e a sintagmas nominais que não aparecem normalmente em posições comparáveis do sujeito; por exemplo, *a man was found to do the job*.

46. Esse fato, certamente crucial para a análise dos passivos, é amplamente discutido em uma obra anterior sobre gramática gerativa transformacional; ver Chomsky (1955) e, agora, Fiengo (1974).

47. Em Chomsky (1972b), capítulo 3; também em Katz (1972) e as referências ali mencionadas para a discussão das relações temáticas na estrutura da teoria padrão. Sobre o assunto em geral, ver Jackendoff (1969, 1972, 1974a).

48. Ver a discussão de questões indiretas em Chomsky (1973a); também em Jackendoff (1975). Em trabalhos dentro da teoria padrão ampliada nos quais cláusulas relativas são derivadas pela elevação de uma NP embebida à posição antecedente (por exemplo, Vergnaud, 1974), foi necessário supor a definição de algumas relações gramaticais entrando na definição

das relações temáticas, não na estrutura profunda, mas no ponto do primeiro aparecimento de itens lexicais na posição relevante no ciclo. Esse e outros problemas relacionados com a determinação do ciclo das relações temáticas são superados sob a teoria dos traços.
49. Ver meus comentários sobre Perret (1974). Nota-se ocasionalmente na literatura que as teorias que não usam regras globais empregam em seu lugar certos aspectos sintáticos para tratar de fenômenos como o acordo. Argumenta-se também que o uso de "aspectos sintáticos arbitrários" leva a uma extensão indesejável do poder descritivo, talvez ainda mais do que as regras globais. Não está claro qual pode ser a relevância dessas observações, já que ninguém propôs o uso de "aspectos sintáticos arbitrários", a não ser estritamente restritos e com muito bons motivos.
50. Para uma discussão do assunto, ver Wexler, Culicover e Hamburger (1974) e as obras ali comentadas.
51. Por exemplo, na teoria de Piaget sobre os estágios do desenvolvimento. A posição empírica das teorias de Piaget é controversa. Para julgamentos diversos, ver Bergling (1974) e Bryant (1974).
52. Sobre os pontos de vista de Lorenz a respeito, ver Chomsky (1972a), p. 95. Para discussões sobre conclusões semelhantes de Monod, ver Chomsky (1971), p. 13ff.
53. Stent (1973). Sua argumentação se assemelha à conjetura do capítulo 1, p. 31, de que o estudo de Mcs não deve enquadrar-se na capacidade de formação de ciência.
54. Sobre o assunto, ver Chomsky (1969d) e Chomsky (1973b), capítulo 7.
55. Para algumas observações sobre essas relações, ver Chomsky (1972a), pp. 97-98. Ver Wang (1974), pp. 324ff, para uma discussão dos pontos de vista de Gödel sobre as limitações das explicações mecanicistas da biologia. Vale a pena notar que suas especulações sobre o assunto, conforme são relatadas por Wang, não derivam de sua obra matemática, às vezes invocada por outros em esforços para estabelecer conclusões semelhantes.
56. Sobre o colapso da doutrina liberal no século 19, ver Polanyi (1957) e Rocker (1938). Para uma discussão mais completa de meus pontos de vista sobre os assuntos discutidos, ver Chomsky (1969d), capítulo 1; e Chomsly (1973b), capítulos 8 e 9.
57. Sobre o assunto, ver Macpherson (1962).
58. Kant, *An Answer to the Question "What Is Enlightenment?" (Uma resposta à questão "o que é o Iluminismo?")*, em Reiss (1970), p. 59. Depois que "este germe [...] se desenvolveu no interior desta dura casca, gradualmente reage sobre a mentalidade das pessoas, tornando-se então gradualmente cada vez mais capaz de *agir livremente*".

59. Ver referências da nota 56 e outras.
60. Bakunin, "The International and Karl Marx" ("A Internacional e Karl Marx"), Dolgoff (1972, p. 319). As outras afirmações de Bakunin mencionadas também podem ser encontradas ali. Para mais discussões desses pontos de vista e as diversas formas que elas tomaram, e a realização de algumas dessas visões proféticas, ver Chomsky (1973b, c).
61. Os termos são de Humboldt. Ver Chomsky (1973b), capítulo 9.

PARTE 2

CAPÍTULO 4. PROBLEMAS E MISTÉRIOS
DO ESTUDO DA LINGUAGEM HUMANA

1. Para ser mais preciso, os defensores dessas noções muitas vezes não as formulam com a clareza suficiente. Assim, não podem ser apresentadas evidências ao contrário e, diante de exemplos como 1-4, os defensores simplesmente reiteram sua hipótese de que uma teoria adequada pode ser desenvolvida seguindo as linhas por eles advogadas. Essa "hipótese" não deve ser confundida com hipóteses explanatórias como a que C pode propor para explicar certos fatos; o termo "rezar para que" pode ser mais adequado do que "apresentar uma hipótese". Notem que a suspensão do julgamento a respeito de evidências aparentemente intratáveis é uma posição razoável, de fato necessária para o inquérito racional; mas chega-se a um ponto em que ela se torna sem sentido, especialmente quando outras teorias, mais adequadas, estão disponíveis. Acredito que, neste caso, esse ponto foi atingido há muito tempo.
2. Sublinho *como são apresentadas*. Há muitos artigos na literatura discutindo crenças atribuídas a mim que não tenho, nunca apresentei e tenho repetidamente rejeitado. Para uma discussão de alguns exemplos recentes, ver Chomsky e Katz (1974, 1975); e Chomsky (1974, 1975a).
3. Deve-se diferenciar cuidar de ensinar. Alguns tipos de interação humana são sem dúvida necessários para que mecanismos inatos operem, mas daí não se depreende que essa interação signifique ensinar ou treinar, ou que determine o caráter dos sistemas adquiridos. Ver Chomsky (1965), capítulo 1, § 8, para uma discussão desse problema e de outros relacionados e para uma discussão das alternativas sobre as quais me refiro aqui como R e E.
4. Mais uma vez, são possívcis versões mais complexas. C pode ser levado a concluir que existem estágios de amadurecimento através dos quais P se desenvolve e talvez seja necessária a experiência para que essa sucessão ocorra, ou talvez até mesmo que diversas experiências possam afetar os estágios atingidos. Vou pôr de lado essas possibilidades muito realistas e considerar aqui o caso do aprendizado como um "processo instantâneo". Em contraste com as idealizações sugeridas anteriormente, esta distorce e é ilegítima, pois pode ser que não existam respostas para as questões levantadas. Mas, na atual etapa de nossa compreensão, acho que podemos continuar a aceitá-la vantajosamente como uma base para investigações. Ver o capítulo 3, pp. 116-118. Peters (1972a) discute essa idealização e

argui que ela não é ilegítima. Mas sua discussão não chega a distinguir noções de "dados de entrada" para um "dispositivo de aquisição de linguagem". Ele considera que esses dados foram estruturados e organizados por uma análise anterior e, assim, seu "problema de projeção" se preocupa com o momento em que a gramática é atingida, com todas as hipóteses e estágios preliminares sendo incorporados aos dados de entrada. Nessa formulação, a idealização não é ilegítima. Mas, na obra que ele está discutindo, os dados de entrada foram considerados um conjunto não estruturado (por motivos que não vou discutir aqui). Assim, a idealização é ilegítima, da forma como foi observado pelos que a propuseram e pelos que criticaram a idealização.

5. Podemos, naturalmente, trivializar a teoria do aprendizado que considera essas noções fundamentais ao definir "analogia" e "generalização" nos termos da esquematização e do procedimento de avaliação postulados. Mas vou tomar aqui essa teoria alternativa como tendo substância, especificando essas noções de uma maneira não trivial, vamos dizer em termos de similaridade de acordo com certas dimensões pressupostas ou recolocação em uma determinada classe de substituição. Há muitos problemas interessantes neste caso que levariam a discussão muito longe, mas podem ser explorados com proveito.

6. Em Jackendoff (1969, 1972) e Chomsky (1972b). Jackendoff (1972) contém uma discussão particularmente interessante de como o controle é determinado por relações temáticas. Para uma modificação desse ponto de vista nos termos da teoria dos traços das regras de movimento, ver o capítulo 3.

7. Observem também o efeito da substituição de "suas mulheres" por "seus filhos" em 3. Consultar Dougherty (1968, 1970, 1971, 1974) e Fiengo e Lasnik (1973) para discussões da sintaxe e semântica dessas construções.

8. Sobre o funcionamento dessa regra, notada pela primeira vez por Postal, ver Chomsky (1973). Não interfere aqui se interpretamos a regra como requerendo referência disjuntiva ou como lhe dando uma preferência. A propriedade da referência disjuntiva é na realidade mais geral, como notado em Chomsky (1973a).

9. Essa conclusão é rejeitada por Beloff (1973, p. 185) pelos seguintes motivos: "Não há dúvida de que é possível pensar em dúzias de regras estranhas sobre as quais será possível dizer confiantemente que não seriam encontradas em qualquer idioma conhecido, da forma como se poderia facilmente imaginar dúzias de costumes estranhos que nunca seriam encontrados em nenhuma sociedade conhecida, mas isso significa que somos

forçados a postular universais congênitos?" Assumindo que a resposta a essa última questão seja não, Beloff conclui que pouca coisa vem da ausência dessas "regras estranhas" como a hipótese 1 de independência da estrutura do capítulo 1 na linguagem natural. A análise dessa argumentação revela diversas confusões, típicas, como veremos mais adiante, de muitas discussões. Vamos considerar em primeiro lugar a conclusão: não somos "forçados" a postular universais congênitos. Isso pode ser verdadeiro, mas é irrelevante. Os dados nunca nos forçam na direção de uma teoria explanatória não trivial específica. A questão é a de se o inquérito racional nos leva (não nos força) a postular universais congênitos para explicar os fatos em questão. Em segundo lugar, vamos examinar sua suposição de que a hipótese 1 é "estranha" quando comparada com a hipótese 2, de dependência da estrutura. Por quais padrões? Certamente não por considerações gerais de simplicidade ou naturalidade. Como se notou no capítulo 1, essas considerações levariam a uma escolha da hipótese 1 de independência da estrutura. Dizer que essa regra seja "estranha" para seres humanos é simplesmente repetir em outros termos a observação de que os seres humanos selecionam regras dependentes da estrutura. É nesse ponto que começa o inquérito racional, buscando descobrir quais propriedades do organismo ou experiências explicam observações particulares. O mesmo deve ser verdadeiro para o caso dos costumes "estranhos". Ao contrário do que Beloff parece estar dizendo, a ausência sistemática de costumes ou regras "estranhos" sempre requer explicações. Às vezes, propriedades pouco interessantes do organismo podem ser suficientes para explicar o fenômeno, caso em que ele será afastado como pouco importante. O exemplo em questão não pode ser afastado dessa maneira. Dizer que regras ou costumes são "estranhos" (mesmo se isso estiver correto, como não está neste caso) é simplesmente nos deter pouco antes das únicas questões interessantes. Como uma explicação é necessária, se ela não vier em termos de universais congênitos, terá de vir de outra forma. Devo acrescentar que o tratamento dessas questões por Beloff é um dos melhores que conheço em um texto desse tipo.

10. Consultar Greenfield, Nelson e Saltzman (1972) para uma tentativa de levar adiante essa possibilidade.
11. Há presumivelmente elementos de P relacionados com a identificação de aspectos distintivos, aspectos de ritmo e entonação, etc. Possivelmente são análogos em suas funções aos mecanismos de análise de outros sistemas de percepção e aprendizado.
12. Não é óbvio que resultados de experiências de condicionamento com seres humanos realmente estabeleçam o afirmado. Em uma análise ex-

tensiva da literatura, William Brewer (a ser publicado) sugere que, na realidade, não fazem isso. Ao contrário, onde o paradigma experimental permite a investigação da questão, parece que os procedimentos do condicionamento geralmente se resumem a um dispositivo complicado para oferecer ao sujeito humano informações que ele usa, conscientemente, para responder às instruções – o que explica por que uma instrução simples pode ser suficiente para a "extinção". Ver também Estes (1972) para sugestões muito semelhantes, fundamentadas em experimentos projetados para examinar a questão.

13. Uma demonstração desse tipo é dada por Patrick Suppes para sua teoria de amostras de estímulos. Consultar Suppes (1969). Ele considera esse resultado uma evidência que apoia sua teoria. Essa curiosa conclusão pode ter origem em um sério erro de compreensão dos pontos em exame no estudo do aprendizado, discutidos em Pylyshyn (1973).

14. Não podemos atribuir as diferenças entre ratos e seres humanos neste aspecto apenas a capacidades de processamento sensorial; assim, os ratos têm modalidades sensoriais que podem ser usadas, em princípio, para a linguagem. Tentativas recentes para ensinar sistemas de símbolos a macacos podem oferecer percepções sobre as capacidades diferentes de macacos e seres humanos com relação à faculdade da linguagem. Um estudo sugestivo indica que portadores de afasia global, com danos ao hemisfério esquerdo e capacidade de linguagem seriamente prejudicada, podem ser treinados por métodos usados nas experiências com macacos (Glass, Gazzaniga e Premack, 1973). Novos trabalhos seguindo essas linhas podem ser reveladores da determinação das propriedades específicas das estruturas neurais (por exemplo, a lateralização) que presumivelmente explicam as diferenças qualitativas entre seres humanos e outros organismos, quanto à capacidade para obter estruturas cognitivas. Talvez seja de algum interesse saber que o único exemplo conhecido de lateralização sem ser nos seres humanos é o controle do canto de uma espécie de pássaro (Nottebohm, 1970).

15. Para um relato excepcionalmente sofisticado, que apesar disso, em minha opinião, é prejudicado por uma versão qualificada dessa formulação errônea, ver Reber (1973).

16. Em Alston (1963). Alston parece aceitar pelo menos essa parte de uma argumentação a favor da "análise de uso" por ele discutida.

17. Neste ponto, a analogia não deve ser levada muito longe. Assim, a relação entre minha pressão no acelerador e o movimento do automóvel pode ser explicada nos termos de leis conhecidas da física, e não parece haver motivo para duvidar que a obtenção do conhecimento da linguagem está dentro do alcance potencial da parte das ciências naturais já bem enten-

dida. Mas a questão de se o mesmo acontece com o uso da linguagem está em aberto.
18. Basicamente. Nunca é fácil determinar quando uma contraevidência aparente deve levar ao abandono de uma teoria. C pode atribuir ao seu sujeito diversos sistemas de crenças, que podem levar a crenças inconsistentes. Isso levanta problemas que não vou tentar explicar aqui.
19. Mais uma vez, devem ser notadas contingências familiares e inescapáveis do inquérito empírico. Não há garantias de que a melhor teoria construída sobre a base de dados como 1-13 esteja correta. O exame de dados mais amplos (neste caso, dados sobre o desempenho) pode indicar que aquilo que parece ser princípios explanatórios genuínos é espúrio e que as generalizações descobertas são acidentais. Investigações sobre a teoria do desempenho podem levar a teorias de competência diferentes. Não há problema de princípio nisso, embora o assunto tenha sido discutido algumas vezes como se houvesse. Volto aos exemplos mais adiante. Para um relato que me parece ser geralmente acurado e perceptivo, consultar Pylyshyn (1973).
20. Sobre a possibilidade de uma explicação em termos de "saber como", ver Chomsky (1975a).
21. Para uma argumentação apoiando esta decisão, ver Graves, Katz et al. (1973).
22. Schwartz (1969). Ver também Goodman (1969) com declarações semelhantes e meus comentários em Chomsky (1975a). Comparem a observação de Schwartz, correta mas totalmente irrelevante, com a afirmação de Beloff de que os dados não nos "forçam" a uma conclusão específica (ver nota 9).
23. Para um debate sobre esses temas, ver as referências da nota 7. Para outro exemplo, ver Jackendoff (1974b).
24. Quine parece estar partindo do princípio de que alguns sistemas de gramática existentes podem "guiar" falantes dinamarqueses do inglês que aprenderam inglês a partir dessas regras. Mas a afirmação de Quine de que gramáticas reais "realmente só chegam perto... em alguns pontos" é uma posição enormemente suavizada. Além do mais, não há motivo para crer que uma pessoa possa conscientemente dominar uma gramática como um guia de comportamento, no sentido de Quine. Em vez disso, as pessoas aprendem línguas a partir de gramáticas pedagógicas, pelo uso de sua gramática universal inconsciente (e, pelo que sabemos, isso pode ser inevitável em princípio). Assim, nenhum falante de dinamarquês precisa aprender em um livro que 14 não é a questão associada com 16, ou que sentenças em inglês como 1-13 têm as propriedades determinadas pelo

CSE. E, se eles tomarem consciência dos princípios que levam a esses resultados, há poucas dúvidas sobre se esses princípios não podem ser aplicados conscientemente, em tempo real, para "guiar" o desempenho.
25. Para discussões sobre o assunto, ver Chomsky, Halle, Lukoff (1956); Chomsky e Halle (1968); Bresnan (1973b).
26. Em Chomsky (1964, 1969a). Ver nota 30.
27. Lembrem mais uma vez o alcance do "modelo de tradução" de Quine, que deve ser entendido como abrangendo o problema da compreensão de outro falante do mesmo idioma, o aprendizado de um primeiro idioma, o estudo de um novo idioma pelo linguista.
28. Para uma proposta semelhante, ver Hiz (1973).
29. No último caso, também há idealizações familiares. Assim, nenhum físico está preocupado porque a lei da queda dos corpos pode "ser derrubada" se alguém conseguir segurar a pessoa antes que ela bata no chão, um ato que a física, pelo que sabemos, não pode prever ou explicar. Nos termos de Schwartz, podemos concluir daí que a física é uma ciência vazia, já que qualquer fato violando seus princípios é colocado fora do escopo de suas previsões (parafraseando as afirmações de Schwartz sobre a linguagem, discutidas anteriormente).
30. As respostas de Quine a outras críticas e a indagações por mim levantadas no mesmo artigo simplesmente evitam ou apresentam erradamente os pontos. Assim, eu apontei que sua caracterização da linguagem e do aprendizado da linguagem, tomada literalmente, entra em conflito com truísmos que ele aceita; por exemplo, que um idioma é infinito. Em resposta, Quine simplesmente reiterou o que afirmei de maneira explícita, ou seja, que ele naturalmente aceita o truísmo. Mas isso não trata da crítica, a de que a posição por ele desenvolvida é inconsistente com o truísmo que ele aceita. Ele também afirma falsamente que eu lhe atribuí a teoria de que "sentenças de aprendizado" envolvem "sentenças apenas como inteiros desestruturados". De fato, minha discussão envolvia todos os dispositivos por ele sugeridos para o aprendizado da linguagem, incluindo o que foi por ele citado na resposta. Não vou tentar passar aqui em revista o assunto caso por caso, mas uma comparação cuidadosa de suas respostas com minhas críticas e pedidos de esclarecimento mostrará, creio, que em todos os casos ele simplesmente não entendeu o ponto ou não interpretou corretamente minhas palavras. Os problemas de Quine (1960) continuam a ser exatamente aqueles por mim apontados, em minha opinião.
31. Em Chomsky (1969a). Apontei tentativamente que Quine parecia estar usando "teoria" e "linguagem" um no lugar de outro em contextos como esse. Em sua resposta (Quine, 1969a, p. 310), ele deixa explícito que é

esse o caso. Assim, afirma, "linguagem ou teoria (é) um tecido ou 'rede de sentenças associadas uma à outra e a estímulos externos pelo mecanismo da resposta condicionada'". É impossível caracterizar uma teoria nesses termos, ignorando os problemas envolvidos na análise da linguagem.

32. Se um idioma é um tecido de sentenças e estímulos associados, e a substituição de "mão" por "pé" no contexto "meu ____ está doendo" por "síntese analógica" constitui uma forma de "aprendizado de sentenças" (exemplo de Quine), então esse caso de síntese analógica deve envolver um modo de "associação". Mas essa conclusão tira qualquer significado da noção "associação".

33. Essas declarações constituem uma resposta ao meu pedido de esclarecimentos sobre qual tipo de espaço de qualidade Quine tinha em mente. Notei que seus exemplos sugeriam que ele estava se restringindo a certas dimensões com correlatos físicos simples, apesar de ele parecer disposto a aceitar uma versão forte da teoria das ideias inatas dentro dessa estrutura. Mas, se esses exemplos não eram representativos, ficávamos sem ideias sobre qual é a base do aprendizado, desde que é possível imaginar um espaço de qualidade com dimensões tão abstratas que, digamos, o conceito "sentença em inglês" pode ser "aprendido" de um exemplo por "generalização". A referência a Goodman (1951) é indireta, mas, pelo que entendo, intencional.

34. Mesmo se houver uma noção coerente de "espaço de qualidade" no sentido pretendido. Voltarei diretamente a esse assunto.

35. Umas poucas linhas mais adiante ele impõe a exigência muito mais estreita de que "falar sobre ideias vem a ser contado como insatisfatório, a não ser que isso possa ser *parafraseado em termos de disposições para comportamentos absorvíveis*" (ênfase minha). Essa última exigência é, em minha opinião, muito fora de propósito, na psicologia como em qualquer outro ramo da ciência. Em outro local, Quine insiste que "para tirar um sentido apropriado da hipótese de que a construção do sujeito-predicado é um universal linguístico, precisamos de um critério comportamental inequívoco do sujeito e do predicado" (Quine, 1972). Mais uma vez, trata-se de uma exigência totalmente irracional a ser imposta a um conceito teórico como "sujeito" ou "predicado". Para "tirar um sentido apropriado da hipótese", seria certamente suficiente atender à exigência feita em Quine (1969b).

36. Ver Cohen (1966), p0p. 47-56, para essas citações e as subsequentes.

37. Em Chomsky (1965), sugeri que E, como aqui apresentado, incluísse abordagens como a teoria do aprendizado de Hume, trechos de Quine (1960), a maioria das teorias "comportamentais" que conseguiram ficar claras e

teorias de linguística estrutural (a não ser alguns elementos da teoria do aspecto distintivo), se interpretadas como sendo teorias do aprendizado.
38. Lembremos que a mesma afirmação falsa foi apresentada por Schwartz. Encontramos argumentações semelhantes de forma muito comum. Examinem, por exemplo, a seguinte afirmação feita por um analista anônimo no Suplemento Literário do *Times* de 12 de outubro de 1973: "Quais evidências temos de que falantes desenvolveram regras para as estruturas profundas de Chomsky? Sem dúvida, os transformacionalistas não o fizeram. Nem eles parecem buscá-las; para justificar suas gramáticas, voltam-se regularmente para os critérios lógicos da simplicidade e generalidade". (Entendo que por "estruturas profundas" o analista queira significar algo como "gramáticas".) Os "transformacionalistas" defenderam que os falantes desenvolveram sistemas específicos de regras gramaticais, e tentaram explicar sobre essa base inúmeros fatos sobre a forma e a interpretação das declarações. Eles ofereceram, assim, evidências substanciais a favor de (e frequentemente contra) hipóteses específicas sobre as regras desenvolvidas pelos falantes. O analista acha que essas não são evidências; é necessário mais alguma coisa. Suponhamos que um cientista, ao investigar um aparelho, venha a concluir que sua estrutura é assim e assado, apontando critérios de simplicidade e generalidade, junto com as evidências que acumulou sobre seu comportamento. Mas, para os padrões do analista, não importa a quantidade de evidências apresentadas pelo cientista, ele ainda tem que apresentar evidências para suas hipóteses relativas à estrutura do aparelho; é necessário algo mais. Como nos casos de Cohen, Quine e Schwartz, vemos nessa crítica um reflexo da curiosa falta de disposição para tratar seres humanos como parte do mundo natural, de acordo com os padrões e métodos do inquérito científico. É notável que, em todos os casos, o autor se sinta como um defensor da abordagem científica para o estudo do comportamento humano.
39. Ou seja, teorias que estejam entre os laços superiores e inferiores impostos por exigências empíricas, discutidas anteriormente; ou seja, aqueles que satisfazem o "ponto indubitável sobre a linguagem" citado por Quine, nas pp. 200–201.
40. Notem que, se o projeto criticado por Cohen fosse apenas impraticável por ser necessário investigar todo o Universo em busca de evidências relevantes, isso demonstraria que a postulação de universais linguísticos não é uma "pretensão tautológica", ao contrário da afirmação anterior de Cohen, uma vez que de acordo com essa suposição não existem em princípio evidências relevantes.
41. Cohen afirma que minhas alusões históricas a Descartes e Leibniz não são

corretas, no sentido de que Descartes e Leibniz negaram que ideias inatas expliquem a competência linguística. Sem entrar na última questão, devo de qualquer maneira rejeitar as críticas de Cohen, pois em nenhum lugar atribuí a Descartes e Leibniz os pontos de vista que, segundo ele afirma, eles rejeitam (e, além disso, eu me referi a esse elemento nas crenças de Leibniz e outros, em Chomsky (1966), p. 93). Mais, discuti ideias desse tipo desenvolvidas por muitos outros, inclusive cartesianos de diversos graus de ortodoxia. As referências a Descartes e Leibniz eram relevantes para outras partes de minha discussão e, até onde sei, estavam inteiramente corretas, ao contrário do que Cohen afirma sem argumentação ou citações.

42. Mais corretamente, ele faz algumas sugestões específicas, mas elas são irremediavelmente inadequadas, pelo que sabemos; por exemplo, sua sugestão de que "a multiplicidade de conceitos envolvidos" em "generalizações sobre a estrutura superficial" pode ser "reduzida a dois primitivos ('sentença' e 'nominal') ao se supor um modo de derivação para os outros como o usado nas gramáticas categoriais". Ver Chomsky (1969a) para alguns comentários sobre propostas anteriores com o mesmo efeito.

43. Ele apresenta uma argumentação baseada em "concepções darwinianas da evolução", reconhecendo que essas explicações são "muito especulativas". Isso é menos do que a verdade. Ao contrário do que Cohen afirma, nada do que sabemos dos mecanismos da evolução sugere que "a tarefa de explicar a condição de inatos de certos princípios especificamente sintáticos, nos termos da evolução darwiniana, é em princípio bem mais difícil que a de explicar a condição de inatos de certas capacidades mais gerais". A argumentação de Cohen é análoga a uma argumentação de que as pessoas aprendem a andar (em vez de, por exemplo, rolar) ou aprendem a desenvolver braços (em vez de apêndices arbitrários) sobre a base de que a tarefa de explicar a condição de inatos de modos específicos de locomoção (ou membros) nos termos da evolução darwiniana é em princípio mais difícil que a de explicar a condição de inatas de capacidades (tendências) mais gerais. Se quisermos prosseguir com essas especulações, considerem a afirmação de Cohen de que a descoberta científica progride pelos mesmos mecanismos do aprendizado da linguagem. Mas, como notamos anteriormente, nos últimos séculos ou milênios não houve vantagem selecional na capacidade de descobrir os princípios da teoria dos quanta, embora exista uma óbvia vantagem selecional na capacidade de descobrir o idioma de uma comunidade falante. Assim, se alguém quiser atribuir algum peso a essas especulações (o que eu não faço), parece difícil que venha a apoiar as conclusões de Cohen.

44. Notem que "comparável" não é sinônimo de "idêntico".
45. Searle tem uma resposta a Gewirth (Searle, 1973), mas acho que as palavras de Gewirth ainda são válidas.
46. *Meditations* (tradução para o inglês de Haldane e Ross, 1955). 1: 191. Ideias similares foram apresentadas por outros autores, antes e depois de Descartes. Sobre o assunto, consultar Chomsky (1966), p. 79, 108, 112 e outros lugares; e também o capítulo 1, p. 13-15.
47. Outros fizeram afirmações semelhantes. Vendler afirma que Descartes imagina uma gramática "gerativa", e semântica, para sua língua, que corresponderia à estrutura gerativa do pensamento, "apesar de não entender que uma língua natural chega perto desse ideal" (1972, p. 181). Ele baseia essa conclusão em afirmações de Descartes relativas a um idioma inventado pressupondo "a verdadeira filosofia", no qual uma infinidade de palavras (e pensamentos) podem ser enumerados. Em Chomsky (1966, p. 84), citei discussões semelhantes por Galileu e pelos gramáticos de Port-Royal, sem, entretanto, chegar à conclusão de Vendler, que me parece ser questionável.
48. De acordo com a discussão anterior dos "fundamentos da ciência" e referências anteriores citadas aqui; ver também Chomsky (1970) e outros materiais reproduzidos em (1973b). Consultar também os capítulos 1 e 3.
49. Todas as citações que se seguem são de *Enquiry Concerning Human Understanding*, de Hume (ed. Selby-Bigge, 1902).
50. Comparem a discussão de lorde Herbert do "instinto natural" e sua defesa de que o sistema de noções comuns é "aquela parte do conhecimento com a qual fomos dotados no plano primevo da natureza". Para uma discussão em um contexto relacionado, ver Chomsky (1966). Como tocamos no assunto, acho muito forte dizer que o "empiricismo limitado" de Hume "rejeita o conhecimento inato" (Barnes, 1972).
51. Cooper (1972), Chomsky e Katz (1975).

Bibliografia

Akmajian, Adrian. 1975. "More Evidence for an NP
 Cycle", *Linguistie Inquiry* 6: 115-30.
Alston, William P. 1963. "Meaning and Use",
 Philosophical Quarterly 13: 107-24.
Anderson, Stephen R., e Paul Kiparsky, eds. 1973. *A Festschrift
 for Morris Halle*. Nova York: Holt, Rinehart & Winston.
Armstrong, D. M. 1971. "Meaning and Communication",
 Philosophical Review 80:427-47.
Arnauld, Antoine. 1964. *The Art of Thinking: Port-Royal Logic*. Tradução
 para o inglês J. Dickoff e P. James, Indianapolis: Bobbs-Merrill Co.
Aronoff, Mark H. A ser publicado. *Word-Structure*.
 Cambridge, Mass.: MIT Press.
Atherton, Margaret, e Robert Schwartz. 1974. "Linguistic Innateness
 and Its Evidence", *Journal of Philosophy* 71: 155-68.
Austin, John L. 1940. "The Meaning of a Word",
 em Urmson e Warnock,1961.
—. 1962. *How to Do Things with Words*. Londres: Oxford University Press.
Baker, C. Leroy. 1970. "Notes on the Description of
 English Questions: The Role of an Abstract Question
 Morpheme", *Foundations of Language* 6: 197-209.
Barnes, Jonathan. 1972. "Mr. Locke's Darling Notion",
 Philosophical Quarterly 22:193-214.
Beloff, John. 1973. *Psychological Sciences: A Review of
 Modern Psychology*. Nova York: Harper & Row.
Bergling, Kurt. 1974. *The Development of Hypothetico-
 deductive Thinking in Children*. IEA Monograph Studies
 n. 3. Estocolmo: Almqvist & Wiksell International.
Berlin, Isaiah. 1972. "The Bent Twig", *Foreign Affairs* 51: 11-30.
Bower, T. G. R., 1972. "Object Perception in Infants", *Perception* 1:15-30.
Bracken, Harry M. 1972. "Chomsky's Cartesianism",
 Language Sciences, outubro, pp. 11-18.
—. 1973a. "Minds and Learning: The Chomskian
 Revolution", *Metaphilosophy* 4:229-45.

—. 1973b. "Essence, Accident and Race", *Hermathena*, n. 116, pp. 88-95.
—. 1974. *Berkeley*. Londres: MacMillan & Co.
Braine, Martin D. S. 1974. "On What Might Constitute Learnable Phonology", *Language* 50:270-99.
Bresnan, Joan W. 1970. "On Complementizers: Towards a Syntactic Theory of Complement Types", *Foundations of Language* 6:297321.
—. 1972. "The Theory of Complementation in English", dissertação de Doutorado, MIT.
—.1973a. "Syntax of the Comparative Clause Construction in English", *Linguistic Inquiry* 4:275-344.
—. 1973b. "Sentence Stress and Syntactic Transformations", em Hintikka, Moravcsik e Suppes, 1973.
—. 1975. "Comparative Deletion and Constraints on Transformations", *Linguistic Analysis* 1:25-74.
Brewer, William F. A ser publicado. "There Is No Convincing Evidence for Operant or Classical Conditioning in Adult Humans", em Weimer e Palermo, a ser publicado.
Bruner, J. S., e Barbara Koslowski. 1972. "Visually Preadapted Constituents of Manipulatory Action", *Perception* 1:3-14.
Bryant, Peter. 1974. *Perception and Understanding in Young Children*, Nova York: Basic Books.
Chomsky, Noam. 1955-56. "Logical Structure of Linguistic Theory", mimeografado. Nova York: Plenum Publishing Corp., 1975.
—. 1957. *Syntactic Structures*. Haia: Mouton & Co.
—. 1964. *Current Issues in Linguistic Theory*. Haia: Mouton & Co.
—. 1965. *Aspects of the Theory of Syntax*. Cambridge, Mass.: MIT Press.
—. 1966. *Cartesian Linguistics*. Nova York: Harper & Row.
—. 1968a. "Recent Contributions to the Theory of Innate Ideas", em Cohen e Wartofsky, 1968.
—. 1968b. *Language and Mind*. Nova York: Harcourt Brace Jovanovich. Edição ampliada, 1972a.
—. 1969a. "Quine's Empirical Assumptions", em Davidson e Hintikka, 1969. Trecho de "Some Empirical Assumptions in Modern Philosophy of Language" (1969b), em Morgenbesser, Suppes e White, 1969.
—. 1969c. "Linguistics and Philosophy", em Hook, 1969. Reproduzido em Chomsky, 1972a.
—. 1969d. *American Power and the New Mandarins*. Nova York: Pantheon Books.
—. 1970. "Language and Freedom". *Abraxas* 1. Reproduzido em Chomsky, 1973b.

—. 1971. *Problems of Knowledge and Freedom.* Nova York: Pantheon Books.
—. 1972a. *Language and Mind.* Edição ampliada. Nova York: Harcourt Brace Jovanovich.
—. 1972b. *Studies on Semantics in Generative Grammar.* Haia: Mouton & Co.
—. 1973a. "Conditions on Transformations". Em Anderson e Kiparsky, 1973.
—. 1973b. *For Reasons of State.* Nova York: Pantheon Books.
—. 1973c. "Science and Ideology". *Jawaharlal Nehru Memorial Lectures*: 1967-72, Nehru Memorial Fund, Nova Delhi. Bombaim: Bharatiya Vidya Bhavan.
—. 1974. "Dialogue with Noam Chomsky", em Parret, 1974.
—. 1975a. "Knowledge of Language", em Gunderson e Maxwell, 1975.
—. 1975b. "Questions of Form and Interpretation", *Linguistic Analysis* 1:75-109.
— e Morris Halle. 1968. *Sound Pattern of English.* Nova York: Harper & Row.
— Morris Halle e Fred Lukoff. 1956. "On Accent and Juncture in English", em Halle, Lunt e MacLean, 1956.
— e J. J. Katz. 1974. "What the Linguist Is Talking About", *Journal of Philosophy,* 71:347-67.
—, 1975. "On Innateness: A Reply to Cooper", *Philosophical Review*, 84:70-87.
Cohen, L. Jonathan. 1966. *The Diversity of Meaning.* Segunda edição. Londres: Methuen & Co.
—. 1970. "Some Applications of Inductive Logic to the Theory of Language". *American Philosophical Quarterly,* 7:299-310.
Cohen, Robert S. e Marx Wartofsky, eds. 1968. *Boston Studies in the Philosophy af Science*, vol. 3. Dordrecht: Reidel Publishing Co.
Cooper, David E. 1972. "Innateness: Old and New", *Philosophical Review* 81:465-83.
Cudworth, Ralph. 1838. *Treatise Concerning Eternal and Immutable Morality.* Nova York: Andover.
Davidson, Donald, and Jaakko Hintikka, eds. 1969. *Words and Objections: Essays on the Work of W. V. Quine.* Dordrecht: Reidel Publishing Co.
Dolgoff, Sam. 1972. *Bakunin on Anarchy.* Nova York: Alfred A. Knopf.
Dougherty, Ray C. 1968. "A Transformational Grammar of Coordinate Conjoined Structures", dissertação de doutorado, MIT.
—. 1969. "An Interpretive Theory of Pronominal Reference", *Foundations of Language* 5:488-519.

—. 1970. "A Grammar of Coordinate Conjunction, I". *Language* 46:850-98.
—. 1971. "A Grammar of Coordinate Conjunction II". *Language* 47:298-399.
—. 1974. "The Syntax and Semantics of Each Other Constructions", *Foundations of Language* 12:1-48.
Dummett, Michael. 1973. *Frege: Philosophy of Language*. Londres: Duckworth & Co.
Eimas, Peter D., Einar R. Siqueland, Peter Jusczyk e James Vigorito, 1971. "Speech Perception in Infants". *Science* 171:303-6.
Emonds, Joseph E. A ser publicado. *Root and Structure-Preserving Transformations*.
Erteschik, Nomi. 1973. "On the Nature of Island Constraints", dissertação de doutorado, MIT.
Estes, William K. 1972. "Reinforcement in Human Behavior", *American Scientist* 60:723-29.
Ettlinger, C., H.-L. Teuber e B. Milner. 1975. "Report: The Seventeenth International Symposium of Neuropsychology". *Neuropsychologia* 13: 125-34.
Fauconnier, Gilles R. 1974. *Conférence: Syntaxe ou Semantique*. Paris: Editions du Seuil.
Fiengo, Robert W. 1974. "Semantic Conditions on Surface Structure", dissertação de doutorado, MIT.
— e Howard Lasnik. 1973. "The Logical Structure of Reciprocal Sentences in English", *Foundations of Language* 9:447-69.
Fodor, Jerry A., Thomas C. Bever e Merrill F. Carrett. 1974. *The Psychology of Language*. Nova York: McGraw-Hill Book Co.
Fodor, J. A., J. D. Fodor e M. F. Carrett. A ser publicado. "The Psychological Unreality of Semantic Representations", *Linguistic Inquiry*.
Fraser, Bruce. 1974. "An Analysis of Vernacular Performative Verbs", em Shuy e Bailey, 1974.
Fromm, Erich. 1961. *Marx's Concept of Man*. Nova York: Ungar Publishing Co.
Gewirth, Alan. 1973. "The Sleeping Chess Player", *New York Review of Books*, Fevereiro 22.
Glass, Andrea Velletri, Michael S. Cazzaniga e David Premack.1973. "Artificial Language Training in Clobal Aphasics". *Neuropsychologia* 11:95-104.
Goodman, Nelson. 1951. *The Structure of Appearance*. Cambridge, Mass.: Harvard University Press.
—. 1969. "The Emperor's New Ideas", em Hook, 1969.

Gramsci, Antonio. 1957. *The Modern Prince & Other Writings*. Trans. Louis Marks. Nova York: International Publishers.

Graves, Christina, Jerrold J. Katz, et al. 1973. "Tacit Knowledge", *Journal of Philosophy* 70:318-30.

Greenfield, Patricia M., Karen Nelson e Elliot Saltzman. 1972. "The Development of Rulebound Strategies for Manipulating Seriated Cups: A Parallel Between Action and Grammar". *Cognitive Psychology* 3:291-310.

Gregory, Richard. 1970. "The Grammar of Vision", The Listener, February 19.

Grice, H. P. 1968. "Utterer's Meaning, Sentence-Meaning, and Word-Meaning", *Foundations of Language* 4:225-42.

—. 1969. "Utterer's Meaning and Intentions", *Philosophical Review* 78:147-77.

Gunderson, Keith e Grover Maxwell, eds. 1975. *Minnesota Studies in Philosophy of Science,* vol. 6. Minneapolis: University of Minnesota Press.

Haldane, Elizabeth S. e G. R. T. Ross, tradutores. 1955. *The Philosophical Works of Descartes*, vol. 1. Nova York: Dover Publications.

Halitsky, David. 1974. "The Syntactic Relatedness of S Extraposition and NP Postposition in English". Mimeografado, New York University.

Halle, Morris, Horace Lunt e Hugh MacLean, eds. 1956. *For Roman Jakobson*. Haia: Mouton & Co.

Harman, Gilbert. 1973. "Against Universal Semantic Representation", manuscrito não publicado, Princeton University.

— e Donald Davidson, eds. 1972. *Semantics of Natural Language*. Nova York: Humanities Press.

Helke, Michael. 1970. "The Grammar of English Reflexives", dissertação de doutorado, MIT.

Higgins, F. Roger. 1973. "The Pseudo-cleft Construction in English", dissertação de doutorado, MIT.

Hintikka, Jaakko, J. M. E. Moravcsik e Patrick Suppes, eds. 1973. *Approaches to Natural Language*. Dordrecht: Reidel Publishing Co.

Hiz, Henry. 1973. "On the Rules of Consequence for a Natural Language", The Monist 57:312-27.

Hook, Sidney, ed. 1969. *Language and Philosophy*. Nova York: New York University Press.

Hubel, D. H. e T. N. Wiesel. 1962. "Receptive Fields, Binocular Interaction and Functional Architecture in the Cat's Visual Cortex", *Journal of Physiology* 160:106-54.

Hume, David. 1902. *An Enquiry Concerning Human Understanding*. Em *Enquiries Concerning the Human Understanding and Concerning the Principles of Morals*. Ed. L. A. Selby-Bigge. Segunda edição. Nova York: Oxford University Press.
Ishiguro, Hidé. 1972. *Leibniz's Philosophy of Logic and Language*. Londres: Duckworth & Co.
Jackendoff, Ray S. 1969. "Some Rules of Semantic Interpretation in English", dissertação de doutorado, MIT.
—. 1972. *Semantic Interpretation in Generative Grammar*. Cambridge, Mass.: MIT Press.
—. 1974a. "Introduction to the X convention", Indiana University Linguistics Club, Bloomington, outubro 1974.
—. 1974b. "A Deep Structure Projection Rule", *Linguistic Inquiry* 5:481-506.
—. A ser publicado. "Eventually, an Argument for the Trace Theory of Movement Rules", *Linguistic Inquiry*.
John, E. Roy. 1972. "Switchboard Versus Statistical Theories of Learning and Memory", *Science* 177: 850-64.
Kaisse, Ellen e Jorge Hankamer, eds. 1974. *Papers* do Quinto Encontro Anual, Northeastern Linguistic Society, Universidade Harvard, novembro.
Kant, Immanuel. 1958. *A Critique of Pure Reason*. Tradução de Norman Kemp. Nova York: Random House, Modern Library.
Kasher, Asa, ed. A ser publicado. *Language in Focus: Foundations, Methods, and Systems*. Dordrecht: D. Riedel.
Katz, Jerrold J. 1972. *Semantic Theory*. Nova York: Harper & Row.
—. 1975. "Logic and Language: An Examination of Recent Criticisms of Intentionalism", em Gunderson e Maxwell, 1975.
—. A ser publicado. *Propositional Structure: A Study of the Contribution of Sentence Meaning to Speech Acts*.
—. e Paul M. Postal. 1964. *An Integrated Theory of Linguistic Description*. Cambridge, Mass.: MIT Press.
Kaufman, Ellen S. 1975. "Navajo Embedded Questions and Unbounded Movement", dissertação de doutorado, MIT.
Keenan, Edward L. e Bernard Comrie. 1973. "Noun Phrase Accessibility and Universal Grammar". Mimeografado, Cambridge University.
Kenny, A. J. P. 1973. "The origin of the soul", em Kelmy et aI., 1973.
—. H. C. Longuet-Higgins, J. R. Lucas e C. H. Waddington, 1973. *The Development of Mind: The Gifford Lectures 1972-73*. Edimburgo: Edinburgh University Press.
Keyser, S. Jay. 1975. Review of Steiner, 1974. *The New Review* 2:63-66.
Kramer, P. E., E. Koff e Z. Luria. 1972. "The Development of Competence in

an Exceptional Language Structure in Older Children and Young Adults", *Child Development* 43:121-30.
Kreisel, Georg. 1974. "Review of H. Wang, 'Logic, Computation and Philosophy", *Journal of Symbolic Logic* 39:358-9.
Kripke, Saul. 1972. "Naming and Necessity", em Harman and Davidson,1972.
Lasnik, Howard. 1974. "Remarks on Coreference". Mimeografado, University of Connecticut.
— e Robert W. Fiengo. 1974. "Complement Object Deletion", *Linguistic Inquiry* 5:535-72.
Leibniz, G. W. von. 1902. *Discourse on Metaphysics*. Tradução de G. R. Montgomery. La Salle, Ill.: Open Court Publishing Co.
Lenneberg, Eric H. 1967. *Biological Foundations of Language*. Nova York: John Wiley & Sons.
Liberman, A. M. 1974. "The Specialization of the Language Hemisphere", em Schmitt e Worden, 1974.
Liberman, Mark. 1974. "On Conditioning the Rule of Subject-Auxiliary Inversion", em Kaisse e Hankamer, 1974.
— e Alan S. Prince. A ser publicado. "The Interpretation of Scope".
Lightfoot, David. 1975. "The Theoretical Implications of Subject Raising" (resenha de Postal, 1974a). *Foundations of Language* 13:115-43.
Lovejoy, Arthur O. 1908. "Kant and the English Platonists", *Essays Philosophical and Psychological, in Honor of William James*. Philosophical and psychological departments, Columbia University. Nova York: Longmans, Green & Co.
Luce, R. Duncan, Robert R. Bush e Eugene Galanter, eds. 1963. *Handbook of Mathematical Psychology*, vol. 2. Nova York: John Wiley & Sons.
Macpherson, C. B. 1962. *The Political Theory of Possessive Individualism*. Londres: Oxford University Press.
Malson, Lucien. 1972. *Wolf Children and the Problem of Human Nature*. Nova York: Monthly Review Press. Tradução de *Les enfants sauvages*. Paris: Union Générale d'Editions, 1964.
Marx, Karl. *Economic and Philosophical Manuscripts*. Tradução de T. B. Bottomore. Em Fromm, 1961.
McKeon, Richard P., ed. 1941. *The Basic Works of Aristotle*. Nova York: Random House.
Miller, George A. 1974. "The Colors of Philosophy and Psychology", *paper* para Conferência de Filosofia e Psicologia, MIT, outubro de 1974.
— e Noam Chomsky. 1963. "Finitary Models of Language Users", em Luce, Bush e Galanter, 1963.

Millikan, C. H. e F. L. Darley, eds. 1967. *Brain Mechanisms Underlying Speech and Language*. Nova York: Grune & Strattono.

Milner, Brenda. 1974. "Hemispheric Specialization: Scope and Limits", em Schmitt e Worden, 1974.

Milner, Jean-Claude. 1973. *Arguments linguistiques*. Paris: Maison Mame.

Moravcsik, Julius M. E. 1967. "Linguistic Theory and the Philosophy of Language", *Foundations of Language* 3:209-33.

—. 1975a. "Aitia as Generative Factor in Aristotle's Philosophy", *Dialogue*.

—. 1975b. "Natural Languages and Formal Languages: A Tenable Dualism", documento apresentado ao Stanford Philosophy of Language Workshop, fevereiro de 1975.

Morgenbesser, Sidney, Patrick Suppes e M. White, eds. 1969. *Philosophy, Science, and Method: Essays in Honor of Ernest Nagel*. Nova York: St. Martin's Press.

Munn, Norman L. 1971. *The Evolution of the Human Mind*. Boston: Houghton Mifllin Co.

Nottebohm, F. 1970. "Ontogeny of Bird Song: Different Strategies in Vocal Development Are Reflected in Learning Stages, Critical Periods, and Neural Lateralization". Science 167:950-56.

Parret, Herman, ed. 1974. *Discussing Language*. Haia: Mouton & Co.

Peirce, Charles Sanders. 1957. "The Logic of Abduction", em Vincent Tomas, ed., *Peirce's Essays in the Philosophy of Science*. Nova York: Liberal Arts Press.

Peters, Stanley. 1972a. "The Projection Problem: How Is a Grammar to Be 5elected?" Em Peters, 1972b.

—. ed. 1972b. *Goals of Linguistic Theory*. Englewood Cliffs, N.J.: Prentice-Hall.

Polanyi, Karl. 1957. *The Great Transformation: The Political and Economic Origins of Our Time*. Boston: Beacon Press.

Postal, Paul M. 1965. "Developments in the Theory of Transformational Grammar". Mimeografado, MIT. Traduzido como "Novy y Yvoj teorie transformacní gramatiky". Slovo a Slovesnost, Ceskoslovenská Academie Ved, vol. 26, 1965.

—. 1971. *Cross-Over Phenomena*. Nova York: Holt, Rinehart &Winston.

—. 1974a. *On Raising: One Rule of English Grammar and its Theoretical Implications*. Cambridge, Mass.: MIT Press.

—. 1974b. "On Certain Ambiguities", *Linguistic Inquiry* 5:367-424.

Putnam, Hilary. 1962. "It Ain't Necessarily So", *Journal of Philosophy* 59: 658-71.

—. 1975. "The Meaning of 'Meaning'", em Gunderson e Maxwell, 1975.

Pylyshyn, Zenon W. 1973. "The Role of Competence Theories in Cognitive Psychology", *Journal of Psycholinguistic Research* 2:21-50.
Quine, W. V. O. 1953. *From a Logical Point of View*. Cambridge, Mass.: Harvard University Press.
—. 1960. *Word and Object*. Cambridge, Mass.: MIT Press.
—. 1968. "The Inscrutability of Reference", *Journal of Philosophy* 65: 185-212.
—.1969a. "Reply to Chomsky", em Davidson e Hintikka, 1969.
—. 1969b. "Linguistics and Philosophy", em Hook, 1969.
1969c. "Response to David Kaplan", em Davidson e Hintikka,1969.
—. 1972. "Methodological Reflections on Current Linguistic Theory", em Harman e Davidson, 1972.
—. 1974. *The Roots of Reference*. La Salle, Ill.: Open Court Publishing Co.
Reber, Arthur S. 1973. "On Psycho-linguistic Paradigms", *Journal of Psycholinguistic Research* 2:289-320.
Reinhart, Tanya. 1974. "Syntax and Coreference", em Kaisse e Hankamer, eds., 1974.
Reiss, H., ed. 1970. *Kanfs Political Writings*. Londres: Cambridge University Press.
Rocker, Rudolph. 1938. *Anarchosyndicalism*. Londres: Secker & Warburg.
Rosenbaum, Peter. 1965. "Grammar of English Predicate Complement Constructions", dissertação de doutorado, MIT.
Ross, John R. 1967. "Constraints on Variables", dissertação de doutorado, MIT.
—. 1971. "Primacy". Mimeografado, Language Research Foundation e MIT.
—. 1972. "Primacy and the Order of Constituents". Mimeografado, MIT.
Russell, Bertrand. 1924. *Icarus, or the Future of Science*. Londres: Kegan Paul.
—. 1948. *Human Knowledge: Its Scope and Limits*. Nova York: Simon & Schuster.
Schiffer, Stephen R. 1972. *Meaning*. Londres: Oxford University Press.
Schmitt, Francis O., e Frederic G. Worden, eds. 1974. *The Neurosciences: Third Study Volume*. Cambridge, Mass.: MIT Press.
Schwartz, Robert. 1969. "On Knowing a Grammar", em Hook, 1969.
Searle, John. 1969. *Speech Acts*. Londres: Cambridge University Press.
—. 1972. "Chomsky's Revolution in Linguistics", *New York Review of Books*, June 29.
—. 1973. "Reply to Gewirth". *New York Review of Books*, 22 de fevereiro.

—. 1975. "A Classification of Illocutionary Acts". Em Gunderson e Maxwell, 1975.
—. A ser publicado. "Indirect Speech Acts".
Selkirk, Elizabeth. 1972. "The Phrase Phonology of English and French", dissertação de doutorado, MIT.
—. 1974. "French Liaison and the X Notation", *Linguistic Inquiry* 5:573-90.
Shuy, Roger W. e Charles-James Bailey, eds. 1974. *Towards Tomorrow's Linguistics*. Washington, D.C.: Georgetown University Press.
Siegel, Dorothy. 1974. "Topics in English Morphology", dissertação de doutorado, MIT.
Sperry, R. W. 1974. "Lateral Specialization in the Surgically Separated Hemispheres", em Schmitt e Worden, 1974.
Stampe, Dennis W. 1968. "Toward a Grammar of Meaning", *Philosophical Review* 77:137-74.
Steiner, George. 1974. *After Babel: Aspects of Language and Translation*. Londres: Oxford University Press.
Stent, Gunther S. 1975. "Limits to the Scientific Understanding of Man", Science 187:1052-57.
Stich, Stephen P. 1972. "Grammar, Psychology, and Indeterminacy", *Journal of Philosophy* 69:799-818.
Strawson, P. F. 1970. *Meaning and Truth*. Aula inaugural, Universidade de Oxford, 5 de novembro, 1969. Londres: Oxford University Press.
—. 1972. "Grammar and Philosophy", em Harman e Davidson, 1972.
Suppes, Patrick. 1969. "Stimulus-Response Theory of Finite Automata", *Journal of Mathematical Psychology* 6:327-55.
—. 1973. "Semantics of Natural Languages", em Hintikka, Moravcsik e Suppes, 1973.
Teuber, Hans-Lukas. 1974. "Why Two Brains?", em Schmitt e Worden, 1974.
Urmson, J. O., e G. J. Warnock, eds. 1967. *J. L. Austin: Philosophical Papers*. Londres: Oxford University Press.
Vendler, Zeno. 1967. *Linguistics in Philosophy*. Ithaca, N. Y.: Cornell University Press.
—. 1972. *Res Cogitans*. Ithaca: Cornell University Press.
Vergnaud, Jean-Roger. 1974. "French Relative Clauses", dissertação de doutorado, MIT.
Wang, Hao. 1974. *From Mathematics to Philosophy*. Londres: Routledge & Kegan Paul.
Wasow, Thomas. 1972. "Anaphoric Relations in English", dissertação de doutorado, MIT.

—. A ser publicado. *Anaphora in Generative Grammar.*
Watson, Richard A. 1968. "Cartesian Studies". Mimeografado, Washington University.
Weimer, W. B., e D. S. Palermo, eds. A ser publicado. *Cognition and Symbolic Processes.*
Weiss, Donald D. 1975. "Professor Malcolm on Animal Intelligence", *Philosophical Review* 74:88-95.
Wexler, K., P. Culicover e H. Hamburger. 1974. *Learning-theoretic Foundations of Linguistic Universals.* Social Sciences Working Paper n. 60. Universidade da Califórnia, Irvine, julho de 1974.
Whitaker, Harry A. 1971. *On the Representation of Language in the Human Mind.* Edmonton, Canadá: Linguistic Research, Inc.
Williams, Edwin S. 1974. "Rule Ordering in Syntax", dissertação de doutorado, MIT.
Wittgenstein, Ludwig. 1953. *Philosophical Investigations.* Oxford: Basil Blackwell & Mott.
Wood, C. C. 1973. "Levels of Processing in Speech Perception: Neurophysiological and Information-Processing Analyses", dissertação de doutorado. Universidade Yale, 1973; Haskins Laboratories, Status Report on Speech Research, SR-35/36.
—, William R. Goff e Ruth S. Day. 1971. "Auditory Evoked Potentials During Speech Perception", *Science* 173: 1248-50.
Wood, Ellen M. 1972. *Mind and Politics.* Berkeley: University of Califomia Press.
Yolton, John W. 1956. *John Locke and the Way of Ideas.* Londres: Oxford University Press.
Ziff, Paul. 1967. "On H. P. Grice's Account of Meaning", *Analysis* 28:1-18.

Índice de nomes

Alston, William P., 184, 234 n. 16
Aristóteles, 18, 49, 213 n. 1, 220 n. 32
Armstrong, D. M., 219 n. 27, 220 n. 36
Arnauld, Antoine, 206
Atherton, Margaret, 168-9
Austin, John L., 62, 154-5

Bakunin, M. A., 127-8
Barnes, Jonathan, 204-9
Beloff, John, 232 n. 9, 235 n. 22
Berlin, Isaiah, 127
Bever, Thomas C., 217 n. 9
Bourbaki, Nicolas, 214 n. 16
Bower, T. C. R., 15
Bracken, Harry M., 7, 123, 125
Braine, Martin D. S., 216 n. 3
Bresnan, Joan W., 88, 223 n. 6, 224 nn. 15,16, 225 n. 25
Brewer, William F., 234 n. 12
Bruner, J. S., 15

Calder, Alexander, 192
Carey, Susan, 167
Chomsky, Noam, 29, 35, 62, 94, 121, 163, 189, 192, 194, 198-9, 201-5, 207, 209, 212
Cohen, Jonathan, 192-202, 237 n. 36, 238 nn. 40, 41, 239 n. 43
Cordemoy, Céraud de, 206

Cudworth, Ralph, 14, 141, 204-5, 207, 211

Darwin, Charles, 119, 239 n. 43
Descartes, René, 44, 122, 141, 203-5, 210, 211-2, 215 n. 20, 238 n. 41.
Ver também ideias cartesianas

Eimas, Peter D., 15
Emonds, Joseph E., 84-5, 225 n. 20, 227 n. 41

Fiengo, Robert W., 106
Fodor, Jerry A., 215-6 nn. 2, 3
Frege, Cottlob, 46

Galilei, Galileu, 240 n. 47
Garrett, Merrill F., 215-6, nn. 2, 3
Gewirth, Alan, 202-3, 240 n. 45
Gödel, Kurt, 228 n. 55
Goldsmith, John, 112-3
Goodman, Nelson, 166, 187, 190-1, 235 n. 22, 237 n. 33
Gramsci, Antonio, 123
Gregory, Richard, 15, 213 n. 7
Grice, H. Paul, 62, 64-5, 68-9, 74-6, 222 n. 41

Herbert, Edward, lorde Cherbury, 240 n. 50
Herder, Johann Gottfried von, 121
Hockney, Donald, 7
Hubel, D. H., 16
Humboldt, Wilhelm von, 121, 126, 230
Hume, David, 19-20, 73, 122, 158, 201, 209-11, 240 nn. 49, 50

Ideias cartesianas, 44, 122, 141, 203, 204-5, 210-12, 215, 240 n. 47. Ver também Descartes
Ishiguro, Hidé, 217 n.14
Itard, Jean, 124

Jackendoff, Ray S., 7, 223 n. 6
John, E. Roy, 16

Kant, Immanuel, 15, 122, 126, 150, 229 n. 58
Katz, Jerrold J., 214 n. 18, 217 n. 11, 220 n. 34, 223 n. 7, 228 n. 47, 231 n. 2, 240 n. 51
Kaufman, Ellen S., 224 n.14
Kemp, Norman, 150
Kenny, Anthony J. P., 28
Keyser, S. Jay, 35
Koslowski, Barbara, 15
Kripke, Saul, 52-5, 218 nn. 17, 19, 23

Lasnik, Howard, 98
Le Grand, Antoine, 44
Leiber, Justin, 7
Leibniz, G. W. von, 14, 158, 201-7, 213 n. 3, 217 n. 14, 238 nn. 40, 41
Lenneberg, Eric H., 217 n. 9
Liberman, A. M., 225 n. 25
Locke, John, 123, 204, 219 n. 27
Lorenz, Konrad, 119

Malson, Lucien, 124
Marx, Karl, 121, 124, 126, 129
Miller, George A., 219 n. 25
Moravcsik, Julius M. E., 7, 49, 214 n. 9, 218 nn. 22, 24, 220 n. 32, 221 n. 38
Munn, Normal L., 25

Peirce, Charles Sanders, 149, 151, 192, 194
Peters, Stanley, 231 n. 4
Piaget, Jean, 229 n.51
Platão, 13-14
Postal, Paul M., 97, 145, 223 n. 7, 232 n. 8
Putnam, Hilary, 46

Quine, W. V. O., 169-76, 178-92, 202-3, 210, 218 n. 20, 219 n. 25, 235-7 nn. 24, 27, 30, 31, 32, 33, 35, 238 n. 39

Rosemont, Henry, 7
Ross, John R., 92, 224 n. 14, 225 n. 25
Rousseau, Jean-Jacques, 126
Russell, Bertrand, 13, 15, 129

Índice de nomes

Schiffer, Stephen R., 221 n. 37
Schwartz, Robert, 158-60, 162-9, 235 n. 22, 236 n. 29, 238 n. 38
Searle, John, 56-62, 64-6, 68, 73, 201-4, 216 n. 5, 219 n. 27, 220 n. 34, 240 n. 45
Skinner, B. F., 188, 213 n. 8
Stampe, Dennis W., 220 n. 33
Stent, Gunther S., 119
Strawson, P. F., 62, 65-8, 70-3, 75-6, 79-80, 84, 221-2 nn. 38, 39, 40, 41
Suppes, Patrick, 184-6, 234 n.13

Tomas, Vincent, 149

Vendler, Zeno, 240 n. 47

Wang, Hao, 229 n. 55
Wasow, Thomas, 97-8
Weiss, Donald D., 219 n. 26
Wiesel, T. N., 16
Williams, Edwin S., 224 n.13
Wittgenstein, Ludwig, 49, 62, 221 n. 38
Wood, Ellen, 126

Yolton, John W., 123

Impressão e Acabamento
Prol